本书由重庆工商大学学术著作出版基金资助（专项出版基金63195008）

北洋政府时期新闻法制研究

付红安　著

重庆出版集团　重庆出版社

图书在版编目(CIP)数据

北洋政府时期新闻法制研究 / 付红安著. —重庆 : 重庆出版社, 2024.6 — ISBN 978-7-229-18828-3

Ⅰ. D922.162

中国国家版本馆CIP数据核字第2024DB3031号

北洋政府时期新闻法制研究

BEIYANG ZHENGFU SHIQI XINWEN FAZHI YANJIU

付红安 著

责任编辑:苏 丰
责任校对:刘 刚
装帧设计:李洁霖

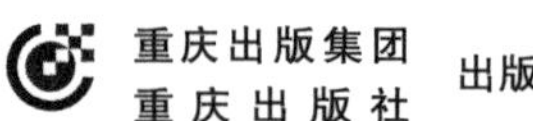

出版

重庆市南岸区南滨路162号1幢 邮政编码:400061 http://www.cqph.com

重庆市国丰印务有限责任公司印刷
重庆出版集团图书发行有限公司发行
全国新华书店经销

开本:710mm×1000mm 1/16 印张:12.75 字数:234千
2024年7月第1版 2024年7月第1次印刷
ISBN 978-7-229-18828-3

定价:68.00元

如有印装质量问题,请向本集团图书发行有限公司调换:023-61520678

目　录

绪　论

自辛亥革命始至东北易帜止，历时17年，其间中华民国上演了走马灯式的政局，共更替总统13任、国务总理18人，更替宪法4部，重组内阁46届，经历军阀混战140余次，学界惯将此段时间称为“北洋政府时期”。新闻法制建设是北洋政府时期制度变革的重要组成部分。从南京临时政府出台绝对宽松的新闻政策，到北京政府建立起内容庞杂的新闻法制体系，再到北伐战争后期南方国民政府“党化”新闻体制的发展趋势，现代意义新闻法治体系始终未能成功建构。但是，此时期新闻法制建设所产生的法律体系、内容和实施方法，部分直接被现代中国新闻法制所吸收，是现代中国新闻法治的重要源头之一。

邵飘萍在《新闻学总论》中写道：“各国所以有新闻纸法者，殆皆出于政府当局压迫言论之政策。即如袁世凯两次颁布之报纸条例，亦系抄袭日本之新闻纸法，改头换面，以为钳制言论之利器。此类政府当局自私自利之法令，吾人当然反对之。因过去之新闻纸法实际上无一含有保护新闻事业之意味者，故犹忆民国初年，此项特别法问题发生之际，某政论家即根本反对其存在。但余个人之意见，则认为当分别言之。盖法之有无为一问题，法之良否又属一问题。”①

故本书以北洋政府时期这一中国新闻法制剧烈变动时期的新闻法制作为研究对象，试图呈现民初新闻法制整体状况，言论出版自由理念的传播，军

① 邵飘萍：《新闻学总论》，京报馆1924年版，第216页。

阀、革命派、列强等对新闻法制的影响，以及报刊、报人和报业团体为争取新闻自由所做的努力，进而探究它对现代中国新闻法制建设的借鉴意义。

第一节　问题的提出

林语堂在《中国新闻舆论史》中，将中国共和时期的新闻与政府的关系，类比为骑士与赛马，“这匹马拥有脱缰奔跑和把这个年幼骑士驮到它所喜欢的任何地方的自由，而马嚼子里的咀嚼声可能就是威胁马背上孩子的一种手段”，故此时期新闻舆论“表现出一种倒退的倾向”[①]。但是，从另一个角度讲，骑士与马匹一旦步入他们选择的道路就必有一番互动，马匹究竟去过哪些地方，年幼的骑士如何运用缰绳驾驭马匹，骑士与马的未来道路如何选择？这些就是本书要研究的问题。

目前，学界对民初北洋政府新闻法制的研究成系统的不多，且多围绕“军阀专制”“新闻统制”等展开论述，几近形成此时期新闻法制尽是糟粕的认识。然而，我们不得不承认，当时政府建立起了完整但不完备的新闻法制体系，它较前清完全的新闻专制拥有巨大进步，它标榜新闻自由，以三民主义为号召，促使大量政党、新闻团体的报纸报刊陆续出现，为现代民主意识的形成奠定了坚实基础，言论出版自由“载在约法”成为公众的基本常识。北洋政府时期是我国新闻法制走向中西融合的关键时期，中西新闻法制理念的交流、冲突和融合缔造了现代中国新闻法制的早期形态。从这个角度看，此时期的新闻法制仍然有其“以古鉴今”的现实价值。

从研究方法言，目前学界要么从历史角度考证新闻法规，要么从法学角度辨析法律关系，研究结果缺乏对现实的关照，失去了接续与超越中国新闻

① 林语堂：《中国新闻舆论史》，中国人民大学出版社2008年版，第97—98页。

法制传统方面的理论价值。故本研究认为，“回到民国”[①]通过“细节的挖掘与展示”回溯现代中国新闻法制之渊薮，为新时代社会主义新闻法制镜鉴确有必要。这样的研究进路也恰恰耦合前述“马的道路”“马与骑士互动”的研究设想。再者，尽管在深入研究民国新闻法制传统的过程中，还需要与西方新闻法制进行比较，但西方新闻法制的概念体系和法理却不是先在的价值标尺，而仅仅是一种比较对象，故着力挖掘中国新闻法制独特的、自成系统的法文化渊源也尤为重要。

需要进一步厘清的是，“北洋军阀执政时期”与“北洋政府时期”，“新闻法制”与“新闻法治”之间的区别。“当代史学观点倾向于抹杀历史进程中的加速期，以及制度更迭造成的转折点和交替时期。”[②]本研究关注的时间段是1911年10月10日湖北军政府成立至1928年底北伐成功这段时间的新闻法制。[③]着力凸显转折点、交替期的新闻法制特点。在“北洋军阀执政时期”与“北洋政府时期”两个概念选择上，趋向价值判断相对中立的后者。在“法制”与“法治”的概念选择上本文倾向前者，两者都强调静态的法律制度以及将这种静态的法律制度运用到社会生活的过程，但是法制概念不包含价值判断，法治包含价值判断，强调人民性。法制只是强调形式意义方面的内容，而法治既强调形式意义又强调实质意义，法制更偏重于法律的形式化方面，强调“以法治国”制度、程序及其运行机制本身，它所关注的焦点是法律的有效性和社会秩序的稳定，这也正是法治的先决条件（形式意义的法治）所要求达到的目标。法制是法治的前提条件和基础，没有法制也就谈不上法治，

---

① “回到民国”是一种研究方法，研究“中国问题”需要回到“中国历史”，从民国历史文化的视角回溯梳理中国现当代社会文化发展进程，不仅能再现历史情境，亦能从中国历史本身出发研究问题，指导新的社会变革。参见李怡：《作为方法的“民国”》，山东文艺出版社2015年版。

② [法]费朗索瓦·多瓦：《碎片化的历史：从年鉴到新史学》，马胜利译，北京大学出版社2008年版，第220页。

③ 目前，史学家对北洋军阀时期、北京政府或北洋政府时期等概念尚有争议，用后出的集合概念指称前事几乎已成惯例。本研究的重心集中在“北洋政府”，故对1911年10月之后出现的湖北军政府、南京临时政府和1925年国民党在南方建立的政权只做概述。学理依据，参见桑兵：《“北洋军阀”词语再检讨与民国北京政府》，《学术研究》，2014年第9期，第99—120页。

故选择更基础、统摄的“法制”。

新闻法制是掌握国家政权的社会集团依照自己的利益和意志，通过政权机关建立起来的，用以调节新闻传播活动中各种关系的法律制度。[①]新闻法制产生的前提是新闻传播活动的兴起和成熟，即新闻传播活动发展到相当水平，国家权力机关意识到新闻传播活动需要干预，并着手以法的手段对其进行规制。人类的新闻传播活动与人类的历史一样悠久。在没有文字之前，人类通过口耳相传来交流思想、情感和新闻，此后又出现结绳记事、绘画、雕刻、烽烟、旗鼓等较为原始的新闻传播方式；文字兴起之后，新闻传播活动进一步突破时间、空间限制，新闻信息借助甲骨、竹、帛、露布、纸张等传播载体广泛流传；印刷技术发展到相当成熟阶段后，报纸、杂志等成为专载新闻的媒介，新闻传播活动的效率也到达前所未有的高度。中国的新闻传播活动发展到现代同样经历了漫长历史，那么中国的新闻法制又产生于何时呢？新闻法界囿于法学学术水平及研究视角差异，到目前尚未就中国新闻法制的兴起时间达成共识，兹列三种典型观点于下：

（1）新闻法制起源于盘庚迁殷时期。黄瑚在《中国近代新闻法制史论》中以《尚书·盘庚》所载的“盘庚迁殷”为证，将国家君主的“言禁”主张作为新闻法制的重要起源。[②]公元前14世纪商君盘庚力排众议迁都于殷，在是否迁都问题上臣下多有非议，盘庚为此“命众悉至于庭”，鼓励“吉言”“箴言”，严禁“逸口”“浮言”，警告臣民“自今至于后日，各恭尔事，齐乃位，度乃口。罚及尔身，弗可悔”。

（2）新闻法制起源于宋朝时期。马光仁在《中国近代新闻法制史》中提出，新闻法与新闻纸是孪生兄弟，故我国新闻法制起源应当与中国最早报纸“邸报”同时。口语传播时代与文字传播时代初期统治者对新闻传播活动的限制多是口头施压，但到宋代印刷报纸大规模出现后，“统制新闻信息传播的手段和措施越来越严厉，越来越细化，逐渐以文字形式固定下来，成为新闻出

① 王建国：《新闻法制理论研究》，吉林大学出版社2007年版，第5页。

② 黄瑚：《中国近代新闻法制史论》，复旦大学出版社1999年版，第14页。

版的法律法规”[①]，最终形成我国最早的新闻检查制度——“定本制度”。

(3) 新闻法制起源于颛顼时期。倪延年在《论中国古代新闻法制起源于“颛顼时期”》一文中提出，《国语·楚语下》记载颛顼见“少昊之衰”“民神异业”后“使复旧常”的命令，蕴含了中国古代新闻法制“因子”[②]。文章综合新闻传播学、法学领域专家观点，说明在颛顼时期中国已经出现原始新闻传播活动，中国古代法制也已开始形成。

上述三种观点都有合理之处，其不同之处根本在于以怎样的“新闻法制”概念为前提来讨论问题。从新闻传播学、法学角度分别对概念进行分解会有这样的疑问：(1) “新闻”是狭义的新闻（印刷时代的报刊新闻），还是广义的信息传播？(2) “法制”是成文法，还是包括广义的法律原则、规则？首先，延续传播学传统的对人类信息传播活动经历阶段的分期，人类新闻传播活动经历口语传播时代、文字传播时代、印刷传播时代、电子传播时代，所以研究中国的新闻法制应该讨论包括口语传播时代在内所有与信息传播相关的法律。其次，延续传统的中国法制史分期观点，中国法制历史传承四千余年，经历夏、商、西周及春秋的奴隶制法制时代，战国、秦汉、隋唐、宋元明清的封建法制时代和近现代法制时代，所以“中国新闻法制研究”应该讨论中国第一个奴隶制王朝（夏）及以后国家的习惯法、成文法对新闻传播的规制。

综上，中国新闻法制中的“新闻”不仅包括印刷时代的“邸报”，还包括口耳传播时代的“言禁”；中国新闻法制中的“法制”不仅包括成文法，如宋代官方的“定本制度”，还包括不成文的习惯法，甚至早期国家君主的命令。故中国新闻法制的起源最早不会早于夏朝，相较于倪延年的“颛顼时期说”和马光仁的“宋朝时期说”，黄瑚的“盘庚时期说”较为合理。由此，本文所述的“新闻法制”指国家权力机关或奴隶制君主围绕新闻信息传播活动订立的成文法与不成文法。

---

① 马光仁：《中国近代新闻法制史》，上海社会科学院出版社2007年版，第17—29页。

② 倪延年：《论中国古代新闻法制起源于“颛顼时期”》，《湖南大众传媒职业技术学院学报》，2011年第1期，第12页。

第二节 文献综述及资料

目前对民初北洋政府新闻法制进行整体研究的成果不多，尚未有专著进行研究。有两部著作的部分章节，有一定参考价值。复旦大学黄瑚教授《中国近代新闻法制史论》第四章梳理了民初自由新闻法制的确立到袁世凯及继任军阀对自由新闻体制的扭曲破坏过程，将此阶段新闻法制的特点归结为“形式上采用自由新闻体制”“带有半殖民地半封建色彩”“滥用军法，惟军阀意志是从”[①]。南京师范大学倪延年教授著《中国报刊法制通史现代卷》第一、二章分“民国初年”与“北洋政府时期”两个阶段，阐述报刊法制产生的社会背景及主要动因，认为民国乍建、政府仓促之间并未形成系统报刊法制体系，且因对帝国主义抱持“中立”幻想，不敢理直气壮地限制和管理在华外报。而北洋政府时期报刊法制成果集中出自袁世凯政府，袁氏继任者几无成果，同时“字面上‘民主自由’和实质上封建专制手段共用”[②]。前述两著限于篇幅，对民初北洋政府新闻法制仅作铺叙，缺乏法理层面的深入阐述和理论探究。

再就论文看，学界普遍重视晚清至民国新闻法制的变迁，有少量硕博士学位论文值得关注。中国社会科学院马跃峰的博士论文《近现代中国新闻法治研究（1906—1937）》以法律发展论为分析工具从新闻法治思想、新闻法制定与渊源、新闻法主要内容、新闻法的实施等方面勾勒出近现代中国新闻法治全貌，具有较高的参考价值。[③]南开大学王青的硕士论文《北洋政府时期的新闻管制》重点凸显“新闻管制”与“新闻自由”的角力，因过于强调制

① 黄瑚:《中国近代新闻法制史论》,复旦大学出版社1999年版,第107—149页。

② 倪延年:《中国报刊法制发展史》,南京师范大学出版社2006年版,第46—146页。

③ 马跃峰:《近现代中国新闻法治研究(1906—1937)》,博士学位论文,中国社会科学院研究生院,2006年。

度因素而对新闻业界缺乏关注。[①]另有唐炯炯的《北洋政府的新闻政策研究》和梁天天的《民国1912—1916年新闻立法研究》两篇硕士论文，仅对新闻政策、新闻立法做简略梳理，研究深度不彰。期刊论文方面，殷莉、何秋红的《清末民初的新闻出版法》从立法主体与程序、法律规则和法律概念角度考察《报馆暂行条例》《大清报律》《钦定报律》《报纸条例》《修正报纸条例》和《出版法》，认为民初新闻法规要么是越权之法，要么是不符合行政立法程序的行政法规。[②]文章机械地运用法律概念比附条文，欠缺理论分析。穆中杰通过《管窥袁世凯政府的新闻法制》《北洋政府时期的新闻立法活动（1916—1928）》《继受与转型：民国初年的新闻法制》几篇文章系统梳理了此阶段“废止或修改沿用”与“适时创制”的新闻立法活动。肖燕雄，梁凯的《“因事成制”：中国新闻法制建设的传统路径》借助宪政主义西学与中国固有传统的“资相循诱”理论模型，总结出中国新闻法制变革的“因事成制”模式。[③]任薇的《从“有法”到“无法”：清末民初新闻法制思想的演变》认为报人的“无法”思想正是《临时约法》从根本上保障言论自由的“有法”表现。[④]前述三者从时代大背景考察新闻法制有相当可取之处，但作者都属新闻传播学研究者，故缺乏对法律法规本身的剖析。

宏观性研究之外，更多的研究侧重对北洋政府时期新闻法制的细部展开论述。这些研究将新闻法制置于更为微观的视角下考察，阐释新闻法规内容、新闻自由、报业发展、新闻团体、治外法权、新闻伦理与道德等相关因素与新闻法制的关联，对“深描”此阶段的新闻法制大有裨益。大致来讲可分为三类，兹分述如下：

---

① 王青：《北洋政府时期的新闻管制》，硕士学位论文，南开大学，2007年。

② 殷莉，何秋红：《清末民初的新闻出版法》，《南通大学学报（哲学社会科学版）》，2009年第3期，第128—134页。

③ 肖燕雄，梁凯：《“因事成制”：中国新闻法制建设的传统路径》，《今传媒》2015年第4期，第8—10页。

④ 任薇：《从“有法”到“无法”：清末民初新闻法制思想的演变》，《新闻爱好者》，2007年第5期，第24—25页。

第一类，具体新闻法规的历史考据及文本解读。

新闻法规作为民国北洋政府时期新闻法制的最核心内容，学界有相当多的个案研究。卢家银、刘泱育、周叶飞、钱晓文等多名学者从不同侧面对《暂行报律》[①]进行研究，卢家银指出"《暂行报律》事件"的深层原因是绝对的新闻自由观和政党斗争的冲突。[②]刘泱育对该事件相关史料进行了考据。[③]钱晓文通过考察《大共和日报》《申报》《时报》《民立报》等各派代表报刊的舆论，发现当时报界对西方新闻自由的认识与理解存在偏差。[④]周叶飞指出报界与临时政府因"共和"想象差异引发的"合法性焦虑"在"《暂行报律》事件"中显现出来，政府希冀赋予报刊在制度内建言的角色，而报界则主张在共和框架内寻求权力制衡并将自身建构为牵制国家的"结构性力量"。[⑤]与学界对《暂行报律》细致深入的研究大相径庭，此时期其他新闻法规则鲜受关注，深度和力度显著不足。殷莉对《报纸条例》进行文本解读并将其与同时期法国《出版自由法》和日本《新闻纸法》作对比，认为其赋予人们言论出版自由在当时世界范围内最低。[⑥]陈正书考据了"上海租界史上最早的新闻出版法"[⑦]，马光仁探析了"袁记《出版法》的制定与废止"[⑧]。

第二类，新闻法制与新闻自由的冲突与调试。

新闻自由作为最重要的新闻法制思想，既有对言论出版自由的保障属性，亦有防范滥用言论出版自由的限制属性。张斌研究民国法学家王世杰的《现

---

① 1912年3月4日，南京临时政府内务部宣布清政府颁布的《印刷物专律》等法规无效，并称在民国报律尚未制定之前，先行订立《中华民国暂行报律》，后文简称为《暂行报律》。

② 卢家银：《民初报界抵制报律的深层原因分析——以〈暂行报律〉事件为中心》，《国际新闻界》，2009年第3期，第120—124页。

③ 刘泱育：《"〈民国暂行报律〉风波"的再研究》，《国际新闻界》，2009年第3期，第115—119页。

④ 钱晓文：《民国初年〈暂行报律〉风波中报界与临时政府关系探析》，《新闻界》，2014年第20期，第54—58页。

⑤ 周叶飞：《报刊与政府关系的重组：报律风波中的"共和"想象》，《新闻与传播研究》，2016年第6期，第46—61页。

⑥ 殷莉：《民初〈报纸条例〉研究》，《新闻学论集》，2009年。

⑦ 陈正书：《上海租界史上最早的新闻出版法》，《史林》，1987年第1期，第90—95页。

⑧ 马光仁：《袁记〈出版法〉的制定与废止》，《新闻与传播研究》，1987年第2期，第198—202页。

代之出版自由》和《对于中国报纸的罪言》，认为两文从法律层面对出版自由问题（欧美出版法律介绍、出版的手续、出版物的范围、出版物的处分、战争或动乱时期的出版自由、出版自由与私人名誉的冲突）进行了详细严谨的论述，实现了新闻自由理论与实践的绝好对应。[①]凌争则从新闻立法与新闻自由关系的视角，剖析北京政府通过保押费、预先审查、禁载事项、错误解读宪法、恐怖统治等方式干预新闻自由，严重阻碍中国近代新闻传播发展。[②]殷莉归纳清末民初新闻法制建设过程中的三种新闻自由主张：段祺瑞政府和章士钊所持完全新闻自由，临时政府和部分报人所持新闻自由优先，以及清政府、袁世凯政府和广西军政府所持新闻自由与法律限制平衡。[③]胡慧馨检视清末民初三十余年报刊舆论，总结出影响中国社会转型时期言论自由的五个因素（国家与国民对立关系、中央集权的程度、政治人物的社会形象、信息流通技术的进步、宪政秩序的落实），指出“偏颇性言论自由”和“薄壳效应”[④]对社会变革时期言论自由空间有重要影响。

第三类，新闻法制与报业发展、报刊政治主张的关系。

肖燕雄通过考察近现代新闻法规的变迁，指出民初五六年新闻立法与报业共同步入黄金时代，而此后的报刊附加法却多如牛毛，任意更正、补订新闻基本法达到蹂躏法律的地步，将新闻出版法异化为琐碎的行政命令和规章制度，致使法规与报业发展的混乱局面日甚一日。[⑤]周叶飞以《民立报》为例分析了民初政论报刊在遭遇革命意识形态与袁世凯专制主义双重挤压后很快集体拥抱激进（文化意义上的“革命”），在“全盘性的反传统主义”中寻求

① 张斌：《论中国第一篇出版自由研究专文》，《国际新闻界》，2010年第7期，第116—123页。

② 凌争：《浅议北洋政府期间新闻立法与新闻自由》，《今传媒》，2012年第6期，第32—33页。

③ 殷莉：《清末民初新闻自由思想刍议》，《天津师范大学学报（社会科学版）》，2007年第1期，第76—80页。

④ “薄壳效应”指一个集权体制进入转型阶段后，政治难免失控，很容易出现政治参与集中所引起的言论井喷困境。参见萧功秦：《超越左右激进主义：走出中国转型的困境》，浙江大学出版社2012年版，第6页。

⑤ 肖燕雄：《我国近现代新闻法规的变迁》，《二十一世纪（香港）》，1998年第6期。

社会问题解决之道。马光仁归纳了《申报》反对袁世凯政府新闻法规的斗争策略。[①]孙旭培等通过对清末民初新闻法规的文献研究和《大公报》的内容分析，发现新闻界在这两个时期都享有一定新闻自由，但受当时革命和政治斗争影响新闻活动的绝对自由主义思潮明显，以致非理性的新闻活动大量存在。[②]田双以《新青年》的创刊、办刊过程为界标考察北洋政府的新闻出版政策，揭示出新闻法制“历史的倒退”与新闻业在“宽松的表象环境”下进步的矛盾局面。[③]这些研究跳脱出法律文本研究、法律法规与新闻自由冲突解读的囹圄，将新闻法制的研究推进到广阔的报业反馈、社会抗争等领域，为后续研究开阔了视野。

第四类，治外法权、在华外报对新闻法制的冲击。

民初北洋政府与租界当局既有矛盾斗争又有妥协勾结，致使新闻法制建设多受列强所享治外法权掣肘。马光仁梳理上海新闻文化界反抗《印刷附律》[④]的斗争，揭露了列强肆意干预新闻自由、扼杀中国革命宣传的蛮横行径。[⑤]当然，单纯通过诉诸舆论和法理商谈撤销列强在华外报所享受的特权，无异与虎谋皮，故解决问题的根本途径只有废除治外法权，实现民族解放和国家完全独立。[⑥]薛飞整体考察租界与报纸的关系后则认为，租界舆论生存环境较清政府、北洋政府和国民党政府宽松，它在打破专制当局言论垄断、庇护新生政治力量方面有消极的促进作用。[⑦]

① 马光仁:《民初〈申报〉反对袁世凯政府的策略》,《新闻大学》,1996年第2期,第47页。

② 孙旭培,殷莉等:《法律是自由的“拯救者”——清末民初新闻自由评析》,《新闻与传播评论》,2010年,第190—205页。

③ 田双:《从〈新青年〉的创办看北洋政府的新闻出版政策》,《福建论坛(人文社会科学版)》,2012年第1期增刊,第108—109页。

④ 上海工部局提出的有损中国主权和危害民族资产阶级利益的一个提案。即“增订印刷附律”,规定凡有印刷或发行,均须向工部局注册,否则即处以罚款或监禁。

⑤ 马光仁:《上海人民反对印刷附律的斗争》,《新闻与传播研究》,1989年第2期,第104—116页。

⑥ 裴晓军:《试论治外法权与在华外报》,《现代传播(中国传媒大学学报)》,2011年第10期,第56—60页。

⑦ 薛飞:《旧中国的租界与报纸》,《新闻与传播研究》,1999年第4期,第69—75页。

此外，还有一些研究论文从新闻团体发展、新闻伦理与道德等视角阐释新闻法制。赵建国在《清末民初的新闻团体与新闻法制建设》一文中分析各新闻团体对《暂行报律》《出版条例》出台的态度及观点，发现在政府控制与新闻团体反控制的博弈过程中两者逐步走向全面对抗，致使报律在权力博弈中徘徊不前、宽严失度，成为制约近代新闻法制发展的难题。①李统兴则呼吁运用职业道德标准作为报刊史评价的基本标准②，并从“社会伦理转型中的主体迷失、暴力革命主题下的伦理遮蔽、专制威压下的伦理畸变、党派之争中的报刊流弊、经济利益至上与专业队伍缺失的恶性循环等五个方面”，探析报刊职业道德失范的原因。③

在研究资料方面，近代报刊兴起后新闻法制即受到各界关注。学界人士围绕新闻法规在各大报刊积极发表文章、阐述观点，由此当时在《申报》《时事新报》《时报》《顺天时报》《东方杂志》《庸言》等刊载的涉及新闻法制的文章成为重要资料。在政府立法层面，南京临时政府、袁世凯及继任政府和各地方临时政府制定了大量新闻法律法规，这些法律虽内容庞杂、种类繁多，但好在已有刘哲民《近现代出版新闻法规汇编》收集了部分法律文本，中国第二历史档案馆《中华民国史档案资料汇编（第三辑文化）》整理了北洋政府内务部部分档案。北洋政府《政府公报》（1912—1928）、《政府公报分类汇编》（1912—1928）、《司法公报》（1914—1928）等，也为深入研究此时期新闻法制提供了宝贵资料。

综上所述，学界关于民国北洋政府时期新闻法制的研究还相对薄弱，值得在深度和广度上进一步拓展。首先，史料挖掘尚有较大空间。近年在法制史、新闻史领域对民国时期新闻法制史料的整理、挖掘工作几近停滞，大量文章重复引用二手文献，对当时报刊文章及其他一手档案的利用不足。其次，

① 赵建国：《清末民初的新闻团体与新闻法制建设》，《广西社会科学》，2010年第5期，第75—78页。

② 李统兴：《革命主题下报刊职业道德问题的重新审视——以新闻史对于清末民初报刊业的评价为例》，《国际新闻界》，2007年第5期，第74—78页。

③ 李统兴：《清末民初报刊职业道德失范的原因》，《当代传播》，2007年第6期，第87—89页。

研究视角有待拓宽。新闻学研究者对此问题的研究，多从社会思想史、报刊舆论视角切入，在法理层面的讨论则如蜻蜓点水，少量法学研究者关注此问题，但限于文本层面，新闻学理论与法学的交叉研究亟待夯实。再次，法律实践层面的研究相当薄弱。从法律表达到司法实践，许多报案呈现出的“制度弹性”并没有被挖掘，学界对此时期新闻法制的负面评价颇多，但在此阶段报业却进入“黄金时代”[①]，如此两极评价势必需要从司法实践角度进行反向检视。最后，整体缺乏理论深度。新闻法作为新兴交叉学科，在没有理论工具的情况下开展研究工作无异缘木求鱼，因此急需补充法学理论视野下的新闻法制研究为学界参考。

第三节 研究方法

目前学界对民国北洋政府时期新闻法制的研究多为法律文本梳理、政策背景解读及实施状况的分析，尚缺乏法律演进视角下的系统性研究，对当时新闻法制继受传统和影响后世的现实意义缺乏明确阐释。就目前主流新闻史研究范式而言，革命化范式、现代化范式，抑或民族国家范式似乎都不能全面呈现北洋政府时期新闻法制全貌：一则由于新闻法作为交叉学科研究，而中西新闻法制文化的冲突与共融、新闻法律法规的移植与本土化路径、社会剧烈变动带来的政权更迭等多方面因素对国家新闻法制发展进程有复杂影响，新闻史抑或法制史研究视角及方法难以窥其全豹；二则因制度变迁或称新闻法制近代化是一个长期过程，截取其中一段时期的新闻法制发展状况虽能使研究开展削减难度，但不能否认在历史脉络梳理、多元观点整理方面会存在瑕疵。

① 范福潮从自由办报与新闻自由、报刊数量变化、报刊对社会的影响，以及报刊质量提高四个角度研究近代报业发展，认为五四运动之后的十年，堪称中国近代报业史上的“黄金时代”。参见范福潮：《寻找中国近代报业史上的黄金时代》，《上海文化》，2013年第5期，第40—47页。

因此，本文是为单纯就新闻法律制度本身演进及对相关社会各方之影响展开研究。其中选取“法制”非“法治”，即欲跳脱新闻法制研究是“良法之治”的价值陷阱。再者在内容阐释上，没有革命宣传、舆论动员革命化论述方式，没有以新闻自由、思想启蒙为新闻法制必需要素的价值考量，更没有渲染国家认同、民族主义的悲情论述，仅做制度层面剖析与新闻法制发展进程的客观陈述。当然这样的研究视角也非作者所创，诚如杨念群对新闻史研究范式的理解，“（费正清）[①]强调西方冲击对中国社会现代化有利的一面，而革命史框架强调帝国主义对中国传统结构破坏性的一面，但两者都没有把中国传统自身的特性纳入考察视野，而是基本上把它视为负面因素加以抨击”[②]。北洋政府时期新闻法制研究涉及新闻传播学、历史学、法学，属于多学科交叉课题，特别需要史学的实证研究与法学分析方法相结合，通过对史料的重新整理和文献的深度解读，可以客观公允地呈现新闻法制及其具体面向的特征。而在历史陈述和法制史梳理方面，法理学中法的演进视角能够很好地帮助笔者切入主题，为深入探讨北洋政府时期新闻法制的适用及转型时期特征提供工具支持。本文所用研究方法如下：

（1）文献分析法。文献分析的最大功用在于通过描述性、推论性的内容分析，揭示史料、文献中隐藏的信息，为深入探讨北洋政府时期新闻法制的整体特征打下基础。

（2）规范分析与实证分析相结合的方法。本文既有对宪法、新闻法、出版法、部门规定和地方性法规等法律渊源的规范分析，也有对相关法律法规实施状况的讨论。通过对比文本与实践的差异，明晰新闻法制建设的整体情况，以期形成紧扣历史实际的研究成果。

（3）比较法。本文所用比较分析法，有历史比较法和内容比较法两种。

① 费正清(John King Fairbank)，美国哈佛大学教授，著名的中国近现代史专家，代表著作《剑桥晚清史》《剑桥中华民国史》《剑桥中华人民共和国史》等。

② 杨念群：《美国中国学研究的范式转变与中国史研究的现实处境》，《清史研究》，2000年第4期，第65—76页。

北洋政府时期不同政权、不同阶层、不同学者对新闻法制有不同观点，通过历史比较法有利于释明不同的新闻法制观，明了新闻法制发展脉络。通过内容比较法将其与同时期其他国家的新闻法制作对比分析，有利于呈现此阶段新闻法制发展之优缺点。

第四节　创新点及不足

“在近代，尽管传统新闻法律制度不断遭到挑战，传统与现代之间的冲突日益加剧，但历史的联系客观存在。这在一定程度上反映了社会对秩序状态的要求，同时也说明法律传统的巨大惯性。”[①]北洋政府时期的新闻法制有其前因后果，它既对中国传统新闻法制有所传承、超越，又对后继政府新闻法制发展有着重要影响。新闻法治世人钦慕，但前提是新闻法制必须是“良法”，遗憾的是北洋政府时期经历军阀新闻专制、国民党新闻统制，迈入的却是国民党对新闻业的“政党之制”。故在围绕这些研究缺陷的基础上，本文重点从新闻法制演进的宏观视角阐释此阶段的新闻法制，相较以往研究本文有两点创新之处：

（1）力避“脸谱化”研究取向，综合考察新闻界人物及观点。

李统兴认为，我国新闻史研究存在“以政治为单纯的评价标准形成了历史人物的‘脸谱化’和某类报刊的‘脸谱化’”。这样的研究资料运用方法，导致“脸谱化”的“好人”，其报刊主张和新闻稿件被一概赞扬，对其违背报刊职业道德的事实则隐瞒或回避。[②]例如，梁启超建议袁世凯“表面为舆论之仆，背地为舆论之主”；章太炎提出“民主国本无报律”，但当了法务部长后却全力支持新闻立法；黄远生被学界称为“报界奇才”“新闻通信第一人”，

① 马跃峰：《近现代中国新闻法治研究（1906—1937）》，博士学位论文，中国社会科学院研究生院，2006年，第20页。

② 李统兴：《清末民初报刊职业道德失范的原因》，《当代传播》，2007年第6期，第87—89页。

但他却建议袁世凯将报纸所记的所有人物事件都作为“侦缉材料”，严密监控。[①]同理，对军阀政府新闻政策的论述，也尽量摒弃军阀的个人色彩，着重从新闻法制本身来论述问题。

（2）避免落入研究军阀史窠臼，客观呈现当时政府新闻法制。

北洋政府时期政权更迭频繁，各地军阀更是能够左右政局、呼风唤雨的大人物。辛亥革命后地方军队势力与士绅势力联合政权抬头，梁启超称之为“部落”[②]。1917年李大钊援引日本军阀政治情形论述中国问题，将“军阀”一词与北洋派政治首脑相关联。[③]五四运动之后，革命派的声势再次高涨，中国共产党在各地呈“星星之火，可以燎原”之势，地方军阀之间冲突加剧。1920年上海国民大会策进会深表忧虑，“兹外交荆棘，内阁剧烈，民凋敝，国事蜩，统四万万人民之生命财产日玩弄于军阀、政阀、议阀、党阀之掌股以上，皮肤任其炽灼，骨髓任其敲吸，思前虑后，疾首痛心”[④]。到1927年这些军阀、政阀、议阀、党阀更成为国民党的卵翼，国民党掌控政权逐步成为新的政治强权，党阀由此产生。当时学者感叹，“现在一般都只知道旧军阀、新军阀的可怕，其实现在的军阀是不成问题了，旧军阀固然会消灭，新军阀也要打倒，就是打倒一个新军阀又出一个新军阀的时候，仍然是可以一样的把他打倒，所以我们现在不怕军阀，倒是怕‘党阀’，所谓党阀，就是利用他个人的地位操纵党的行动违反党的纪律”[⑤]。梳理从“部落”到“党阀”的轨迹，不难发现军阀史与新闻法制史泾渭分明，故本研究重点断不能着重于军阀而忽视新闻法制近代化的历史大背景。

本研究不足之处亦有三点：（1）囿于笔者学识，在资料搜集上仍有所不

①《黄远生条陈》，《北洋政府内务部档案》，1913年7月27日，引自中国第二历史档案馆编：《中华民国史档案资料汇编（第三辑文化）》，江苏古籍出版社1991年版，第492页。

② 梁启超：《一年来之政象与国民程度之映射》，《饮冰室合集（文集卷三十）》，中华书局1936年版，第17页。

③ 李大钊：《李大钊全集（第二卷）》，河北教育出版社1984年版，第713页。

④《国民大会策进会之函电》，《申报》，1920年9月10日，第10版。

⑤《李杨在中央党校之报告》，《申报》，1927年11月23日，第7版。

足，对史料运用方面也不免功力欠佳，特别是在对新闻法制发展的宏观把握上视野较窄，系统性、宏观性的“大历史”视角运用相对笨拙。(2) 在法律文本、法律制度本身的论述上，作为跨学科论题难免众口难调，新闻传播学观点与法学理论的观点取舍与恰当引述评论对笔者来说是不小考验。(3) 为紧扣新闻法制主线，避免失焦，对出版史、法制史、文化政策等新闻法制相关学科的著述、文章未做学术梳理，仅在内容上有所涉及。

第一章　北洋政府时期新闻法制的历史背景

如果将中国新闻法制以“清末立宪”为界，划分为现代新闻法制、中国传统新闻法制两个时期，可以确定北洋政府时期是现代新闻法制发展的快速成长期。当然，无论是北洋政府时期的新闻法制还是现代法意义上的新闻法制，我国新闻法制发展都有延续中国传统新闻法制的成分，倪延年概述为：中国新闻法制始于夏商周的“言禁”制度，盛于秦汉的“书禁”制度，成形于汉唐的“驿传”制度。[①]故梳理秦汉唐宋元明清的新闻法制发展历程，有助于深刻认识北洋政府时期的新闻法制。

第一节　北洋政府时期新闻法制的历史基础

一、先秦至唐的新闻法制

法不是从来就有的，新闻法制也是人类社会发展到一定阶段的产物。奴隶制国家产生之前，“法”与“礼”的关系最为紧密。礼源于祭祀，古人将祭祀活动形成的礼义规则抽象到更为广泛的社会活动中，形成人们普遍承认并遵守的作为“礼”的习惯性规范。随着氏族社会中部落交流、婚姻、选举等社会关系的社会性逐渐淡化，阶级性越来越明显，“礼”成为国家性的社会规制或法律规范，基本具备习惯法特征。夏朝奴隶制国家形成之后，具有国家

① 倪延年:《中国报刊法制发展史:古代卷》,南京师范大学出版社2006年版,第2页。

强制性的法律正式形成。夏朝的法是较为原始的习惯法和王命，其中就有部分“言禁”内容。《左传》引《夏书》载“昏、墨、贼，杀，皋陶之刑也”，触犯“昏”“墨”罪者要受“皋陶之刑”，“昏”指剽窃他人美名，“墨”指贪赃枉法败坏官声。[①]再如，《尚书·甘誓》载，夏启对扈氏言行颇为不满，“有扈氏威侮五行，怠弃三正，天用剿绝其命，今予惟恭行天之罚”[②]。这些因言遭受的刑罚与新闻信息传播相关，故可谓中国新闻法制原始形态。

郭步陶认为，当时新闻传播尚处在文字传播初期，民众还没有明确的新闻传播意识，“他们凭借以发表民意的工具，只是歌谣，只是言词，还没有见之于书面。所以不能即认为真正的新闻事业，而只能说是新闻事业的意旨发动”[③]。商代时文字发展已经相当成熟，比较规范的成文性质的法律形式也取得重要进步，“夏有乱政而作禹刑；商有乱政而作汤刑；周有乱政而作九刑”，罪名与刑罚的数量都显著增加，对新闻传播活动的规制也逐渐严厉。商代的“乱政”“疑众”等罪名直接与新闻传播有关，如《礼记·王制》载：“行伪而坚，言伪而辩，学非而博，顺非而泽以疑众，杀。”“析言破律，乱名改作，执左道以乱政，杀。”[④]

新闻法制有限制与保障两端，合法的新闻传播活动即使是在奴隶制国家亦受国家保护。《管子》载：“黄帝立明台之议者，上观于贤也；尧有衢室之问者，下听于人也；舜有告善之旌，而主不蔽也；禹立谏鼓于朝，而备讯唉；汤有总街之庭，以观人诽也；武王有灵台之复，而贤者进也。”[⑤]这些尊重民意的举动，充分说明奴隶制国家君主虽然有残酷的“言禁”与刑罚，同时也有尊重民意的开明传统。在制度保障层面，周朝设小司寇、宰夫、大仆等官职就有体察民情、咨询舆情的职责，《周礼·秋官·司寇》载，小司寇有“以五刑听万民之狱讼”“以五声听狱讼求民情”“以八辟丽邦法，附刑罚”等职

① 陈戍国点校:《四书五经(下)》,岳麓书社2014年版,第1107页。

② 杨杰编:《四书五经(二)》,北方文艺出版社2014年版,第484页。

③ 郭步陶:《本国新闻事业》,中国传媒大学出版社2018年版,第25页。

④ 李伟民编:《法学辞源(1—5册)》,黑龙江人民出版社2002年版,第2603页。

⑤ 刘晓艺校点:《管子》,上海古籍出版社2015年版,第370页。

责，特别是“岁终，则令群士计狱弊讼，登中于天府。正岁，帅其属而观刑象，令以木铎[①]曰：‘不用法者，国有常刑。’令群士，乃宣布于四方，宪刑禁，乃命其属入会，乃致事”[②]。其中“木铎”，更是被新闻学界视为新闻事业的象征。

三代之后，百家争鸣，春秋五霸、战国七雄相继自立，国家法制开始向成文法大步迈进。春秋时期新兴地主阶级势力壮大并走向成熟，对奴隶制国家的法律秘密主义愈发不满，希望通过制订新的成文法打破“礼治”“德治”“人治”传统，剥夺贵族世袭特权，破除旧贵族对法律的专擅与垄断，建立起“事断于法”的“法治”国家。郑国子产“铸刑书于鼎”，晋国赵鞅铸刑鼎，楚国文庄王的仆区法、茆门法等，都有关于新闻法制的内容。战国时期成文法的制订更达到前所未有的高峰，受法家“法治”“重刑”思想影响，为维护封建统治者的霸权地位，赵国《国律》、楚国《宪令》、魏国《大府之宪》、秦国《秦律》等成文法典相继颁布。这些法律中，尤以秦国法律对新闻传播活动的限制最为严厉。秦孝公纳商鞅之议将“乱化之民”“尽迁之于边域”，秦始皇为制霸中原“焚书坑儒”。《史记·秦始皇本纪》载，秦始皇采李斯之议，认为“古者天下散乱，莫之能一，是以诸侯并作，语皆道古以害今，饰虚言以乱实，人善其所私学，以非上之所建立。……私学而相与非法教，人闻令下，则各以其学议之；入则心非，出则巷议，夸主以为名，异取以为高，率群下以造谤。如此弗禁，则主势降乎上，党与成乎下。禁之便。臣请史官非秦记皆烧之”[③]。秦王朝遂以“造谤”“妖书妖言”罪名大搞“言禁”“书禁”，极大破坏了旧有新闻、信息甚至知识传播格局，但是“书同文、车同轨”对新闻传播也有促进作用，毕竟“嬴政大帝虽然焚毁儒书，目的只在限制崇古

① 铎大约起源于夏商，是一种以金属为框的响器，也可以说是一种铜质的铃铛，形如铙、钲，体腔内有舌可摇击发声，舌分铜制与木制两种，唐贾公彦解释《周礼·天官·小宰》“徇以木铎”时说：“铎，皆以金为之，以木为舌则曰木铎，以金为舌则曰金铎也。”

② 华东政法学院《简明法制史词典》编写组：《简明法制史词典》，河南人民出版社1988年版，第135页。

③ 赵晓耕：《中国法律思想史》，北京交通大学出版社2014年版，第80页。

思想的传播”[①]，“烧书是为了统一思想”[②]。

汉代时朝廷的诏令、布告及地方奏报由专职传播官方消息的御史府、丞相府、尚书台负责，严禁密籍传播、私人撰史、泄露皇室消息等行为，并设有“漏泄省中语”（泄露朝政消息罪）及“探知尚书”（刺探、传抄朝政消息罪）两项罪名。虽然汉代没有专门的新闻传抄机构、传抄内容也不对外公开，但已经有“京师书”（即新闻信）这种“唐朝成熟邸报的最初酝酿与准备”[③]。在一般法方面，汉承秦制，汉惠帝、文帝虽短暂放宽言路，但到武帝时则加大诽谤妖言罪、“挟书律”处罚力度，更以“腹非之罪”诛杀大司农颜异，特别是光武中兴之后的两次党锢之争，其对读书人的残害力度甚至不亚于“焚书坑儒”。

“秦筑驰道，汉收其利而定驿制”，唐收驿传于兵部，陆驿配马，水驿配船，邮驿制度相当成熟。唐朝的新闻法制成果最为突出者为驿传制度。《唐律疏议》对驿站规格、文书接收转递流程、往来人员通行规则、邮驿人员处罚管理规定等都有明确要求。唐朝时造纸、驿传、雕版印刷等新闻业发展的必要技术已经相当成熟，并出现专门沟通中央与地方藩镇、诸道消息的中国最早的报纸“进奏院状”。作为官方的新闻传播载体，进奏院状是中国最早官报的雏形，经由进奏院传发，专载朝廷政事动态和各项消息的书面报告，是“状报”“报状”“上都留后状”“留邸状报”官文书的统称。唐朝虽然沿袭“妖书妖言罪”惩治异己言论的传统，创制了“指斥乘舆”罪名，但也在制度设计上积极保障公众言论自由，唐太宗、玄宗善于察纳雅言，在京中设左右谏议大夫、左右补阙拾遗等谏职，广泛听取朝中人士及社会各界意见。从限制公众自由言论角度言，唐朝凭借先进便捷的驿传制度和承继前朝历代的“言禁”“书禁”制度，使得封建统治者对新闻传播的控制由内容环节延展到

---

① 柏杨：《中国人史纲》，人民文学出版社2018年版，第487页。

② 鲁迅：《华德焚书异同论》，《申报》，1933年7月11日。

③ 黄春平：《汉代邸报问题辨析——兼论戈公振的“邸报说”》，《中国社会科学院研究生院学报》，2009年第4期，第112—119页。

流通环节。[1]而从新闻法制发展的整体进程观之，唐朝驿传制度将现代报业采访、编辑和发行三大典型环节囊括其中，构建起新闻法制体系的最初轮廓，标志着中国新闻法制自此开始成形。[2]兴盛于唐朝的驿传制度也可谓后世中国新闻法制中邮递制度的法律渊源。

二、宋元时期的新闻法制

宋代法律袭唐制者多，随社会变化有律、敕、令、格、例、式等，这些都是审理案件的法律依据，只是形式和内容各异。宋朝时邸报发展已有相当规模，越来越多的州进奏院在京师设立，最多时达200余个。为统一各州道诸新闻发布、信息交流行为，宋太宗在京师设“都进奏院”，进奏官由中央派遣，归门下省给事中领导。都进奏院将传抄札、编定文报之权收归中央，是中国最早的体制上完全由中央掌握新闻发布的机关，都进奏院报状也成为完全意义上的由官方采编、审定、发行的官报。与进奏院统一新闻发布制度配套，宋真宗时确立“定本制度”，成为现代新闻法制事前审查的法律渊源。进奏院报状通常需呈门下省定本，经宰相核准，后报行各路州军。宋朝历代君王多对定本有具体不同要求，常例为进奏院每五日具报一次，特殊情况如重要官员任免拔擢、赏功罚罪、边境战事等奏报时便宜行事。《宋会要辑稿》之《职官》《刑法》中有大量进奏官相关规定，对泄漏朝廷消息、传报不及时等行为有相应处罚措施，或处违制之罪，或降官，或杖刑，综合运用后世所谓行政、刑事、纪律等多重处罚手段。在新闻法制具体内容方面，宋代新闻法制的影响最为深远，其中“妄议朝廷”“诋毁宫廷”等内容为后世新闻法制直接继承，至清光绪时的《报章应守规则》仍有与之相同的表述。

行为主义法学认为，“文化落后，处于未开化的地方，法比较少；文化繁荣发达的地方，法也发达”[3]。宋代时文化发达，教育普及，新闻信息传播活

---

① 马跃峰:《近现代中国新闻法治研究(1906—1937)》,博士学位论文,中国社会科学院研究生院,2006年,第14页。

② 倪延年:《中国报刊法制发展史:古代卷》,南京师范大学出版社2006年版,第69页。

③ 吕世伦,文正邦:《法哲学论》,中国人民大学出版社1992年版,第513页。

动非常活跃，新闻法制也相当发达。在官方报纸“邸报”之外，民间有“小报”专载“朝廷之差除，合谏百官之奏章”等朝廷官报未发布或不许发表的消息[①]，小报应社会政治、经济、文化等信息传播现实需求创办，是官方新闻传播的重要补充，官府多次申令取缔终未能禁绝。小报产生于何时，学界尚无定论，台湾省新闻史研究者朱传誉认为，早期的小报内容形式与官府邸报无甚差别，北宋末年小报未达到专业化水平，“小报”名称也未出现，“直到宋徽宗时，小报才成为一种专业”[②]，《宋会要辑稿·刑法》载，孝宗淳熙十五年诏书，“近闻不逞之徒，撰造无根之语，名曰小报”，是目前所知最早事关“小报”的诏书（敕令）。[③]宋代新闻法制与前代不同在于开创了专门的新闻法制，秦汉及之前的新闻法制是单纯与刑法、刑罚勾连的“言禁”“书禁”，唐代发展了“邮驿制度”，而宋代产生了大量专门规范新闻传播的诏令、编敕、谕旨及其他法规。编敕是宋太宗之后最重要的法律形式，宋承袭唐五代编敕立法实践“以敕代律”，“律不足以周事情，凡律不载者一断以敕”[④]。宋代专门的新闻法内容除敕令外，就是皇帝收到朝廷各机构负责人上书的“臣僚言”，这些奏章或建议经皇帝批阅后产生法律效力，被各级官吏广泛用于规制报刊活动。总之，宋代新闻传播呈现出官方与民间并进发展的良好局面，朝廷为统一新闻传播建构了专业化水平较高，内容丰富、手段多样的新闻法制体系，已基本具备后世新闻法制基本要素，标志着中国传统新闻法制基本形成。

元朝为北方游牧民族建立政权，国祚不及百年，新闻法制同样有所发展。1271年，忽必烈建立元朝后采汉儒建议“附会汉法”，“参照唐宋之制”展开立法活动，实行奴隶制、封建制并行下的法律制度。因法制资料留存少、行政法律体系复杂、官方文字差异等原因，后世对元代新闻法制的研究尚不深

① 邵华泽：《中国国情总览》，山西教育出版社1993年版，第105页。

② 朱传誉：《先秦唐宋明清传播事业论集》，台湾“商务印书馆”1988年版，第128页。

③ 刘大明：《宋代新闻传播与政治文化史稿》，中国传媒大学出版社2017年版，第8页。

④ 陈振编校：《宋史》，上海人民出版社2016年版，第342页。

入。从已掌握资料看，元朝建立了比较完整的官方新闻传播体系，中书省设正八品管勾，专门负责朝廷政事政情的收集、整理、眷写、发布等工作，全国设急递铺传递消息，管勾类似唐宋时进奏官，急递铺类似唐宋时邮驿，可见元朝不仅有专门政府官报，还有通行全国的新闻传播体系。元代时民间报纸称之为“小本”，《元史·刑法四》载，朝廷“降诏旨条画民间辄刻小本卖于市”[①]，小本作为宋代小报的延续，所载内容及所受到的法律规制与小报相差无几。元代的新闻法制虽然承继了相当部分汉族政府封建制法律，但继续保留大量奴隶制习惯法，维护僧侣特权地位，确保贵族特权，蒙汉异制异罚等行为，以致其对后世新闻法制发展的进步意义有所减损。

三、明清时期的新闻法制

明朝尤为重视新闻传播活动在国家政治生活中的作用，建立了严密的由皇帝直接控制的官方新闻传播体系，在新闻法制内容水平方面也达到前所未有的高度。朱元璋建立明朝之后，吸取前朝诸代文官体制之弊，在立法层面将封建地主阶级政权推向皇权专制主义顶峰，颁布脱胎唐律的《明律》以加强中央集权专制，续编四篇体例来自《尚书·大诰》以加强法制宣传，仿唐六律编制的《大明会典》直接为清朝所承继。[②]明朝废除中书省和宰相制，采取六部互不隶属、皇帝指挥一切的国家管理制度，将皇帝置于国家首脑核心地位，由此新闻传播活动显著受皇帝个人好恶影响，新闻法制宽严失度、大起大落。新闻传播活动“出纳王命，为朝廷之喉舌；宣达下情，广朝廷之聪明，于政体关系最重也”[③]，为此朱元璋废都进奏院设通政司为国家最高新闻传播主管机关。通政司“掌受内外章疏、敷奏封驳之事”，后下设六科负责规谏、补阙、拾遗等邸报相关事务。此外，还有提塘作为各省巡抚、总兵派遣专职新闻的驻京机构，提塘收发传递文报，类似于唐宋之邸吏、进奏官，不

① 白润生:《中国新闻传播史新编》,郑州大学出版社2008年版,第25页。

② 聂生奎:《法律要义》,中国检察出版社2011年版,第29页。

③ 尹韵公:《中国明代新闻传播史》,重庆出版社1990年版,第24页。

同之处在于提塘可单独活动，而进奏官都由进奏院统一管理、集中办公。提塘为类军事化组织，所传消息多为军情战事等，提塘在明中后期时做大，所发行之“塘报”成为中央与地方沟通军情的最重要载体。明代新闻法制对泄漏国家机密、边情战事的处罚尤为严厉，近侍官员若有违反直接处斩，官员泄漏机务开除公职，对违禁抄发军机、边务者处“违制之罪”。但是，朝廷对官方邸报传抄的限制时禁时弛，宪宗时期异常严厉，万历年间非常松散，天启之后逐渐加严。

明代的官方传播媒介有邸报、塘报、告示，民间传播媒介有私揭、竹筹、旗报等，其中塘报如前文所述编写、传播活动皆有别于传统邸报，所传军政消息社会影响巨大，以致成为整个国家新闻传播体系中最重要局部，朝廷新闻法制为此专设提塘管理规定，《明会典》中就有大量的提塘相关内容。再者，“私揭”成为最重要的民间信息传播媒介。私揭是指民间公开散发的私人署名文书或传单，类似宋代小报，官方对其法律规制时严时宽，莫衷一是。明太祖朱元璋视揭帖为奸诈小人的阴谋伎俩，谕旨各地检举揭发抄报人，不但重刑惩治还要罪及其全家；明万历年间朝廷宽恤从事抄报的都城小民本小利微，免征税银，变相承认抄报行的合法性；随着明末国运转衰，朝廷对民间抄报、揭帖查禁再转严厉。明代新闻法制较宋代在法律体系建构、新闻相关法律内容完备程度、对官方与民间报刊的政策态度等方面，都有完全不同程度的探索，但在具体内容层面仍承继前朝，是朝廷因严厉皇权专制与蓬勃发展新闻业双重影响做出的必要政策变迁。

清代续用明代官报发行体系，邸报仍经由通政使司、六科、提塘三环节向全国范围发行，各官方新闻传播机关职责与明代时亦无甚差别。清代统治者对新闻传播活动的态度经历前期宽容、中期严令查禁、后期动辄杀人的转变过程，新闻法制成为封建统治者与社会新闻舆论监督动态博弈的产物。明之提塘在清代时发展为京塘和省塘两种，京塘负责京中官文收受转呈及辅助发行邸报，省塘负责各省会官文传递工作。清初时为便利邸报发行，提塘自设半官方性质的报房或抄房。此外，清代初年提塘私办小报、小抄，作为正式官报的补充，朝廷对此相当宽容，若非泄漏司法机密、刊载不实消息或刊发未经六科允许发抄之奏章，朝廷往往视而不见。康雍乾三朝时政权日渐稳固，朝廷对提塘小报始持禁绝态度，与大量抄报相关的“文字狱”事件相继出现，提塘小报渐次匿迹。

清代民间新闻传播活动非常活跃，京中有民间报房所出京报，地方有抄报谋生者所办的辕门抄。早期京报与提塘有一定牵连，后随着商业化程度提高完全脱离提塘，京报主要内容有宫门抄、皇帝谕旨和臣僚奏章三部分，订阅者多为朝野官绅及士大夫。在刊刻抄发方面，京报报房严格自律，紧守朝廷禁令，清政府故对京报只是严格管理，并没有彻底禁绝之意。朝廷严禁传播编印的内容有：（1）未经朝廷准许发布的奏章；（2）报房自行采集的新闻；（3）伪造的御批、奏折及其他不实消息，违禁者有《大清会典事例》《钦定六部处分则例》及临时性的《硃批谕旨》等法令专条予以处罚。对地方辕门抄或其他小报、小抄的查禁则尤为严厉，一般性处罚如罚俸、撤职法办等自不在话下，倘若小报所载不慎触怒皇帝则有处斩之虞。《清世宗实录》载，雍正四年何遇恩、邵南山所办小报刊雍正与众大臣庆端午登龙舟一则消息，触怒天威，兵刑两部奉旨“详悉审讯”，二人落得“捏造小钞，依律斩决”[①]。综合来看，清前中期新闻法制发展最大特点为“因循明制”，是中国历代各朝封建传统新闻法制的历史延续与简单变化。

1840年鸦片战争之后，清王朝的国家治理自主权渐次丧失，地主阶级开明分子开始“洋务救国”，封建君主保皇势力开始“变法维新”，新兴资产阶级革命派主张革命救亡，西方列强势力以坚船利炮为后盾窃取治外法权，政局风云变幻的同时新闻传播政策也随之变化。整体而言，清中叶至末期新闻法制有三个典型变化：（1）新闻法制文本开始近代化。前朝历代新闻法制中有大量非规范性法律文本，诸如皇帝诏令、臣僚奏章等成为新闻法制重要内容，新闻活动相关法律来自刑律者众多，没有新闻业专门法，清王朝则开始

① 孙旭培:《新闻传播法学》,复旦大学出版社2008年版,第52页。

了新闻业专门立法实践。1906年清政府颁布《报章应守规则》，成为中国第一部报刊专门法规；1908年颁布《大清报律》，标志中国第一部真正意义上的新闻业专门法问世，专门新闻法的出台标志着中国新闻法制正式开启了近代化步伐。(2) 新闻法制内容的法治成分显著增加。新闻业专门法颁布后，公众的办报权正式得到法律保障，朝廷对报刊、报人的查禁处罚有了明确法律依据，封建皇权与朝廷官员的政令开始逐步褪去专制本色，新闻法由此成为朝廷规制新闻传播活动的最重要依据，新闻业自此有法可依。(3) 新闻法制体系的完整性显著提升。清政府颁行专门新闻法规后，地方相继出台具体性法规、规章，国家法律与地方性法规在新闻法制层面齐头并进；新闻法规中既有约束特定新闻的专门条例，又有整体性的报业、新闻业专门法，出现新闻法制宏观与微观同步发展格局；既有专门新闻专门法（报律），又有新闻传播相关的著作权章程、电报管理章程等配套法规，为新闻法制立体治理格局打下了基础。

第二节　社会转型与新闻事业的新发展

“近现代新闻法制，是西方资本主义文明的产物，但中国近现代新闻法制却产生于半殖民地化的封建社会末期。”[①]社会环境与新闻法制的深层冲突，缔造了北洋政府时期新闻法制的独特景象。19世纪中叶，清政府启动了构建现代国家的进程，中国法制近代化进程也同步启动，其中就包含了新闻法制近代化。新闻法制近代化包含法文化层面的近代化，以及法律制度层面的近代化，而这两者产生的前提则是，新闻业在转型社会取得相当发展，且国家权力迫切需要建设新的新闻法制体系专门予以规制。

① 倪延年:《中国古代报刊法制发展史现代卷》,南京师范大学出版社2004年版,第2页。

一、转型社会：新闻业的新舞台

“转型社会”与“原型社会”“现代社会”是一组相关概念，是社会学用来评价社会形态、社会结构变化的一个总体性指标。转型社会介于原型社会（传统社会）与现代社会之间，是一种社会类型转变为另一种通常认为更为高级的社会类型过程中形成的社会结构不稳定、不确定的社会形态。[①]北洋政府时期正处在转型社会之中，传统封建统治的基础尚未彻底瓦解，新的共和国步履维艰。

辛亥革命后，国家实现了形式上的统一，但在封建势力的反扑和外国势力的干预之下，民主共和体制极为脆弱。中央权力更迭频繁，辛亥革命缔造的“共和”只是军阀势力宣誓合法性的招牌。1912年1月孙中山经各省代表推举宣誓就任中华民国临时大总统，3月10日临时政府正式迁京后袁世凯就任临时大总统。袁世凯执政后倒行逆施，对外出卖国家主权，对内镇压国民党，随即“二次革命”“护国运动”爆发。袁政府执政三年后黎元洪就任大总统，冯国璋任副总统，随后张勋导演“复辟”闹剧。黎元洪执政一年后遭到段祺瑞驱逐，冯国璋就任代理大总统。1918年10月10日徐世昌取得北京政权，执政四年后因直皖战败下台，此后北京政府陷入空转状态。1923年10月曹锟组织“猪仔国会”，贿选成为大总统。曹锟就任后直系的实权转由吴佩孚控制，冯玉祥等组织“讨逆军”发动北京政变，监禁总统曹锟。曹锟政变后冯玉祥无法控制局面，后请段祺瑞入主北京临时执政。1925年4月段祺瑞废除《临时约法》，解散国会。1927年6月张作霖经张宗昌、孙传芳“劝进”，15省军阀拥戴，在北京就任“中华民国军政府陆海军大元帅”，次年张作霖被日军炸死。总之，北洋政府时期国家虽然实现了形式上的统一，但“中央弱，地方强”的总体政治格局并没有改变，军阀势力“你方唱罢我登台”，政局混乱，百业凋敝。

“自强权武力之说昌，而军阀政治之弊起”[②]，地方军队势力与士绅势力

---

① 朱汉国：《民国时期中国社会转型的态势及其特征》，《史学月刊》，2003年第11期，第12页。

② 乔山：《军阀政治评论》，《新群（第1卷）》，1919年第2期，第40页。

联合而成的“军阀”有一共性：迷信武力。有兵权、财权的人迅速在全国各地形成多股地方势力，国家权力逐步被架空，这种国家权力私权化的现象直接导致北京政府的政治号召力锐减，政府合法性和权威性得不到地方认可，国家律法的约束力大打折扣，中央政府的行政效率降低。各地军阀在地方犹如军事领导和地方官员，它们之间的利益犬牙交错，以私人关系为纽带结成政治同盟或称派系。直系军阀冯国璋、曹锟、吴佩孚、孙传芳等，由英美扶植掌控长江中下游流域及直隶。皖系军阀段祺瑞占据安徽、浙江、山东、福建等地，奉系军阀张作霖占据黑龙江、吉林、奉天等地，晋系军阀阎锡山独霸山西，这些军阀都或多或少受日本支持，成为日本乱华的帮凶。此外，云南、贵州、广西、广东等南方地区，则是孙中山、黄兴等领导的南方革命势力。[①]各地军阀虽都在理念上宣称保障约法、捍卫共和，但在实际行动方面则各怀鬼胎，多因抢占地盘相互交战，以谋取自身更大势力范围。加之帝国主义煽风点火，致使军阀之间连年混战，此消彼长之间，国家长期处于动荡分裂局面。

北洋政府时期国家深陷民主共和与专制独裁、复辟帝制相互争斗的泥沼之中，并且轮番上演打击新闻业、捉拿报人、查封报刊的戏码。林语堂在《中国新闻舆论史》中感叹，“1917年，张勋的辫子军复辟，尽管只持续了12天，却关闭了14家北京报纸。随之而来的是北洋军阀的兴起，大大小小的军阀把中国划分为若干势力范围，形成割据之势，北京政府慢慢变成了影子”[②]。每有军阀上台，总要开展系列针对报刊、报人清洗行动，诸如《大江报》编辑凌大同、《京报》社长邵飘萍、《社会日报》主笔林白水、《夜光》主编朱悍公、《佗城报》发行人陈听香等报案不胜枚举。孙中山将此时期国体更迭的困局比作修铁路：“中国而修铁路也，将用其最初粗恶之汽车乎（君主立

① 齐锡生对军阀派系的出现和构成进行了详细分类研究，笔者即循此思路研究军阀派系。参见齐锡生：《中国的军阀政治：1916—1928》，中国人民大学出版社1991年版，第36—76页。

② 林语堂：《中国新闻舆论史》，世纪出版集团2008年版，第120页。

宪)？抑用其最近改良之汽车乎（共和国)?”[①]无论选择哪一种，在当时混乱政局下都是异常艰难的抉择，都是强势军阀权力对弱势人民群众在披着合法外衣下的严重迫害。佀化强剖析民国政权政体争议历程认为，“辛亥革命推翻帝制后的民初二十年间，国民不仅患有‘共和民主恐惧症’，进而导致共和制与君主立宪的更迭乱象，还患有更为普遍的‘联邦恐惧症’”[②]。可见，民主共和的道路远没有革命派在武昌起义时所展望的那么一帆风顺，它给国人制造了在制度选择上难以弥合的心理阴影。

袁世凯复辟帝制后，地方反袁势力在“护国”或“护法”名义下迅速兴起壮大，中央政府权力日渐萎缩，无论此后军阀执政如何加码新闻业管制法令，抑或对新闻业采取独裁，甚至残酷的镇压手段，都不能改变自身执政所遭遇的合法性质疑，在公众认同层面始终是虚弱无力的。可见，缺乏强而有力中央执政权威所导致的混乱与分裂政局，为新闻业发展提供了消极的自由环境。

王奇生认为，北伐后的国民党强化党权意识，企图通过政党权力绑架民意，陆续制订大量新闻统制制度和政策，对非国民党报刊及其他派系报刊展开疯狂清洗，实际上却事与愿违地塑造了“弱势独裁政党”，反而在社会舆论层面招致风起云涌的抗争，自身政治统治缺乏民意支持也日渐衰落。[③]循此思维展开来看北洋政府时期的新闻法制，不难发现新闻业虽在强势政权轮番打压下步履维艰，但是军阀政权自身合法性的根本问题，也招致其在社会共识层面始终有难以弭平的劣势，它在不断撕裂社会公众对政府、政权和政党的信任，由此观之当时的执政当局与北洋政府相比同样是“虚弱独裁”。正因为如此，北洋政府时期新闻业在强势政府、弱势民意情境下，抗争之声此起彼伏，报刊、报人通过移地办刊、跨域发行、假托外报外商等手段，以及“以

① 孙中山:《在东京中国留学生欢迎大会上的演说》,《孙中山全集(第一卷)》,中华书局1981年版，第283页。

② 佀化强:《国体的起源、构造和选择:中西暗合与差异》,《法学研究》,2016年第5期,第172页。

③［美］王奇生:《党员、党权与党争:1924—1949年中国国民党的组织形态》,上海书店出版社2003年版。

子之矛攻子之盾”的法律解释攻防战，使得报刊数量并没有因为当局打压而减少，反而出现前所未有的“黄金时代”，在办刊数量、刊物种类及研讨社会问题等方面也达到空前高度与深度。

二、近代新闻事业进一步发展的表征

无论政局如何变动，辛亥革命后资产阶级自由主义思想经过革命洗礼已然成为时代主流，民主国家人民理应享有言论、出版、刊行等宪法保障的自由权利成为社会共识。再者，帝国主义势力虽多与军阀相勾结共同迫害进步报刊报人，但无异“国中之国”的租界挟着中华法系与欧美大陆法、海洋法文化本源冲突，制订的有限度的新闻自由法规，客观上却成为“中国异见分子的庇护所”与异见报刊的避难地。[①]日益增多的日报数量从侧面反映出北洋政府时期消极新闻自由环境下的行业繁荣（图1-1）。[②]

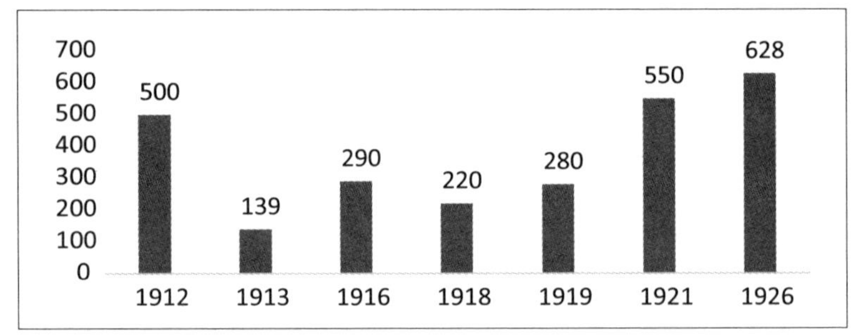

图1-1　北洋政府时期（1912—1926）全国日报数量变化图

新闻业高速发展不仅表现在日报数量增加，在通讯社、新闻教育、技术设备等方面亦可窥端倪。辛亥革命之前活跃全国的通讯社几乎全部为外国所办，国人自办者仅广州中兴通讯社（1904年）、远东通讯社（1909年）和广州展民通讯社（1911年）三家，且设备落后、用户稀少，实际覆盖区域仅限

① 王润泽：《北洋政府时期的新闻业及其现代化》，中国人民大学出版社2010年版，第4页。

② 数据来源，方汉奇：《中国新闻传播史》，中国人民大学出版社2002年版，第158页；赖光临：《七十年中国报业史》，台湾“中央日报社”1981年版，第48页；丁淦林：《中国新闻事业史》，高等教育出版社2002年版，第238页。（部分年份因缺乏资料未能收集到相关数据。数据来源之间有差异的，以数量多者为准。）

相邻省市，明显不能满足新闻业日益增长的稿源与通信需求。但是到1926年全国通讯社已达155家，而且其中绝大多数为国人所办。[①]再就新闻教育而言，1918年北京大学新闻学研究会率先开启我国新闻教育的序幕，此后各大学新闻院系与专门新闻学术研究机构陆续成立，公开讨论新闻学的风气日渐浓厚，到1928年已有复旦大学、平民大学、北京民国学院等多所院校开办报学系或新闻学系，在为国家培养大量专业新闻人才同时还促成"新闻成学"。邵飘萍认为，"我国之有新闻学，始于一二海外学子之编译；多注重于说明新闻之原理，而方法较少焉"，中国新闻学研究经历"西学东渐"发展轨迹，自此开始由理论新闻学走向理论与实务并重，新闻学对新闻业、新闻工作者的理论引领作用日渐突出。1918年他与徐伯轩、北京大学校长蔡孑民商议创设新闻学会并培养应用型新闻记者之后，"从事于新闻事业者颇众，且多优秀之分子焉，是为我国大学中有新闻学之始"[②]。

随着新闻业者不断增多，新闻团体数量出现快速增长，新闻团体分新闻学研究团体和新闻从业者团体两类，新闻学研究团体与新闻教育发展密切相关，继1918年10月北京大学新闻学研究会之后北京新闻学会、中国新闻学会、复旦大学新闻学会等陆续成立。上海国民大学教授戈公振组织成立的"上海报学社"更声势浩大地邀请上海国民大学、大夏大学、光华大学等院系新闻学子加入该社并出版新闻学研究刊物《言论自由》，到1930年该社"蜚声海上"，"社员遍布各省，人数日增，辽宁、南京等分社正在筹备"[③]。新闻从业者团体更是不胜枚举，全国性的有上海日报公会、中国报业俱进会、全国报界联合会等，地方性从业者团体数量更甚，以武汉一地为例，1921年到1926年新闻界就成立了舆社、新闻记者联欢会、报界同志会、国际新闻记者协会等10余团体。[④]新闻团体不仅是联络消息的同业互助组织，更是新闻业

① 戈公振：《中国报学史（民国丛书第2编第49册）》，上海书店出版社1990年版，第268页。

② 邵飘萍：《我国新闻学进步之趋势》，《东方杂志》，1924年第21期，第6页。

③《杭州报学社将成立》，《申报》，1930年10月10日，第21版。

④ 唐惠虎：《武汉近代新闻史（上卷）》，武汉出版社2012年版，第340页。

界回应当时政府新闻法制政策的抗争机关，对推进民国新闻法制建设有重要影响。例如，中国报业俱进会1912年6月在上海召开特别大会并通过“不承认政府报律案”，明示拒绝遵守南京临时政府所颁“暂行报律”。全国报界联合会1919年2月联络北京、上海、广州、汉口、四川、贵州等数十省报馆及海外华文报馆合计83家召开大会，并通过“维护言论自由案”“拒登日商广告案”等决议，力争同业权利。

在新闻生产所需硬件设备方面，徐宝璜1919年11月在中国最早新闻学专著《新闻学》中认为，欧美各大新闻社每日新闻生产之所以“非常神速”，除经营管理得当外，“亦因其有事前之预备与使用最灵便之机器”，特别是“（一）完备之图书室；（二）宽敞之编辑室；（三）直达世界各处之电线；（四）灵便之机器”[①]。这些条件随着民营报业资本累积与通讯、印刷技术飞速进步到20年代末已经为大型商业报刊所达到，1921年狄楚青的《时报》七层新馆落成，1924年初《大陆报》《字林西报》新馆投入运营，1925年邵飘萍的《京报》馆社建成等等，在兴修报馆的同时添置新设备理所当然。实际早在1918年，《申报》经理史量才就斥资70余万两银建设大楼并添置美国最新式的每小时印刷速度近五万份的何氏32卷筒轮转机，新《申报》馆集排字印刷、编辑撰稿、广告发行、商务接洽等功能于一体，是为当时中国报馆建筑首屈一指之作，亦是20世纪一二十年代中国报业馆社最先进水平者。[②]新技术带来的技术变革冲击的不仅仅是传统新闻生产，还有新闻业本身的职业道德观念及传统新闻法制文化，诚如白瑞华所言，“旧报刊与新报刊之间的差别就是旧中国和革命的中国之间的反差，旧中国陶醉于自己的伦理纲常世界之中，革命的中国在文化冲突中感到困惑，在好战的机械文明世界里感到迷茫”[③]。

---

① 徐宝璜：《新闻学》，中国传媒大学出版社2016年版，第81—82页。

② 张立勤：《1927—1937年民营报业经营研究：以〈申报〉〈新闻报〉为考察中心》，浙江工商大学出版社2014年版，第69页。

③ [美]白瑞华：《中国近代报刊史》，苏世军译，中央编译出版社2013年版，第154页。

北洋政府时期新闻业取得高速发展是多重因素叠加影响的结果，盘踞各地的军阀势力与中央政府长期对抗，依靠单一军阀势力篡得的执政之权，看似强悍实则因缺乏合法性而外强中干，这在客观上为新闻业发展提供了相对宽松的政治空间和展开持续舆论抗争的口实。再者，藉国家政权近代化之势，西方自由主义主张在各地得到广泛传播，为新闻业发展提供了思想基础与理论依据，新闻界普遍抱持监督政府、舆论喉舌、“第四权力”的态度，积极针对社会变革进程的各项问题表明立场，即使面对愈演愈烈的政治打压，信仰新闻自由者依然前赴后继。

其间租界的存在可谓一把双刃剑，作为中国新闻法制的法外之地，它削减了中国政府管理新闻业的权力范围，也为异见报刊报人追寻社会公平、新闻真实、观点自由提供了庇护之所。当然，新闻业发展最离不开的是技术支持，北洋政府时期的典型大报已经迈入商业化阶段，富集的资本在设备更新、广告宣传和发行系统的建立等方面发挥了重要作用。此阶段的新闻法制诚如前述受“虚弱独裁”政权的影响，但是新闻业高速发展也是不争的事实，新闻法制的具体面向究竟表现如何，需进一步分析。

第三节　北洋政府时期中国新闻法制近代化进程的深入

1840年的鸦片战争使中国从一个独立主权国家转变为半殖民地国家，西方法文化的迅速传播让国人认识到中国传统法文化诸多不合时宜、不尽合理之处，于是民族独立、国家富强不仅成为中国近代史发展主线，亦成为法制变革动因。“根据文化交流择优而从的规律，近代中国必然要以先进的西方法制文明作为其法制改革的参照物，进而实现向近代法制的转型。这种从传统法制向现代法制的转变，就是通常所说的法制近代化。”[①]主流观点认为，中

① 张晋藩:《中国法制史》,中国政法大学出版社2014年版,第232页。

国法制近代化以“清末修律”启动，北洋政府使法制近代化深入发展；另有观点认为，中国法制近代化以1869年上海英租界建立会审公廨革新司法审判活动为标志。[①]循前一观点，中国新闻法制近代化转型是中国法律近代化的局部，整体经历传统新闻法制向近代新闻法制的转变历程，通过法制变革者“参考古今，博缉中外”（沈家本语）的不懈努力，在中华民族与帝国主义、封建主义与资本主义、中国传统法文化与西方法文化等多重复杂矛盾冲突中披荆行进，终仿照大陆法系确立起新的新闻法制体系。

一、清末：中国新闻法制近代化的启动

中国法律近代化属于外源性近代化模式，新闻法制变革是在选择性适用的前提下展开的，中国传统新闻法制的承继必不可少，外来新闻法制理念的影响同时存在，故清末之后的新闻法制近代化是两种法律文明融合发展的产物。

清光绪二十四年（1898年）康有为等组织变法维新，在《请定中国报律折》中“臣查西国律例中，皆有报律一门，可否由臣将其书译出，凡报章中所载，如何为合例，如何为不合例，酌采外国通行之法，参以中国情形，定为中国报律”[②]。光绪帝为此建议复上谕答允，上谕言：“泰西律例，专有报律一门，应由康有为详细列出，参以中国情形，定为报律，送交孙家鼎呈览。”[③]后维新变法失败，报律制订胎死腹中，但其新闻业立法主张却值得肯定。进步意义有二：（1）在国家层面认识传播了西方新闻法制文明。维新派订立报律主张，客观上反映了高速发展新闻传播业需要法律保护的现实需求；主观上希望通过立法保护维新派言论自由权利及报刊生存空间，阻遏顽固派对维新报刊的攻击。（2）新闻立法思路为“清末新政”延续实行。维新派客

① 王立民：《上海租界与上海法制现代化》，《法学》，2006年第4期，第31—42页。

② 康有为：《请定中国报律片》，引自孔祥吉：《康有为变法奏章辑考》，北京图书馆出版社2008年版，第315页。

③《德宗景皇帝实录[六]：卷三八三至卷四五七（光绪二十二年至二十五年）》，中华书局1985年版，第532页。

观承认西方新闻法制的文明之处，认识到封建传统新闻法制在报业管理上的明显短板，吸取泰西优点、保留中国情形订立报律的制度变革思路值得肯定。康有为请办报律，是否为国人首次提出报律的制定问题，目前学界尚无定论。若将“报律”与“新闻法”等同视之，则郑观应在1894年《盛世危言》中即提出新闻立法问题，当为“近代中国第一个提出制定新闻法的人”①。

维新变法初步尝试新闻业立法实践遭遇失败，但新闻法制发展步伐并未就此停滞。1906年载泽等五大臣出洋考察宪政归国后呈《奏请以五年为期改行立宪政体折》，奏折中请朝廷速定集会、言论、出版三项法律，“宜采取英、德、日本诸君现行条例，编集会律、言论律、出版律，迅即颁行，以一趋向而定民志”②。较维新时含糊其辞的“酌采外国通行之法”，清末新政前夕已经有明确参照对象，不失为立法意识之大进步。

筹备立宪期间，新闻法规的制订工作正式进入实质阶段，但因清政府修订新法、改革旧制的本来初衷仅是想挽救即将倾覆的皇权大厦，对西方新闻法制的进步性认识不足，以致立法程序仓促、法律文本水平参差不齐。1906年至1908年短短三年时间制订了大量新闻法规，如清政府商部、巡警部、学部会定《大清印刷物专律》（1906）、巡警部拟定《报章应守规则》（1906）、民政部拟定《报馆暂行条规》（1907）、商部拟具《大清报律》（1908）等，从立法机构及立法程序看，仅《大清报律》在商部草案出台后，经巡警部略加修改，由民政部、法部会奏，交宪政编查馆复议，制订程序比较复杂、严谨，其他各项法规多草率制订。在法律文本内容方面，《大清印刷物专律》作为清政府第一部报刊出版专门法，共六章四十一款，将一切印刷及新闻记载活动笼统规制，要求在印刷总局注册，刊物所载不得有“毁谤”内容。此后《报章应守规则》《报馆暂行条规》本身为重申清廷统治特权的临时法令，内容相差无几，要求不得诋毁宫廷、妄议朝政、妨害治安、败俗等。清末新闻

① 马跃峰，吕倩娜：《郑观应：近代中国第一个提出制定新闻法的人》，《新闻与传播研究》，2005年第4期，第45—47页。

② 张晋藩：《中国宪法史》，中国法制出版社2016年版，第87页。

法律法规中，最严厉者莫如《大清报律》，经清廷多部门反复研讨，内容详尽，处罚严厉，袒护列强，清末封建皇权治下新闻法制的残酷性、反动性与落后性表露无遗。

清末修律背景下的新闻法制立法实践，标志着中国新闻法制近代化的正式启动。清政府全面变法修律，选择性吸取大陆法系国家新闻法制优秀成果，引进西方新闻法制原则，通过法的移植在中国构建新的新闻法制体系，为新闻法制近代化进一步发展奠定了基础。

二、民初：中国近代化新闻法制体系的发展

"以《大清报律》为代表的清末新闻法规的制订颁行，它标志着中国近代新闻法律制度在封建统治的末年建成，同时也标志着中国近代新闻事业的初步法制化。"①进入民国，中国新闻法制近代法律体系得到发展，新闻法制近代化进程进一步深入。

民国南京临时政府是革命党人通过辛亥革命建立的政权，为在合法性论述和制度正当性方面争取支持，非常重视引进先进国家的法律模式，积极开展以制宪为中心的法制变革。1912年3月11日《中华民国临时约法》颁布，作为中国首部民权宪法，规定全体国民有言论出版自由，以国家基本大法形式奠定了民初中国新闻法制的基础。宪法层面对新闻自由的肯定，为新闻业发展注入制度保障，以致此后几年报业出现勃兴之势。1912年3月，临时政府内务部颁布《中华民国暂行报律》首次开始对新闻活动进行约束，同月孙中山批复《上海日报公会请减邮电费呈》，政府交通部、邮创部着手减轻邮电费用，为报业发展提供便利。《暂行报律》乍出，社会各方态度各异，事因同盟会内部势力分化及其他政党报刊舆论不一，经论争、博弈之后临时政府明令放弃，"邮电减费"非制度性问题，临时政府让渡经济利益于新闻业，无甚争议。两事件皆在新闻界占得上风，足见革命派及孙中山南京临时政府对宪法所载言论、出版、刊行自由的遵守与执行。

① 许亚荃:《清末新闻法规制定的背景与实质》,《江西社会科学》,2007年第10期,第140页。

袁世凯窃得民国政权及其之后军阀主政，新闻法制发展呈现出一片混乱景象。宪法层面，“临时约法”虽在军阀轮番执政时时废时兴，几经更迭，还出现“袁记约法”（1914）、“贿选宪法”（1923）等军阀自立版本，内容有保障人民言论、著作、刊行自由的条款，只是“但书”条例略有差异。“联省自治”之后，浙江、江西、四川、广东等地出现“省宪”，就效力言属于地方性法规，内容多为“国宪”简单改编。在专门法及相关法方面，有专门的《报纸条例》及法律解释，有《出版法》《新闻电报章程》《管理新闻营业条例》等，涵盖报纸、杂志、电报、广播诸多新闻传播媒介形态的法律法规，基本形成了完整新闻法制体系。

值得注意的是，军阀政权作为地主阶级和买办资产阶级组成的政治武装集团，盘踞各省，相互攻伐，而中央政府的政令、政策实际落实效果并不突出，其新闻法制政策差异巨大，对新闻自由的态度时宽时严、阴晴不定。军阀政权的新闻法制既有开明一面亦有专制一面，各省军阀几乎都有相关“报纸检阅办法”，对涉及自身不利言论动辄查封报馆、捉拿报人，有时甚至会枉顾法律直接杀人；同时也有对新闻业者宽容一面，军阀执政为赢得良好官声，对新闻业界的适当批评常置容忍态度，各地报刊、杂志数量逐年增加，邮政、电报事业高速发展，倘若军阀是一味专制独裁，自不会有全国报业飞速发展之境况。因受革命史观及历史研究方法影响，北洋军阀时期的新闻法制给人尽是糟粕的总体印象，实际上，各地军阀“中体西用”，既尊崇中华传统法文化，又开明吸纳西方近代新闻法制理念，于中国建立完整近代化新闻法律体系是有一些贡献的。

第二章　北洋政府时期新闻法制的体系

1912年南京临时政府的成立，标志着资产阶级试图以言论自由为核心的资本主义自由新闻体制取代长达数千年的封建文化专制，但囿于其软弱妥协的阶级本性，最终让位于军阀专制统治之下的新闻法制。这一时期的新闻法制既有资产阶级新闻法制体系的成分，又有封建文化专制的成分，既有进步又有倒退，是一个外部成系统、内部相互抵牾的新闻法制体系。

北洋政府时期新闻法的渊源，以制定法为主，包括宪法，新闻业单行法，新闻业相关法规，地方性新闻法规，租界当局的新闻法，中央及地方政府临时性的函、文、令、法律解释等。囿于临时性法规太多，专门性法规繁杂重复，政权合法性危机衍生的法律法规权威性不足等制度性问题，当时新闻法制始终未曾走出合乎国情、民意和业界期望的发展道路。制度内生的弊病导致新闻法制系统内部长期自相抵牾，大大增加法律表达与实践出现双重背离的风险，严重削减了新闻业单行法的权威性和严肃性。诚如肖燕雄所言，此时期“大法套小法，但小法一多，势必冲淡、消解前者，从而带来报纸出版管理上的混乱和矛盾现象”[①]。

第一节　北洋政府时期新闻业的宪法及“省宪”保障

宪法作为诸法之母，从根本上保护着人民言论、著作、刊行自由，当然

① 肖燕雄:《我国近现代新闻法规的变迁》,《二十一世纪(香港)》,1998年第6期。

也是人们从事新闻传播活动的根本保障。北洋政府时期国家宪法更迭多次，更在“联省自治”期间出现多部地方“省宪”。实际施行的国家宪法有“临时约法”“袁记约法”“贿选宪法”，但都因政权更迭频繁导致宪法效力大大减损，犹如昙花一现。

1912年3月南京临时政府颁行的《中华民国临时约法》，因为军阀混战屡遭破坏。在北京政府方面，1914年5月袁世凯废止“临时约法”颁布《中华民国约法》。1916年袁世凯死后各军阀政权开始全面混战，大总统相继由黎元洪、冯国璋、徐世昌等接替，“临时约法”受“护法运动”影响间断恢复。1923年10月曹锟贿选当上总统并颁行《中华民国宪法》（“贿选宪法”），施行不到一年即被废止。1925年12月段祺瑞担任“临时总执政”订立《中华民国宪法草案》，未及施行即宣告破产。

在各地方军阀所辖区域，“临时约法”从未正式废止，直到1931年6月才被《中华民国训政时期约法》取代。但是，湖南、浙江等省的地方军阀在争夺地方统治权方面不甘寂寞，陆续提出“制宪”方案以期“联省自治”。《江西省临时约法》《浙江省宪法》《湖南省宪法》《广东省宪法草案》《四川省宪法草案》《福建省宪法》等多省自治宪法陆续出台。国家宪法及各地省宪关于言论、出版自由的具体内容见下表2-1。

表2-1　北洋政府时期（1912—1928）新闻业的宪法保障[①]

名称	相关法条
1912年3月 “临时约法”	第六条第四款　人民有言论、著作、刊行及集会、结社之自由。 第十五条　本章所载人民之权利，有认为增进公益、维持治安或非常紧急必要时，得依法律限制之。
1914年5月 “袁记约法”	第五条第四款　人民于法律范围内，有言论、著作、刊行及集会、结社之自由。 第十三条　本章之规定，与陆海军法令及纪律不相抵触者，军人适用之。

① 本表所用各地省宪法条，参见周叶中、江国华：《自下而上的立宪尝试：省宪评论》，武汉大学出版社2010年版。

续表

名称	相关法条
1923年10月 "贿选宪法"	第十一条　中华民国人民有言论著作及刊行之自由，非依法律不受制限。
1921年9月 《浙江省宪法》	第十三条　省民在不抵触刑法之范围内，有用语言文字、图画、印刷及其他方法，自由发表意思之权，不受他种法律之制限，但因维持风化得以法律设为例外规定。
1921年12月 《广东省宪法草案》	第十一条　人民在不抵触刑事法典之范围内，有言语、文字、图画、印刷及其他方法，自由发表意思之权，不受何种特别法令之制限或侵害。
1922年1月 《湖南省制宪法》	第十一条　人民在不抵触刑事法典之范围内，有用语言、文字、图书、印刷及其他方法，自由发表意思之权，不受何种特别法令之限制或检查机关之侵害。
1923年3月 《四川省宪法草案》	第十八条　人民在不触犯刑律之范围内，有用语言、文字、图画、印刷及其他方法，自由发表意思之权，不受何种限制。
1925年1月 《福建省宪法》	第二十二条　省民在不触犯刑律之范围内，有用语言、文字、图画、印刷及其他方法，自由发表意思之权，不受何种限制或侵害。

谢然之认为，言论自由和新闻自由“在原理上是相同的，它们的基本立场也是一样的。那就是：一切人们既应有言欲言的自由，便应有出版其所欲出版的自由，这是善良的公民应有的权利。但言论自由是人类普遍的自然的要求，而新闻自由却是一种人类的活动，这类自由的要求只限于拥有印刷工具的人民”①。因此，新闻界捍卫新闻自由的核心工作是捍卫宪法权利。诚如1924年《密勒氏评论报》主编鲍威尔在上海新闻记者联欢会上所言，“新闻界不能受苛法之束缚，言论自由载在约法，而中国之新闻界在事实上每因言论不洽于政府或政党，而受约束，故中国新闻界第一应谋法律上付予之保障”②。

① 谢然之:《新闻自由的原理》,《报学杂志》,1948年第1卷第3期,第47页。

②《记者会音乐演讲欢迎宴志》,《申报》,1924年8月18日,第14版。

北洋政府时期政府共制定了三部宪法，分别是南京临时政府《中华民国临时约法》（1912—1928）、袁世凯政府《中华民国约法》（1914—1916）和段祺瑞政府《中华民国约法》（1923—1925）。有趣的是，三部不同的宪法却抱持着三种不同言论出版自由主张。

首先，1912年的“临时约法”持“优先地位观点”。即言论出版自由权较其他宪法权利应优先得到保护，该宪法在第二章第六条第四款中规定，“人民有言论、著作、刊行及集会、结社之自由”，第十五条规定，“本章所载人民之权利，有认为增进公益，维持治安或非常紧急必要时，得依法律限制之”。由“增进公益”“维持治安”“非常紧急必要”的权衡，言论出版自由可以“依法律限制”。表明通常情况下言论出版自由不受法律干涉，法律干涉言论出版自由是不得不权衡利弊的特殊情况。

其次，与“临时约法”划定言论出版自由权的优先地位相比，1914年“袁记约法”对其进行限缩，“袁记约法”主张“平衡观点”。即言论出版自由权与其他宪法权利没有优先保护的问题，司法层面当由法院具体权衡。在其第二章第五条第四款规定，“人民于法律范围内，有言论、著作、刊行及集会、结社之自由”，从“法律范围内”的措辞可以看出，言论出版自由与其他宪法保护的权利同等重要。

再次，1923年段祺瑞政府制定的《中华民国约法》，持“相对自由观点”，是自由度最大且对言论出版自由最为开明的宪法。即公民和报刊在意见表达或新闻报道时只要不违法，就不受法律干涉。该法在第四章第十一条中规定：“中华民国人民有言论、著作及刊行之自由，非依法律不受制限”，其“非依法律不受制限”的表述，说明言论出版只有在违法情况下才会受法律干涉。

在省宪方面，各地对省民享有“言语、文字、图画、印刷及其他方法自由发表意思之权”表现出极大认同，普遍对“自由观点”进行了进一步阐释。《浙江省宪法》规定“不受他种法律之制限，但因维持风化得以法律设为例外规定”，《广东省宪法草案》规定“不受何种特别法令之制限或侵害”，《湖南省制宪法》规定“不受何种特别法令之限制或检查机关之侵害”，《四川省宪法草案》规定“不受何种限制”，《福建省宪法》规定“不受何种限制或侵害”[①]。

从法律规定的行为模式角度来看，这些宪法条款关于人民言论出版自由的规定在应为（义务）模式、可为（授权）模式和勿为模式三种模式的选择上，对言论出版自由的限制逐步放开。按程度不同可以分为四种类型：（1）可为模式，如“临时约法”规定言论出版自由可以“得依法律限制之”；（2）部分偏向可为模式，如“贿选宪法”强调“非依法律不受制限”；（3）部分偏向勿为模式，如《湖南省制宪法》规定“在不抵触刑事法典之范围内”，“不受何种特别法令之制限或侵害”；（4）勿为模式，如《四川省宪法草案》《福建省宪法》规定“在不触犯刑律之范围内”，将大范围的“刑事法典”限制缩小到“刑律”，并提出在此前提外“不受何种限制”。从“可为”到“勿为”模式的转变，表明民初宪法体系对公民言论出版自由的保障经历了由“相对自由”到“绝对自由”的转变。这样的转变与新闻学家戈公振所寄望的中国言论出版自由发展方向是一致的，他认为“我国宪法应仿美国先例，以绝对自由条文，明白规定于宪法中，删去言论出版自由项下‘非依法律不得限制’而加入‘人民言论出版自由不得以法律限制’一项。夫所谓绝对自由者，非绝对不受法律之制裁也，实不受专为言论出版而设之法律之制裁耳”。同时，在必要性的限制方面，也应该考虑到，“言论出版物而鼓吹谋叛国家，杀人放火，毁人名誉之举，则有普通之刑律足以制裁之，同无须另为加重之法律；更不容于言论出版未实现之际，而预为制裁之”[②]。

在近现代的国家法制体系中宪法具有最高效力，一切法律、法规都不得同宪法相抵触。宪法对人民言论出版自由权利的规定，是新闻业主张新闻自由的基石。无论是否真正兑现这些宪法权利，但在当时将其写入宪法却成为时代潮流，正如张申府所言，“信仰自由，思想言论自由，集会结社自由，不

① 周叶中、江国华：《自下而上的立宪尝试：省宪评论》，武汉大学出版社2010年版，第607—618页。

② 戈公振：《中国报学史》，中国文史出版社2015年版，第295页。

论实现没实现，完全实现没完全实现，许多民主国总都把他们订入什么‘宪法’了”[①]。综观之，北洋政府时期人民言论出版自由权利在宪法层面总体呈逐步放宽之势。存续时间最长的“临时约法”对言论出版自由持“地位优先观点”[②]，为段祺瑞政府以及各省政府普遍承认新闻自由打下了好的基础。

第二节　北洋政府时期的新闻业单行法与相关法

宪法对新闻自由的保障至关重要，它至少宣示政府必须在宪法框架下运作权力、管理新闻事业。遗憾的是，在新闻法制的具体立法过程中，新闻自由却被大幅度限缩，袁世凯政府大肆炮制专制色彩的“新闻法”，黎元洪政府开大肆“检阅”报纸不良风气，段祺瑞政府将新闻业的“禁载”条款扩大到所有出版物，都是对新闻法制的极大践踏。

一、北洋政府时期的新闻业单行法

北洋政府时期中央政府的新闻立法活动表现出因袭袁氏新闻法制者众、新订者寡、修订者数量巨大的特点。无怪乎倪延年教授认为此阶段“报刊法制成果主要集中在袁世凯当政时期”[③]。袁世凯政府大量颁布新闻业单行法，黎元洪政府使政府检阅报纸成为常态，此后段祺瑞政府及其他地方军阀则是袁政府、黎政府新闻政策的具体执行者。1917年段祺瑞执政后沿用袁氏之《出版法》，同时新订《报纸法》。1919年10月段政府颁行《管理印刷营业规

① 张申府:《就来的三自由》,《北京大学学生周刊》,1920年1月4日,第5版。

② 殷莉归纳清末民初新闻法制建设过程,认为有三种新闻自由主张:段祺瑞政府和章士钊所持完全新闻自由,临时政府和部分报人所持新闻自由优先,以及清政府、袁世凯政府和广西军政府所持新闻自由与法律限制平衡。参见殷莉:《清末民初新闻自由思想刍议》,《天津师范大学学报(社会科学版)》,2007年第1期,第76—80页。

③ 倪延年:《论北洋军阀政府时期的报刊立法活动及主要特点》,《南京师大学报(社会科学版)》,2004年第3期,第98页。

则》对出版法的禁载事项进一步进行确认，规定警察官厅“如认为有违反出版法第十一条禁止出版之情形时，得调取其印刷物或原稿检查之。检查后，如确有违反出版法第十一条禁止出版之印刷物，应禁止其印刷”[①]。1926年1月29日，段祺瑞政府在北京报界持续抗争下通令废止《出版法》，“但仍由京师警察总监朱深颁布《管理新闻营业条例》，始终留下几分之几的躯壳”[②]。从地方到中央，不断修订或扩大“禁载”范围，不断增加“检查”类型，北洋政府时期的新闻业单行法总体上，在不断限缩人民言论出版自由的宪法权利。各项单行法规的具体情况，见下表2-2。

表2-2 北洋政府时期（1912—1928）新闻业的单行法

名称	主要内容
1912年3月《暂行报律》	革命派居正等人“见上海报纸语杂言庞，思有以轨物”，拟定“暂行报律”三章，内容规定报刊须注册登记，要求新闻界不得登载流言和污毁他人名誉。
1914年4月《报纸条例》	袁世凯政府悉数照抄《大清报律》的禁限条款，制定条例35条，其中有要求报刊缴纳保押费、事前检查备案、禁载“淆乱政体”“妨害治安”和各级官署禁止刊载的一切文字等。
1914年12月《出版法》	袁世凯政府颁行，北洋政府时期有效时间最长的出版管理法规，共计23条，施行12年，对著作人、发行人、印刷人进行明确区分，并列出八项禁载内容。
1915年2月《新闻电报章程》	袁世凯政府交通部配合《出版法》而颁行，共16条，规定新闻电报减价纳费，要求享受优惠的报纸须经交通部审判并颁发执照，明文发送新闻电报，通过技术手段限制新闻业。
1916年9月《检阅报纸现行办法》	黎元洪政府内务部警务司颁行，共计10条，将现行法律中有关报纸的规定作为检阅报纸的标准，选派专人逐日抽检在京、外省、外文报纸，与“追惩制”类似。

① 刘哲民:《近现代出版新闻法规汇编》,学林出版社1992年版,第67页。

② 万枚子:《中国出版法是什么东西》,《再造》,1948年第1卷第5期,第10页。

续表

名称	主要内容
1918年10月《报纸法案》	段祺瑞政府法制局编制的草案，共33条，《申报》认为"以视袁政府之报纸条例相差固无几也"。[①]后未正式颁行。
1919年10月《管理印刷营业规则》	段祺瑞政府内务部颁行，共8条，与《出版法》配套使用，要求印刷营业者须事先呈报取得执照，方能出版发行。
1925年4月《管理新闻营业条例》	段祺瑞政府京师警察厅颁布，共10条，要求报纸杂志须呈报并提供妥实铺保，取得执照后方能开始营业。

在立法主体上，北洋政府时期的新闻业单行法的立法主体，主要是北京政府内务部，比如《暂行报律》《报纸条例》《修正报纸条例》《出版法》等四者，其制订者与审议者都是北京政府内务部。颁布者中，《暂行报律》的颁布者是内务部，其他三者的颁布者是北京政府国务院。此外，还有交通部、京师警察厅等政府机构也是新闻法规的立法主体。

"临时约法"的颁行标志着中国正式步入近代社会，《暂行报律》的颁布标志着中国新闻法制正式进入近代新闻法制阶段。[②]作为1912年报业大繁荣制度层面的回应，南京临时政府颁布的《暂行报律》虽对新闻业无甚苛责，但社会各界联合抵制此种"相对新闻自由"，诉求一种超然于法的"绝对新闻自由"，章太炎撰《却还内务部所定报律议》力主"民主国本无报律"，临时大总统孙中山为其背书，绝对新闻自由观在数月间甚嚣尘上但也很快偃旗息鼓。此后，袁世凯政府颁布《报纸条例》因袭清律，公民言论出版自由出现倒退，成为"世界上报律比较之罪恶者"。[③]1915年7月袁世凯再发布《修正报纸条例》，对前律进行小修小补而内容并无实质变化。此后，北京政府陆续颁布或修订《出版法》《新闻电报章程》《管理新闻营业条例》等多项新闻法

① 《新国会报纸法草案》,《申报》,1918年10月26日。

② 倪延年:《论中国社会近代化进程中新闻法制嬗变的历程和标志》,《现代传播(中国传媒大学学报)》,2012年第7期,第27页。

③ 方汉奇:《中国新闻事业通史(第一卷)》,中国人民大学出版社1992年版,第1054页。

规，新闻法制逐步走向新闻专制。

兹对前述几项典型法规的出台始末、立法过程中的争议焦点，以及其对当时新闻法制建设的整体影响，做较为细致的梳理。

（一）《暂行报律》的制定与废除

1912年3月4日，南京临时政府在“临时约法”尚未制定的情况下先行颁布《暂行报律》，颁布机关为临时政府内务部。主要内容有五方面：（1）满清报律未经政府宣示沿用，无继续之效力，各省都督不得援引。（2）新闻、杂志实行注册登记制，已出版者呈明注册，欲出版者须获准许。（3）严禁报刊流言煽惑、破坏国体。（4）个人名誉权争端属自诉案件，新闻报道调查失实时报刊有更正之义务。（5）俟《民国报律》公布，即行废止。[①]“暂行报律”一经公布旋即遭到报界一致反对。3月6日，上海《新闻报》《申报》《时事新报》《神州日报》及中国报业俱进会等通电全国报界明确表示抵制，次日章太炎在《大共和日报》撰《却还内务部所定报律议》各章逐条予以驳斥，一时各界哗然，纷纷指责临时政府钳制舆论。

《暂行报律》作为临时政府筹备期间颁行的暂时性法规，对管理和约束反动势力透过报刊破坏革命有现实意义，其出台虽有程序违法之虞，但对报界还是善意、宽松的。一方面，注册登记条款对已出版但不符合创办条件的刊物无溯及既往的规定，对新办刊物无保证金，仅仅要求简单的“呈明注册”而非审查登记。同时，规定报刊舆论的底线是不得对国体有“破坏弊害”，这是保障临时政府合法性的根本，任何政权皆是如此。倘若流言煽惑对国体不利，仅是“停止”而非禁止，对于“调查失实”“污毁个人名誉”的报刊政府采取“被污毁人”告诉才处理的方法，同时准许报馆更正。而且此为“暂行”规定并非长期条款，有商量更改的余地。另一方面，内务部作为临时性行政法令的制定机关，在短短几项暂行条款中却有多处违规违法。首先，违背了法律确定性基本常识，对破坏国体的报刊发行人和编辑人坐以“应得之罪”，

①《内务部规定暂行报律通告各都督电文》，《中华民国临时政府公报》，1912年3月2日。

这样即无法可依，可能会被法官肆意援引，给报界新闻自由埋下巨大隐患。个人名誉权告诉案被污毁人起诉后“酌量科罚”，可能造成犯罪与刑罚不相适应的重罪轻判或轻罪重判，是罚金还是刑罚，是否追加刑事诉讼，这些可能会让报刊动辄得咎。其次，《暂行报律》的颁布有程序违法瑕疵。“临时约法”尚未订立，在无根本大法保障情况下的临时政府内务部职权合法性尚难保证，遑谈立法，何况内务部并没有经过参议院决议即知照全国遵行，属明显程序违法，将为临时政府制定法律开不好的先例。

《暂行报律》是革命派好心办坏事的产物，孙中山认为它遵循“先后缓急之要序”，出于“补偏救弊之苦心”，对报界大有裨益①，而上海中国报界促进会则认为它是“欲袭满清专制之故智，钳制舆论”②。观点分歧实质上是政治立场的分歧，革命党人初执政权，南北尚未一统，虽然历来主张言论自由但封建残余势力、军阀势力环伺，不可对舆论管控有所松懈，否则革命党可能再次沦为乱党，民主共和势必遥遥无期。而对于报界来说，清廷素有言禁、报禁之条款，民国作为新生政权当对前清新闻专制彻底清扫，言论出版自由是革命党政治斗争的一杆大旗，怎么可以在其掌权之后就弃如敝履，如此显然是两套标准，难以取信于人。就报界反抗“暂行报律”的通电内容看，报界的批评还是较为中肯的。3月6日，《上海中国报界促进会关于拒绝〈民国暂行报律〉的通电》提出三点批评：（1）国会未开，内务部擅定报律有侵夺立法权之嫌；（2）对政府丧权失利的行为，报纸行使监督职责，并非破坏共和，不得视为破坏共和；（3）定杀人行劫之律属政府当务之急，而非首先拿报业开刀，由此有袭清王朝专制故智之嫌。③上海报界促进会通过理性客观讨论指出，《暂行报律》中有明显的、禁不起推敲的条款，说明了拒绝遵行原因，这在当时舆论庞杂的社会环境下是值得肯定的。

革命派错误政令虽然遭到社会各界普遍批评，但批评者并非都是出于公

①《大总统令内务取消暂行报律文》,《临时政府公报》,1912年3月9日。

②《上海报界上孙大总统电》,《申报》,1912年3月6日。

③ 倪延年:《中国报刊法制发展史:古代卷》,南京师范大学出版社2006年版,第76页。

心。章太炎的《却还内务部所定报律议》洋洋洒洒两千字，对《暂行报律》进行逐条驳斥，里面有许多精到之词，亦有许多偏颇之词。

有合理的批评：(1) 程序违法。“国会未成，未有编定法律者”，内务部却侵夺参议院立法权擅自颁布法令。(2) 法规体例不规范。民国既为共和政权，“若不知律文体裁，而以条教告示之言用为法律，无怪他人笑为外行矣”。(3) 对不登记者处罚过甚，未经呈明“不准发行”太过苛刻。“前清《报律》未呈报者尚只罚金，今云‘不准发行’，是较前清专制之法更重”。(4) 对流言破坏共和者坐应得之罪，容易沦为莫须有之罪，“所云‘应得之罪’者，杖乎？笞乎？禁锢乎？拘留乎”？(5) 违背罪刑相适应原则。对破坏国体的报刊贸然言“坐应得之罪”“不质举刑名”“纵猾吏舞文骫法”，自唐律以来刑名有斩、绞、流、徒、杖、笞等六科，清以来有死刑、徒刑、惩役、禁锢、拘留等，断不能以“应得之罪”笼统了事。(6) 对名誉权案的处罚可能违背比例原则。作为行政法基本原则，比例原则要求行政机关在保护某种较为优越的法的价值须侵及其他法益时不得逾越此目的所必要的程度。章太炎批评《暂行报律》中对污毁他人名誉经人告诉者“酌量科罚”会导致处罚适当性不足，“个人名誉”为“无界限之词”恐会遭人滥加援用。“有法律之罪者，有道德之罪者，刑律既定，而有诬人以法律之罪，乃为污没个人名誉，若污毁人以道德之罪，即非此例。例如欺诈钱财，监守自盗，此法律之罪也；贫财鄙吝，此道德之罪也。以贿求官，此法律之罪也；争权干禄，此道德之罪也。诬人以法律之罪，略同诬告，故法律得而惩之；诬人以道德之罪，只寻常评议之罪，尚不得与骂人同例，二者有罪无罪，名实自殊”[①]。再者所侵犯法益轻重不同，“诬人”行为或为“道德之罪”或为“法律之罪”，《暂行报律》规定的名誉侵权并不明晰，可能会造成行政机关在处罚报刊名誉侵权时，偏重保护被诬陷人的个人名誉或正面社会评价，而忽视报刊舆论监督的社会公益，甚至出现报刊将政治人物“颜色白皙”说成“面貌丑黑”，都被法庭认定为触犯

① 章太炎：《却还内务部所定报律议》，《申报》，1912年3月7日，第1版。

当事人名誉权的案例。

有偏颇的观点：(1)“报刊舆论较杀人行劫诸事危害社会更甚，断无先行订立之必要。”临时政府根据自身法制建设规划订立法律，首选管理和约束报界的法规有巩固革命政权的必要性和紧迫性，毕竟当时舆论庞杂、众口铄金。(2)“民主国本无报律”属一面之管见，欧美新闻法制只是路线不同而已。法国1789年《人权宣言》即规定新闻自由须附带社会责任，1881年的《出版自由法》更明确规定了印刷出版自由的具体界限。美国作为判例法国家，1733年“曾格案”后即对诽谤罪给出判例，认定公民有“陈述无可非议的事实真相的自由”。(3)错误认知时事。认为“共和国体今已确定，报界并无主张君主立宪与偏护总社党者”，在临时政府尚未南北一统的情况下，这样的判断显然站不住脚。(4)“法律只许用本国文义，不得用他国文义”。例如“弊害”二字剿袭日本人语，施之中土，文义绝不可通。事实上自“清末新政”始，我国广泛引用欧美、日本的法律概念，淘汰了大量传统律法用语。①

面对全国报界责难，孙中山及革命派人士虚怀若谷地接受批评，在《令内务部取消暂行报律文》中明令废止《暂行报律》。首先，孙中山再次确认“言论自由，各国宪法所重”，革命派言行一致，绝无复辟亡清舆论专钳恶政之心，制定《暂行报律》稳定社会舆论有现实紧迫性，也是出于“补偏救弊”的苦心。其次，承认程序违法。内务部所布之《暂行报律》，“未经参议院决议，自无法律之效力，不得以暂行二字”。最后，孙中山表达了对《暂行报律》的直观看法。“寻三章条文，或为出版法所必载，或为国宪所应稽，无取特立报律”。综观《暂行报律》三章，注册登记、不得破坏国体，名誉权告诉乃受理等条款的基本观点，确为世界各国法律所承认，但是这些“暂行”条款在处罚方面，提出“应得之罪”“酌情科罚”等却也严重违背法律确定性、规范性。孙中山命令取消《暂行报律》的行为，表明革命派在维护言论出版自由方面是言行一致的，为进一步实现南北统一，凝聚社会共识，革命派在

① 章太炎:《却还内务部所定报律议》,《申报》,1912年3月7日,第1版。

混乱时局中大胆承认错误，这份勇气是值得称赞的。

“《暂行报律》事件”是报界在南京临时政府时期争取新闻自由的首次胜利，它达成了政府不得设置专律干涉言论出版自由的社会共识，为民国初年短暂的国人办报高潮扫清了制度障碍，是报界与政府有效互动的成功范例。但是，作为一场报业与政府权力在舆论空间的论战，它在有效传递报界理性抗争声音的同时，也暴露出报界、临时政府对“新闻自由”这一舶来品认识不足的问题。在革命尚未成功的情况下，革命派并没有坚持从大局出发，对报界舆论进行适当管控，而是选择放任自流，为立宪派、封建顽固势力、军阀势力组织舆论反扑提供了可乘之机。袁世凯当政之后“临时约法”标榜的言论、出版和结社自由成为空文。

法律保障的新闻自由，是新闻业与政治权力之间相互妥协和制衡的结果，而非与政治权力割裂联系单纯要求自身拥有独立意志，坚守新闻真实原则就能独善其身的。卢国华甚至认为，“当言论自由已经成为民主政治的重要表征时，它已经不可能置身事外，而只能成为政治权力斗争中的砝码”。①

（二）《报纸条例》的订立与修订

1914年4月，袁世凯政府颁行《报纸条例》力图限缩报界新闻自由，钳制报业发展。在《报纸条例》尚未颁行前，北京《国华报》就提出，“现在报界多半经济困难，所谓七百元之保证金，即无一家不反对者”。大多数报馆规模较小，所用编辑不过三人，每月薪资不过十元，待遇低，业务繁琐。倘若再加上稍不留意即有触犯十五年有期徒刑法律风险，“恐新报律发行之日，即为各报馆停版之期”②。《报纸条例》颁布后，北京报界同志会及其成员《亚细亚报》《民宪报》《大自由报》《黄钟日报》等纷纷提出应对之策，有主张挂洋旗或将报馆转卖外国人的，有主张同业罢工向政府施压或主笔转到外报就职的，有主张向大总统、内务部、法制局陈情的，有主张报馆移津沪租界出

① 卢国华:《民初到五四前后报刊律法状况及其影响》,《山东社会科学》,2006年第3期,第73页。

②《对于新颁报律之北京报界观》,《申报》,1914年4月7日。

版的。[①]

在抵制《报纸条例》的运动中，一向分歧严重的北京报界为维护硕果仅存的言论自由空间，再度走向联合。1914年4月11日，报界同志会发布《北京报界公呈大总统、国务总理、内务部文》对《报纸条例》各条逐一进行驳斥，碍于呈请书的舆论压力，袁世凯勉为其难地表示，“新报律稍失繁苛，处罚亦失于严”[②]。事实上，这只是袁世凯的权宜之计，4月12日京师警察厅仍依照《报纸条例》发布通告，要求京中各报馆按律缴纳保押金。4月13日北京报界同志会派出李庆芳、康士铎、乌泽声等三人再向内务部提出呈请，要求政府解释《报纸条例》争议条款，内务部官员故作退让姿态，同意嗣后出台法律解释。[③]4月16日，李庆芳等三人又到京师警察厅陈情，得到的仍是敷衍塞责之词。大总统、内务部、警察厅口径一致地答复表明，保障言论自由对袁世凯政府来说只是“表面文章”，毫无诚意。有报刊就此披露政府所谓修正、解释的真实态度，是“此等条例必难从宽，而修改更属无望”。此后，袁世凯政府对报界意见采取置若罔闻的态度，《报纸条例》虽遭到报界反对，仍得到实际执行。

报界有据理力争的一面，也有软弱妥协的一面。政府与报界的多次互动表明，袁世凯政府的新闻法制是言行不一的，在心理上对新闻自由充满警惕和厌恶，同时在司法实践中对已有的新闻法律法规视若无睹，对报界大施威权、横加干预。《报纸条例》颁行不久，《北京日报》等报馆就呈请内务部要求明定条例所载辞意范围，“细绎条文内容，间有意辞宽泛，窒碍难行者数端，谨为我大总统缕细条陈”。包含多项疑问：（1）“如第十条第四项规定：外交、军事之秘密及其他政务，经该管官署禁止登载者，报纸不许登载。……普通政务，实无禁止登载之理由。”（2）“如第十条第六项，国会及其他官署会议按照法令禁止旁听者报纸不得登载。……普通政务本无不公开

①《对于新颁报律之北京报界观》，《申报》，1914年4月7日。

②《北京报界公呈大总统、国务总理、内务部文》，《北京日报》，1914年4月11日。

③《北京报界对于新颁报律之进行》，《申报》，1914年4月18日。

之例，又何从有旁听不旁听之分。”“但使无关军事、外交之秘密，则报纸探访其所议事件，作为时事新闻，纪之报端，而与国人以相见者，固报纸唯一之职务也。……所谓秘密者只以责官吏，从未有以之责报馆者也。”（3）“如第十条第八项规定：攻讦个人阴私，损害其名誉者报纸不许登载。此为保障私人权利起见，固应设此规定。但个人阴私有影响公益者，则各国报律均许酌量登载，以维公安。今于此不设，事关公益不再此限之规定，则以后无论其人阴私行为影响公益与否，报纸概不登载，而奸人败类均可肆行无忌矣。”（4）“新条例第三十条有已发行之报纸须补缴报押费之规定。……照法覆置，则不啻以新条例施行之力而禁绝我全体同业之生存也。”因此，报界认为“若官厅拘文牵义，执行不善，则全国报纸直无出版之余地”①。作为对报界主张的回应，1914年6月20日陆军部详细拟定《报纸应守军事秘密范围条款》，合计13条，内容几乎涵盖军队所有日常活动。②其中第六条要求报刊不得登载“关于战斗进行之状况”，第九条要求报刊不得登载“关于军队中异常之变动”，这些条款明显忽视报刊维护社会公益、对抗谣言的作用，对新闻界充满提防、猜忌。

1914年6月27日，报界同志会及各报馆再就“军事秘密”解释条款提出异议，认为“第六、第九、第十二三项，尚有待解释之处”。（1）“查第六项载关于战斗进行之状况一节，考各国先例，如日俄之战，意土之战，在本国

① 《北京日报等报馆为明定报纸条例辞意范围致国务总理呈》，《北洋政府内务部档案》，1914年5月7日，引自中国第二历史档案馆编：《中华民国史档案资料汇编（第三辑文化）》，江苏古籍出版社1991年版，第304页。

② 《报纸应守军事秘密范围条款》规定，《报纸条例》第十条所称军事之秘密，报纸不得登载者，其范围如下：一、战时军队编制、驻扎地及出发之时期；二、战时后方勤务之计划；三、整旅计划及准备；四、要塞地域内之兵备及关于防御之造物；五、关于国防及作战之计划；六、关于战斗进行之状况；七、战时军械、军需运输及存储地点；八、关于军事之外交事件尚在交涉中者；九、关于军队中异常之变动；十、关于裁并及调遣军队之计划；十一、关于军械之购置及制造，于军事上有重要关系者；十二、军官、军佐关于军事上之任免或调遣，未经宣布者；十三、其他军事经该管官署禁止登载者。参见《报纸应守军事秘密范围条款》，《北洋政府内务部档案》，1914年6月20日。转引自中国第二历史档案馆编：《中华民国史档案资料汇编（第三辑文化）》，江苏古籍出版社1991年版，第307页。

非特无禁止之明文，且多藉报纸之鼓吹，以激扬民气，报纸之辅助军事于此可见。……军人之劳固不可没，而舆论之功尤未可泯”。(2)“查第九项载关于军队中异常之变动一节，敝馆等以为军队中之变动在国家法律及上级官命令范围之内，自应遵守秘密，倘有逾闭荡检，于法令外有不规则之行动者，报界为维持公安起见，势不能缄默不言，况事起仓猝，谣诼朋兴，如报界相戒不言，恐人心益滋惶惑”。(3)“查十二项军官军佐关于军事上之任免或调遣未经宣布者一节，报馆等所认为军事秘密范围者，以大总统宣布戒严及开战为限，若军队之旅行操练及军官军佐因行政上之便宜而有调遣及任免之行动，既不在军事范围，即不在秘密范围”。这些异议与陆军部的解释条款针锋相对，内务部再次复文报界：(1)战斗状况一节，陆军部认为“无论是为交战团体，非交战团体，事后揄扬，匾可激发民气。若事前任意宣播，徒是扰乱人心，其影响所及，适以妨害治安”。(2)军官、军佐任免调遣一节，陆军部认为“事机所关，未便遽行宣布，是在军事上应认为秘密，否则政府既定有任免调遣之事，又何惜而不即明白宣布”。(3)凡经该管官署禁止登载一节，“本部既认为秘密，即应禁止登载，明令公布之件，本部亦须守职遵行，决不敢视同弁髦，任意出入也”。(4)赋予该管官署对报纸的“随时禁止”“直接禁止”之权。“所谓该管官署自系指主管事务之官署而言，警厅受各官署指挥，执行事件本属常例。但各官署有时因公务之必要，当然亦有直接禁止之权，不必皆由警厅转行，以省周折。其知照禁止时间，除最关紧急重要事件仍应随时禁止外，其余时间应统以各该报纸前一日下午未经印刷以前为限”①。陆军部在批示中还对报馆大加指责，认为“访员来稿大半得诸传闻”，报馆任意登载，致使“此种风说，巷市喧传，人心惶惑”，“况籍口于维持公安，而暗藏鬼蜮伎俩，又为不肖报馆之惯技”。报馆登载外报外电常有“推波助澜”“挑拨国交”不良用心。总体态度是：“各报馆对于所有致疑之各项，果欲登载，应先具稿，送本部核订，本部专员接待，推诚指导，以期无误，

① 《报界同志会各报馆谨禀》,《北洋政府内务部档案》,1914年6月27日,引自中国第二历史档案馆编:《中华民国史档案资料汇编(第三辑文化)》,江苏古籍出版社1991年版,第308—309页。

否则法立必行，无论事实之虚实善恶，但犯条例所载，即当严以相绳，此后决无稍恕，应请查照转饬等因到部”[①]。7月31日，内务部转饬警察厅，要求各省巡按使、部统遵行，“批饬京师警察厅转示该同志会遵照”[②]。内务部对陆军部所有做法均持支持态度，对报界异议均持否定态度，而且嗣后将严查报刊对违禁者“决无稍恕”。

报界对陆军部用“鬼蜮伎俩”“人心惶惑”“挑拨国交”“得诸传闻”等语来评价其职业操守和工作动机大为骇异，认为“京师警察厅转陈陆军部复文，既无一字之批准，且多谩骂之词，众情哀愤，含冤莫伸”。1914年8月北京报界同志会集合《民宪日报》《国华报》《北京日报》《醒华报》等21家报馆，呈文禀请大总统袁世凯主持正义，在呈文中报界再次回应陆军部的前两次解释，不仅就“军事秘密解释条例”争议内容再作回应，而且晓之以情、动之以理。在争议内容方面：（1）战斗状况一节，报界同志会认为镇抚内乱，有征无战，并无交战资格，谈不上对交战状况的报道。“无论交战团体与非交战团体，不准登载，是无论何事何时皆在禁止登载之例，显与各国随时禁登之意相反。”（2）军队异常变动一节，“《报纸条例》中既有随时禁登之规定，倘有异常变动，陆军部可随时禁止，报馆等自不敢宣泄。今以最宽泛之范围，为永久之宣示，报馆等日在触犯陆军部法令之中”。（3）军官、军佐任免调遣一节，报界同志会认为“军事秘密范围，以大总统宣告戒严及开战为限。若官佐之平时升转，皆政治上之常例，既无关于秘密，似无禁止登载之必要”。（4）对于转载新闻该管官署随时禁止一节，认为“只有原报更正后亦随时更正之规定，并无科罪之明文。今陆军部对于转载新闻竟有仍应禁止之文，非

---

①《报界同志会各报馆谨禀》,《北洋政府内务部档案》,1914年6月27日,引自中国第二历史档案馆编:《中华民国史档案资料汇编(第三辑文化)》,江苏古籍出版社1991年版,第310页。

②《内务部为转饬报界遵守军事秘密范围条款致各省巡按使/部统咨》,《北洋政府内务部档案》,1914年7月31日,引自中国第二历史档案馆编:《中华民国史档案资料汇编(第三辑文化)》,江苏古籍出版社1991年版,第308页。

特报馆等不易遵守，且显与《报纸条例》抵触”[①]。

在自身立场和态度方面报界声明自身困难，部分报刊报人主动与革命派切割，吹捧段祺瑞和袁世凯，为谋取自身生存向威权妥协。首先，对陆军部措辞表示抗议，“陆军部对于报馆等所要求之解释，既无允准之条，且对报馆等加之以不肖之名，视之为鬼蜮伎俩，肆口谩骂，逾行政之范围，损官厅之威信”。其次，陈述经营压力，向威权示弱。“北京一隅，外人所经营之日报已有数家，消息既灵，销路日畅，相形见绌，已可寒心，若对于报馆等多一分束缚，即对于外报增一分势力。”再次，为袁世凯制造的“癸丑报灾”叫好，主动与国民党报刊切割关系。“当去年乱党充斥北京一隅，邪说猖獗，披词披靡，如颠如狂，不可一世。国民党既有新闻团之设，其用意在联合报界，攻击政府。报馆等虽乏学识闳通之士，均系宗旨纯正之人，于是而有报界同志会之设，意在抵制乱党，拥护中央，在会各报与乱党机关报先为笔墨口舌之争，继受拆毁责辱之苦，一息尚存，主张不懈。”最后，吹捧袁世凯、段祺瑞功绩，虽为抗议实为卑躬屈膝地讨饶。夸赞袁世凯说，“幸逢我大总统削平乱党，众丑息声，报界既有澄清之匣，舆论将见一致之功”。评价段祺瑞道，“今陆军总长段祺瑞公忠体国，严正不阿，素为报界所倾服，绝不至有束缚言论摧残报界之举。必系部员中有一二把持弄权者，与报界积有宿怨，故擅作威福，意在报复，此报馆等尤为痛心者”[②]。面对北京报界为争取自身权利所做诸多努力，袁世凯政府并不看在眼里，也并未停止对报界的迫害。“报馆等禀请解释《报纸条例》，陆军部既无一字采择，而近日《大自由报》《醒华报》竟相继被宪兵勒令停版，拘捕编辑发行人，以致报馆等人人自危。”[③]

袁世凯政府不仅对报界提出的异议视若无睹，甚至还变本加厉，对报刊

①《报界同志会各报馆关于禁载军事秘密条款范围束缚言论致大总统禀》,《北洋政府内务部档案》,1914年8月,引自中国第二历史档案馆编:《中华民国史档案资料汇编(第三辑文化)》,江苏古籍出版社1991年版,第312页。

② 同①。

③《军事秘密范围解释之解释》,《时报》,1914年7月21日。

报人进行更加严厉的管控。1915年7月《修正报纸条例》出台，作为《报纸条例》修正法案，它并没有纠正此前的内容瑕疵，回应业界质疑，反而增加了一些更为严厉的条款：（1）增加禁载事项。将“各项政务经该管官署禁止登载者”也纳入禁载范围。含糊其词的“各项政务”明显违反法律确定性原则，《报纸条例》第十条的禁载事项也增至九款之多。（2）扩大警察官署权限，使其可以随时处罚报人或要求报纸停刊。以修改后的二十二条为例，原法条规定“登载第十条第二款至第七款之事件者，停止其发行，科发行人编辑人以五等有期徒刑。前项停止发行，日刊者，停止十日以上一月以下；不定期刊、周刊、旬刊、月刊者，停止二次以上十次以下；年刊者，停止一次”。增加“警察官署因维持治安之必要，对于前项之报纸，得停止其发行”[①]。这无疑为警察官署以“维持治安”为借口，对报纸滥用治安处罚权提供了方便。《修正报纸条例》还规定，除第三条、第二十一条第一项、第二十二条第一项须由法院审判外，“其他各条之处罚，由该管官署即决并执行”，对司法权也构成侵夺。（3）加重报刊的经济负担。《报纸条例》报押费条款本身已相当苛刻，新修条例还规定“保押费已被抵充罚金者，该发行人应于接到该管官署命令后十日以内补缴，或补足保押费。违者至补缴或补足之日止，该管警察官署得以命令停止发行”。

从报界对《报纸条例》内容提出异议，到《修正报纸条例》进一步加重报业负担，报界与袁世凯政府的观点交锋，以报界落败而告终。说明在军阀政权控制之下报界争取新闻自由是多么困难。袁世凯对新闻界的绞杀虽然让报馆、报人数量迅速减少，但并未彻底消灭报界的斗志。癸丑报灾、反对《报纸条例》的失败也让包括报界在内的社会各界反袁舆论渐成气候，致使袁世凯称帝闹剧在口诛笔伐之下很快落幕。

袁世凯死后黎元洪当政，1916年7月议员刘揆一等在国务会议上提出“完全废止”报律（主要指《报纸条例》）议案，对是否废止内阁议员实际分

① 刘哲民：《近现代出版新闻法规汇编》，学林出版社1992年版，第97页。

为两派，主张废除者担忧新政府仍延续报界旧制打压舆论，主张不废者害怕失去对社会舆论的掌控，而使执政陷入被动局面。内务总长许世英为维护当权之利对此持“放任主义”，既不言管也不言不管，他认为“条例必不能容于当今之世，将来亦当然废止”，但现在即行废止则显草率，何况废止之后若沿袭前清报律，则与国体不符，编制新律亦需时日。刘揆一等人则认为，“报纸一物实为执政者之良师诤友，察世界文明各国当局者，每施一策莫不以报纸主持得失之论调，为决定之方针。报纸谓可行则行，可止则止，是政府对于报纸当然有服从之义务，且国家兴衰存亡、利弊得失，亦以报纸是赖。故其功勋诚称伟大，今我国大局甫定、建设伊始，非依舆论从旁指导，殊难收获效果，若使障碍物不去，不无顾忌之虑，自应完全废止俾使发展。勿庸另行修正，免留痕迹，或畏遭人指摘仍应存留冀有所防制，此种心理则殊大谬。执政者若事事不背人心，处于无过地位，自无贻人口实之语”[①]。可见刘揆一等人的主张，对政府权力的认识相当傲慢，特别是“报纸谓可行则行，可止则止，是政府对于报纸当然有服从之义务”一句，俨然将报纸视为掌中玩物，此种情形恰如邵飘萍担忧报纸“滥施威权流于专制”[②]，这不可不谓为当时政界精英对新闻自由权利认识之偏差。

大总统黎元洪对半数议员支持不废、主张修正的观点，“极不以为意”[③]。最终国会通过《废止报纸条例议案》并饬各省长、督军遵行。该条议案对当时新闻法制发展状况的判断基本是准确的：（1）明白提出恢复人民言论出版权利。“言论自由，载在约法，报纸为书面言论之一。”认为新政府革新政治应当大力扶持舆论，尊重言论自由，“报纸如有违犯法律情事，自有普通法可以救济”，没有必要订立报纸专律。（2）客观认识到新闻法制执行效力不足的问题。“《报纸条例》颁布以来，其效力仅能及于内地我国报纸，而于外国在我国内地开设之报馆，以及我国在租界开设之报馆，均未能加以取缔”，这样

①《国会与报界之今后责任》，《申报》，1916年7月22日。

② 邵飘萍：《新闻学总论》，京报馆1925年版，第222页。

③《国会与报界之今后责任》，《申报》，1916年7月22日。

厚彼薄此，难免使国人自办报刊遭受轻侮，同罪异罚，于事理不平。逼迫失当还会出现大量“洋旗报”，进一步加剧新闻法制的混乱。[①]

殷莉通过对比《报纸条例》及与其出现在同一时期的日本《新闻纸法》和法国《出版自由法》法条内容，认为“《报纸条例》不仅是一部限制新闻自由的限制法，那一时期的言论出版自由在法律上是得不到保护的，而且《报纸条例》所赋予人们的言论出版自由在当时世界范围内也是最低的”[②]。面对异常严厉的新闻专制，面对不公不义的《报纸条例》，北京报界挺身而出为人民言论出版自由据理力争，其勇气和魄力值得称道，虽然在袁世凯政府时期报界的反抗没有取得成功，但它为黎元洪政府的拨乱反正提前创造了条件，为此后较积极活泼的社会文化氛围提前奠定了基础，不失为报界对军阀新闻专制制度惯例的有效纠偏。以至，“从《报纸条例》废止到‘五四’前后，相对宽松的文化环境成为新文化运动的有利条件”[③]。

北京报界同志会抵制《报纸条例》一事的结局表明，袁世凯政府时期新闻团体声势大减，面对掌握国家权力的强势军阀，通过社会舆论与之直接对抗已不再现实，报界只能在态度上抵制，在行动上委曲求全。新闻界抵制《报纸条例》失败，让人不禁联想起新闻界在民国元年反抗“暂行报律”取得的成功，两个事件中新闻界都积极为国家新闻法制建设建言献策，但一个促成临时政府通令撤销“暂行报律”，一个却对袁世凯政府施行《报纸条例》束手无策，其中政府对新闻界的态度起到至关重要作用。可见，在政府与新闻团体的控制与反控制关系中，政府权力表现强势时新闻团体发展孱弱，政府权力表现软弱时新闻团体发展茁壮。

---

①《内务部关于废止报纸条例致各省长/督军等咨》,《北洋政府内务部档案》,1914年7月21日,引自中国第二历史档案馆编:《中华民国史档案资料汇编(第三辑文化)》,江苏古籍出版社1991年版,第315页。

② 殷莉:《民初〈报纸条例〉研究》,《新闻学论集》,2009年,第27页。

③ 卢国华:《民初到五四前后报刊律法状况及其影响》,《山东社会科学》,2006年第3期,第74页。

（三）实施时间“最长”的《出版法》

1914年12月袁世凯政府颁布《出版法》，该律大量沿袭《钦定报律》内容，对新闻自由严加限制。1926年1月段祺瑞政府在国务会议通过废除《出版法》议案。《出版法》执行时间长达12年，是北洋政府时期有效时间最长的出版管理法规，亦是报界争取新闻自由过程中与政府斗争时间最长的一项新闻专制法规。《出版法》并非严格意义上针对出版业的法规，而是一项几乎针对所有文书图书的法规，甚至连个人笔记私函、公司票据账单、社会团体章程报告等具在检查之列。第十条就规定“凡信柬、报告、会章、校规、族谱、公启、讲义、契券、凭照、号单、广告、照片等类之出版”，遇有违反出版条款仍要追责。①马光仁认为，“《出版法》沿袭了《大清报律》的基本内容，而且对新闻出版自由的限制更加严格”②。《大清报律》和《大清印刷物件专律》两项法规，“是中国出版法的开山始祖，它原始的作用完全是维护大清皇权，以防范异己，以其朴（扑）杀有利于革命潮流的所谓‘妖术’与‘妖论’”，因此《出版法》是“魔鬼借尸洪宪还魂”③。

《出版法》与同年4月颁行的《报纸条例》如出一辙，不仅禁载条款大致相当，而且给地方官署大肆放权，为“该管官署”肆意干涉印刷出版大开方便之门。第十二条就规定，当出版人违禁出版时，该管官署认为必要时，可以径行将其印本和印版没收。④不仅如此，《出版法》还加重对出版人的刑罚，对个人名誉侵权案件准许援用刑律处断。因限制过宽，政府动辄援用《出版法》对新闻界进行大肆迫害。1919年10月25日，北京《国民公报》被警厅以违反《出版法》第十条查封，编辑孙几伊被捕。北京各界联合会发函指责政府“横加诬罔谓其违背出版法”⑤，认为“言论出版自由载在约法，出版律之产出乃袁氏钳制人民之伎俩，今政府动辄援用。近更变本加厉，宣布一种

① 刘哲民：《近现代出版新闻法规汇编》，学林出版社1992年版，第55页。

② 马光仁：《袁记〈出版法〉的制定与废止》，《新闻与传播研究》，1987年第2期，第198页。

③ 万枚子：《中国出版法是什么东西》，《再造》，1948年第1卷第5期，第9页。

④ 刘哲民：《近现代出版新闻法规汇编》，学林出版社1992年版，第56页。

⑤《新众院质问国民公报事件》，《申报》，1919年11月12日，第6版。

所谓印刷法规者。[①]1922年2月，林白水、胡政之等所办《新社会报》因揭发“九六公债”内幕被北京警察厅以违反《出版法》第十一条第二款“妨害治安”查封，北京报界代表为此与警察厅交涉，提出“报界方面始终不承认《出版法》，此次当局引用《出版法》封闭该报，实为不当”[②]。

1922年10月初，北京72家社会团体公推蔡元培等11位社会名流向政府请愿，要求恢复公民依宪法应该享有的言论、出版、刊行权利，特别是要废除《治安警察条例》和《出版法》。10月27日京中新闻界成立“言论自由期成会”并在会章中表明，“本会以向国会请愿，废止《出版法》，亦别定保护言论自由条例，实现言论自由为宗旨”[③]。

第一次国共合作后，社会各界争取废止《出版法》的斗争进入新高潮。国民党发表宣言表明态度，“本党对于国内不良政府颁布之《出版法》即早已否认，促其废止”[④]。1925年中国共产党早期领导人邓中夏在第二次全国劳动大会召开前发表共产党对劳动运动复兴期的各项主张，其中之一就是鼓励工人“参加废止《出版法》这一类的运动”[⑤]。1925年2月，国民党元老邵子力在一次演讲中公开批评“自称‘与民更始’的执政府”，认为“学术思想言论的自由，关系与国利民福，至重且巨，举凡文化的进步，民意的发扬，无不以此为前提”。而袁世凯、黎元洪这些“私心自用以愚民为得计的民贼”却“实时侵犯此等自由”，主张废止《出版法》。[⑥]1925年5月，著名报人林白水撰《出版法总有废止之日》文，认为废止《出版法》是国民的普遍愿望，“内务部竟不主张废止，其借口谓政府不能以命令变更法律”，理由虽然冠冕堂

---

① 1919年10月25日，经政府内务部呈准颁行《管理印刷营业规则》，将政府对印刷物的管理权扩大到“凡以机械或印版及其他化学材料印刷中外文书图书为营业者”，几乎穷尽所有印刷品，进一步扩大了《出版法》的适用范围。

②《京报界请恢复新社会报》，《申报》，1922年2月24日，第7版。

③ 傅国涌：《文人的底气：百年中国言论史剪影》，云南人民出版社2007年版，第37页。

④ 马光仁：《袁记〈出版法〉的制定与废止》，《新闻与传播研究》，1987年第2期，第202页。

⑤ 中夏：《劳动运动复兴期中的几个重要问题》，《中国工人》，1925年5月，第5期。

⑥ 邵子力：《宜一致拥护学术自由》，《民国日报》，1925年2月7日。

皇，但是政府变更约法、破坏宪法还不是依据的一纸命令，废止《出版法》是大势所趋，段政府不废止《出版法》只是“留给反对党做市恩的礼物”[①]。1925年4月13日及5月15日，上海书业公所、上海日报公会、上海书报联合会、上海书业商会等多家出版业组织两度联合呈文司法部，表达废止《出版法》诉求。1925年5月9日，北京学生四千余人举行罢课游行，要求政府罢免教育总长章士钊，废除《出版法》。到1926年1月初，争取公民言论出版自由的斗争力量形成南北合流之势，上海各公团联合会、北京新闻界争自由大同盟等各地文化界组织纷纷通过社论、文章、通电等形式向政府表达诉求，要求废止《出版法》。段政府在强大舆论压力之下不得不于是月27日宣布废除《出版法》。王世杰对政府此举给出正面评价，“这恐怕要算许内阁唯一的差强人意之举”[②]。《出版法》废除后，政府对言论界的控制开始出现宽松迹象，共青团南昌地委在报告中就写道，“南地形势，由表面看来，似乎已呈‘否去泰来’的现象，如启封一平印刷所，倡言实行废除《出版法》”[③]。

1926年《出版法》废止后，言论界藉由审查放宽的机会，再次掀起国人办报的高潮，“绝对新闻自由”也甚嚣尘上。在当时，社会公众普遍产生制订报律就是钳制言论出版自由的想法，将“法”“报律”“报纸检阅”等字眼，视作政府对新闻业的约束、监控和处罚，甚少会将新闻法制寓限制与保护两端做完整看待，主观地忽略新闻法制自由、公平、保护、监督政府等保护属性。当时社会精英在新闻法制立场上也出现分歧，李大钊、章士钊、陈独秀等为此撰写了相当数量的文章，将报律与法治对立，将“反报律”鼓吹成了一股反对新闻法制的潮流。以戈公振、邵飘萍、王世杰等为代表的理性派，则在目睹新闻业无法可治、混乱无序状况后，立足中国现实，参阅西方新闻出版立法经验，提出了建设近代化新闻法制的理论观点，为此后南京国民政府时期的新闻出版立法奠定了法学理论基础。

---

① 白水：《出版法总有废止之日》，《社会日报》，1928年5月12日。

② 王世杰：《这几种法令还不废止吗》，《现代评论》，第3卷第61期，1926年2月6日。

③《江西革命历史文件汇集（1923年—1926年）》，中央档案馆、江西省档案馆1986年版，第355页。

二、北洋政府时期的新闻业相关法

北洋政府时期成体系的新闻业单行法的缺失，并不意味着新闻法制发展步伐就此停滞，它仍然以新的形式继续存在，其他新闻业相关法规及地方性新闻法规的发展即是有力佐证。

有其他部门法对新闻传播活动的直接规制，如《戒严法》《暂行新刑律》等；有国家机关进一步解释已有的新闻法规，如《陆军部解释〈报纸条例〉第十条第四款军事秘密之范围》；还有政府通过自身权力函告、命令下属机关进行管束的。"突出重点，便宜行事"是民国北洋政府时期新闻业相关法的技术特点。具体表现在：（1）重点领域，重点立法。对军事秘密、侮辱官署、苏俄刊物传播、无线电的兴起等广受社会关注的重要议题，及时专门订立新闻法规进行管制；（2）形式灵活，随意处置。就法的本体来看，这些新闻业相关的法规法令充满程序瑕疵和内容缺陷，仅仅是专制军阀控制社会舆论的权宜之计，禁不起社会大众的公开置评。见下表2-3。

表2-3　民国北洋政府时期（1912—1928）其他新闻业相关法规法令[①]

名称	主要内容
1912年12月 《戒严法》	袁世凯政府放任军人干预报刊，为各地军阀滥加援引[②]。
1914年3月 《治安警察法》	袁世凯政府在该法第一条、第二十一条和第三十七条中允许警察官吏查禁有违"安宁秩序""善良风俗"的印刷物。
1914年6月 《陆军部解释〈报纸条例〉第十条第四款军事秘密之范围》	袁世凯政府陆军部通过解释，具体列举"军事秘密"共11条，其中战斗进行状况、军官军佐的任免调遣等也列为秘密，还有"其他军事该管官署禁止登载者"这样的，不能穷尽列举的兜底条款。

① 本表所用资料，参见刘哲民：《近现代出版新闻法规汇编》，学林出版社1992年版，第85—100页。

②《戒严法》第十四条规定，戒严地域内，司令官有执行左列各款事件之权，因其执行所生之损害，不得请求赔偿。（1）停止结会集社，或新闻杂志图书告白之认为于时机有妨害者；（2）拆阅邮信电报。

续表

名称	主要内容
1914年10月《报纸侮辱公署依刑律处断电》	袁世凯政府大理院函告黑龙江高等审判厅，确认报馆登载侮辱公署，《报纸条例》无明文，当依刑律处断。
1914年10月《报纸条例未判案件包括于检厅侦查内函》	袁世凯政府大理院函告四川高等审判厅，解释《报纸条例》第十五条第五款，确认"未经公判的案件，当然包括检察厅侦查中之案件而言"。
1915年4月《电信条例》	袁世凯政府交通部颁布，共计22条，规定无线电器材属军用品，非经陆军部特别许可不得自由输入中国。中外人士设置电台皆须经中国政府当局批准。
1916年10月《内务部通咨各省报纸批评图画广告等项时涉淫亵应设法劝戒文》	徐世昌政府内务部准教育部函开，要求新闻报纸注重社会公益，在图画、广告方面特加慎重，避免报纸成为"诲淫之具"。
1919年9月《查禁俄过激派印刷物函》	段祺瑞政府致函各省公署，"略谓现值国家多事之际，维持地方为当务之急，而对于过激派活动之防范，尤当注意其防范手续，首以检查印刷物遏制其传播为要"①。
1920年4月《防止过激党规则》	徐世昌政府陆军部要求各军长官严厉查禁过激党印刷品，定期组织官兵叙谈，严禁讨论、传播过激党思潮。②
1924年8月《装用广播无线电接收机暂行规则》	曹锟政府交通部要求，装设收音机者须先呈请核准，明确限制装设地点，且中国人装设者须其同乡委任以上职官一人或殷实商号开具证明。

①《电查过激党之印刷品》,《益世报(天津)》,1919年9月25日。

② 陆军部《防止过激党规则》规定:(1)各军长官对于外来印刷品及不妥实之邮寄,应详加检查,如有涉及过激之品立时焚毁,切勿使下级官兵观阅;(2)各军长官须留意稽查,如有管辖兵士购阅过激杂志书籍者,应随时收毁严加告诫;(3)各军长官每遇休假日夜,召集该管官兵演说军人服从之条规及过激思潮有害国家实况,以免淆惑而使进步;(4)各军长官应约束所部不准与地方无赖交谈叙议,并随时查禁闲人住宿营内以及聚餐等事,以昭谨慎而肃军纪。参见《军队防止过激党规则》,《申报》,1920年4月4日,第11版。

续表

名称	主要内容
1927年10月《上海特别市教育局小报检查条例》	国民党上海政府颁布，对小报的审查主体、创办条件及奖惩等方面做了详细规定，褒奖宣传国民党党义，禁止发行或销行违反党义，被列为褒奖、惩戒事项的第一位。

北洋政府时期与新闻业相关的部门法规、法令，是新闻业单行法的制度延伸，它让本身充满立法瑕疵的单行法，在执行层面可以“有法可依”。实际上，这样的法令之弊与畅行中国数千年的专制之弊一脉相连，《汉书·食货志·下》中就有政府法令过多，“民摇手触禁”的描述。此阶段的新闻业也一样，无论良法还是恶法，新闻法规一旦制定，执行者就抱持着势必遵行的心态，于是内务部及相关政府部门就加大法律解释力度，大肆颁行新的法令、法规和解释性文件，法令一多新闻法规本身就失去了权威性、划一性，导致执法者莫所遵从，新闻界摇手触禁。

在刑法及相关法方面，北洋政府时期限制新闻传播活动的刑法类法律法规有《暂行新刑律》（1912）、《暂行新刑律补充条例》（1914）、《陆军刑事条例》（1915）等。还包括南京国民党政府1928年3月公布的刑法典，以及同月制定的《暂行反革命治罪法》，以此加强政府对新闻传播活动的紧急处置权。刑法之外与新闻传播活动最密切相关的是治安警察法规。1914年3月3日，袁世凯政府颁布《治安警察条例》，次日颁布《预戒条例》，两条例数月后改为法律，从而使得警察拥有以“公共安宁秩序”“人民自由幸福”理由实施“预戒命令”的机会。玄庐在《新青年》撰文评价《治安警察法》，“完全袁世凯时代从日本抄来，作为桎梏劳动界，言论界一种唯一的刑具”[①]。《戒严法》作为北洋政府后期处罚报馆报人最常用的法律依据，它专为军阀威权服务，游离于国家法制的正常范围以外，受理的案件可大可小，管辖的范围可宽可窄，处罚的力度可轻可重，完全是军阀政府罗织罪名的“万金油”。

① 玄庐：《关于广东工会法草案底讨论》，《新青年》，1921年5月1日。

在广播无线电的立法方面，1915年4月北洋政府颁行中国第一个《电信条例》，规定有线无线电信由国家经营，对非军阀政权所装设的广播无线电接收机一律取缔。1923年中国第一家商业广播电台在上海设立。次年，北洋政府交通部颁布《装用广播无线电接收机暂行规则》做出制度回应，详列安装无线电广播接收机的手续、费用、注意事项及违禁处罚办法等。前述两规规定民间装设无线电的行为，均采取无条件取缔，直到1924年8月曹锟政府颁布的《装用广播无线电接收机暂行规则》才改为有条件取缔，该规定要求"装用接收机者，须先呈请交通部核准，发给执照"，中外国人在中国境内装机均须提供殷实商号的证明，不得在军事、边防及政府示禁之区域装机等[①]。1926年10月，奉系军阀颁布《无线电广播条例》《装设无线电收听器规则》《运销广播无线电接收器规则》等三项法规，对装设无线电广播收听器者做出更多限制。其中，核发执照、"同乡委任以上职官一人或六等以上殷实商号一家出具证书""不得将收听任何内容电信私自泄漏"等规定虽然严厉，但已经为中国早期广播事业发展提供了可能，较此前的一应取缔政策，不失为一大进步。

在对通讯社的管理方面，晚清民国时期中国的通讯社多为外国人自行创办，因为当时尚无法律直接对其规制，外国人径行创办即可。直到袁世凯执政时通讯社才正式纳入政府管理范围，通常由地方警察厅审查、批准资格，报内务部备案。1913年张珍等申请创办北京通讯社，京师警察厅为此请示内务部，"查该社性质系属通信机关，于言论不无裨益，所请立案之处是否可行，理合抄录简章，呈请指令遵行"，最终获准创办[②]。1915年2月袁世凯政府通过《修正新闻电报章程》，第二条规定："凡新闻报馆、期刊报馆或新闻经理处访员欲发寄新闻电报，须填具愿书，并列左列各项禀请交通部或请由就近之电报局转详交通部核办。"通过此项法令，设置通讯社的门槛进一步提

---

① 方汉奇：《中国新闻事业通史第二卷》，中国人民大学出版社1996年版，第241页。

②《京师警察厅抄张珍等组织北京通信社致内务部备案呈》，《北洋政府内务部档案》，1913年4月2日，引自中国第二历史档案馆编：《中华民国史档案资料汇编（第三辑文化）》，江苏古籍出版社1991年版，第380页。

高，具呈人要创办通讯社须先交通部查核办理，再到地方警察官署申请批准，最终才能由警察官署转呈内务部备案。

通讯社的管理权集中在内务部警政司第四科，京师及各地方警察厅是执行机关。1921年7月，京师警察厅向内务部警政司第四科呈文，提出《报纸条例》废止后官厅对报刊、通讯社的管理能力下降，应该通过取缔通讯社的办法限制报馆发展。其拟采取积极和消极两种管制手段，积极办法即由官厅创办一种特别报纸，通过与各报馆舆论对峙，自然淘汰一部分报馆。消极办法要求报馆、通讯社在呈报注册时提供妥实铺保，严格报馆资本和报人身份审核，提高准入门槛。然而，内务部警政司第四科科长沈学范却认为报馆、通讯社营业与普通商业无异，官厅不宜直接经营报馆，政府参与舆论交锋，或会贻人以口实，有党派之报纸反得攻击政府的资料。沈认为要审慎处置，“该厅前为取缔通信社，曾由部令依据《出版法》切实办理，果能运用得宜，已不患无救济之方，似无另行明示订定取缔法之必要”①。最终，内务部采纳了沈学范的观点，“查通信社之性质亦出版之一种，取缔之法，有《出版法》可资依据”②。无另订取缔通信社章程之必要。由此，《出版法》第四条、第十一条、第十五条、第十六条成为通讯社管理的重要法条。北京政府外交部还委托了外国通讯社传播中国新闻消息的权利。1918年春，英国专设“Ministry of Propaganda”一部专司国际宣传，内分敌国和中立国两司。受此启发，1918年7月北京政府外交部决定委托巴黎巴尔干通讯社为欧洲大陆中国通讯机关，要求“各部指定一员或一种机关搜集宣布之材料，可以提起中国在外名誉及信用者，每星期一次集交本部，有紧急者随时送交，以便酌行电告或函告驻法使馆，发交通信社宣布”③。外交部给内务部的说帖显示，

① 卢国华:《民初到五四前后报刊律法状况及其影响》,《山东社会科学》,2006年第3期,第74页。

②《京师警察厅拟定减少京师报馆办法致内务呈》,《北洋政府内务部档案》,1918年7月6日,引自中国第二历史档案馆编:《中华民国史档案资料汇编(第三辑文化)》,江苏古籍出版社1991年版,第321页。

③《外交部关于拟托巴尔干通讯社为欧洲大陆中国通讯机关的公函》,《北洋政府内务部档案》,1918年7月6日,引自中国第二历史档案馆编:《中华民国史档案资料汇编(第三辑文化)》,江苏古籍出版社1991年版,第382页。

自是年7月财政部每月须向该社划拨五千佛朗津贴。在外交部与巴尔干通讯社共同认可的《通信试行办法》第四条规定中，“此项津贴，无论何时，无论有无原因，中国不得给赔偿而永远或暂时停止之”[①]。从1919年“巴黎和会”中国的失败来看，外交部这项工作并没有起到很好的效果，仅为该社创造了一笔不菲收入。

此外，还有与新闻传播活动密切相关的著作权法规与广告法规。1910年12月清政府民政部颁行首部中国《著作权章程》，民国建立后政府认为该律与共和政体不相抵触的条款可以继续援用。1915年因法院著作权案件增多，政府重新修订并颁布了新的《著作权法》，该法共五章四十五条，内容与清政府时期的著作权法大同小异。此后，北洋政府又颁布《著作权法注册程序及扣费施行通则》《出版法》《报纸条例》等解释性法规，将出版法、著作权法等新闻传播活动相关法律与新闻法规相互嵌套，密织法网。此外，1928年5月南京国民政府也颁布了《著作权法》，该法将“显违党义”写入其中。这些法规对新闻活动涉及著作权的问题提出了明确规制要求。而在广告法方面，北洋政府时期仅《民律法案》对报刊、杂志广告的解释、效力、撤销、悬赏等做了部分规定。

第三节　北洋政府时期的地方性新闻法规

“民国肇造，地方制度，未遑改革，名称虽殊，而实袭清制。即开国之初，各省多设都督，以督理省内一切政务，其职权之广泛，较诸前清督抚，有过之无不及。嗣后举国人民，盛唱军民分治之说，始渐设民政长以理民政。

①《外交部关于拟托巴尔干通讯社为欧洲大陆中国通讯机关的公函》,《北洋政府内务部档案》,1918年7月6日,引自中国第二历史档案馆编:《中华民国史档案资料汇编(第三辑文化)》,江苏古籍出版社1991年版,第384页。

然仍多由都督兼署，难收实效。”[①]为巩固权力，掌握地方军政大权的地方军阀不仅导演了“联省自治”闹剧，还持续颁行大量地方性的新闻业管理规定，打压民间自由言论。具体见下表2-4。

表2-4　北洋政府时期（1912—1928）地方性法规对新闻业的规制

名称	主要内容
1912年2月《大汉四川军政府报律》	四川都督尹昌衡颁布，共37条，对涉及军政府利益的条款处罚最甚，动辄处监禁，维护军政府统治。
1914年湖南《检查报纸条例》	湖南都督汤芗铭颁布，重点限制报刊对军宪、国体问题的议论，为袁世凯复辟帝制制造舆论。[②]
1914年浙江《检查报纸条例》	浙江杭州警察厅颁布，共6条，要求报馆每日送检次日样报，经检查员盖戳方能出版。[③]
1918年《广东暂行报纸条例》	广东代督莫荣新训令颁行，共7条，要求报馆存案备查，禁载条款六项，违者由警察官署处罚。[④]
1919年9月上海《取缔印刷所办法》	上海淞沪警察厅颁布，共16条，禁载事项范围与《出版法》相当，违者“得送司法厅依法究办”。[⑤]

① 江庸:《五十年来中国之法制》,《清华法学》,2006年第2期,第251页。

② 湖南最早颁布的新闻业法规是谭延闿政府颁布的《湖南报纸暂行条例》,袁世凯复辟帝制失败后,张敬尧主政湖南时也颁布了报纸检查办法,要求限制登载谣言和事前检查。参见黄林:《近代湖南报刊史略》,湖南师范大学出版社2013年版,第293页。

③ 浙江《检查报纸条例》规定,(1)本规则各报馆均应遵守之;(2)报纸未经检查,不得擅自印刷;(3)各报馆每日下午九时应将次日出版之新闻排就,印一样报,送交本厅检查处检查;(4)检查员如认为不应登载的新闻,应于题上加盖禁止登载戳记;(5)报纸如有不应登载之新闻经检查剔去者,报馆记者应将补稿送厅复查,如报馆不愿补登,不在此限;(6)检查员检查报纸,应于每条新闻上盖一戳记。参见马光仁:《中国近代新闻法制史》,上海社会科学院出版社2007年版,第113页。

④《广东报纸暂行条例》规定的禁载事项有,(1)淆乱自主政体者;(2)妨害自主各省之治安者;(3)外交军事之秘密经该管官署禁止登载者;(4)煽动曲庇赞赏救护叛逆犯及陷入于叛逆者;(5)军事裁判之案件未经判定者;(6)官署会议按照法令禁止旁听者。省外发行之报纸有登载前项第一款至第四款之事件者,不得在本省内发卖或散布。参见《广东乃有报纸条例》,《申报》,1918年1月7日。

⑤ 上海警察厅《取缔印刷所办法》禁载内容有,(1)淆乱政体者;(2)损碍邦交者;(3)煽惑人心者;(4)妨害治安者;(5)败坏风俗者;(6)外交军事之秘密者;(7)攻讦他人隐私者;(8)按照其他法令禁止宣布者。参见《沪警厅之取缔印刷所办法》,《申报》,1919年8月8日。

续表

名称	主要内容
1924年7月安徽《检阅报纸现行办法》	安徽省警察厅颁布，共7条，内容与1916年内务部警务司颁布的《检阅报纸现行办法》如出一辙。
1926年8月湖南北伐军《检查新闻条例》	湖南北伐军总司令部颁布，共9条，规定组建检查新闻委员会，由党政军至少6人组成，报刊须发行前送检，严禁登载一切对军队不利的言论。①
1926年9月革命军《检查新闻条例》	革命军总司令部政治部在汉口颁布，共8条，与上月在湖南颁行的版本基本相同，武汉报界对此表示反对，最终革命军仍强行通过。②
1927年河南《检查邮电条例》	河南革命军政府颁布，共10条，“于革命进行时期预防反动派之宣传活动及洩漏军事秘密起见，对于往来邮件电报，一律实施检查”③。

综合来看，地方性新闻法规的订立分三个阶段：

（1）1912年至1916年，各地军阀发展袁氏新闻法各项禁载内容，替袁世凯的新闻专制政策张目。除1912年四川军政府宣告独立并颁布相对宽松的报律之外，其他法规大量沿袭《报纸条例》《出版法》禁载事项，特别强调报刊不得登载与“君宪”相抵牾的内容，为袁世凯称帝扫清舆论障碍。步袁世凯新闻专制之后尘，也作为响应袁世凯倒行逆施、复辟帝制的辅助之策，1914年湖南都督汤芗铭在湖南颁布《检查报纸条例》，同年浙江杭州警察厅颁布浙江省《检查报纸条例》，两律均要求报馆须于报纸刊行前一日送审样报，交警察厅检查，未经检查，不得擅自印刷。

（2）1917年至1925年，地方军阀积极管控地方舆论，因地而异制定“报纸条例”。1917年江苏颁布《检查报纸条例》，1918年广东颁布《广东暂行报

① 湖南北伐军《检查新闻条例》第六条规定，“凡报馆通讯社，如有发表违背党义及不利于革命军之纪载，而拒绝检查者，除将该报馆及通讯社，即行封禁外，所有负责人员，一律以军律惩办”。参见《湘省北伐军检查新闻条例》，《申报》，1926年8月26日。

②《党军颁布检查新闻条例》，《申报》，1916年9月16日，第9版。

③《检查邮电条例》，《河南行政月刊》，1927年第3期，第25页。

纸条例》，同年湖南、上海等省也颁布新闻业法规，主要目的在于具体落实新闻检查制度、管控报界言论。1919年9月7日，淞沪警察厅发布《取缔印刷所办法》，共计十六条，主要目的在于加强警察厅管理印刷业的权限。第一条将“印刷所”范围定为“凡用机械或印版及其他化学材料印刷中外文字、图画，或以书庄、刻字店而兼营印刷事业者”[①]，表面上只管理印刷业，实际上对新闻业、广告业都有干预。该办法要求所有印刷所必须申领执照，要求印刷品必须呈送一份至警厅“事前检查”，规定警察厅及该管官署有随时自由出入印刷所查视的权力，还规定了罚金和吊销执照的条款。再者，与这一时期的所有新闻传播法规的限禁条款相近，该办法在第九条专门规定八项不得印刷情形，诸如不得妨害治安、淆乱政体、刊载外交军事秘密等悉数在列。特别是第八项规定，“按照其他法令禁止宣布者”不得印刷，完全给警察厅胡乱援用其他法令制裁印刷出版开了口子。

（3）1926年至1928年，国民党特色的新闻检查制度孕育壮大。五四运动之后，军阀混战加剧，中央政府无力也无心订立成体系的新闻业专门法规，多用命令、司法解释、函、电等形式进行新闻业管制。1916年9月黎颁布《检阅报纸现行办法》，此后上海《取缔印刷品办法》（1918）、安徽《检阅报纸现行办法》（1924）、河南《检查邮电条例》（1927）等报纸、印刷品、邮电检查等地方性法规陆续出台，地方性新闻法规的限制性规定与袁政府时期无实质差别，几乎都是对新闻业进行严厉打压和严密控制。

除专门的“报纸条例”和“检查条例”外，地方政府还会针对某报或某些重要问题发起临时性法令，如1913年8月上海淞沪警察署《禁止乱党机关报》告示，1927年河南《民政厅训令警察厅取缔扫射血锋等反动印刷品文》等。1927年12月31日，国民党上海特别市政府核准施行《上海特别市教育局小报审查条例》，要求市内销行或发行的小报每期均须呈送教育局备查。

北伐战争打响后，国民党就一边革命一边严控舆论，这与当时孙中山言论自由论述转向的关系密切。辛亥革命成功、临时政府乍建之际，孙中山等

①《警厅取缔印刷所办法》，《民国日报》，1919年8月8日。

发觉《大清报律》废止后报界无章可循，政府急需新订新闻业法规将报界言论、出版纳入法定轨道，遂转变“绝对新闻自由”观点，提出“报纸在专制时代，则利用其攻击，以政府非人民之政府；报纸在共和时代，则不利用攻击，以政府乃人民之政府也”[①]。经历二次革命、护国运动、护法运动等政治军事斗争洗礼，国民党深刻感受到新闻舆论的利弊两端，故在北伐战争阶段已经对报界无甚信任。于新闻业而言，北伐之路也成为反抗国民党军队排挤异己报人、查禁异己报刊的斗争之路。国民党人藉纯洁革命宣传为口实，限制新闻自由，开启肆无忌惮的新闻检查，这也为之后国民党政府走向新闻统制、党化新闻业埋下伏笔。

第四节　租界的新闻法律法规

租界新闻法制建设进程带有浓厚的半殖民地半封建意味，是近代中国新闻法制建设近代化的“助推器”，但它同时也是阻碍近代中国新闻法制建设的肘腋之患。租界的新闻法律法规主要包括，上海公共租界工部局自1903年至1925年多次动议、修改、制订的公共租界《印刷附律》，上海法租界总领事1919年6月根据《公董局组织章程》颁行的法租界“印刷律”五条，以及在1914年3月汉口各国租界公政厅西董局会议决议通过的管理华字报条款。

1903年清政府制造“苏报案”，革命派报刊《苏报》因遭到中外反革命势力联合镇压被迫停刊，关键人物章炳麟、邹容被定罪。“苏报案”中清政府首当原告，自此也开启了租界当局干预中国新闻法制的不良范例。1905年初，清政府为“预备仿行宪政”多次派载泽等五大臣出洋考察，大臣们对君主立宪国言论自由方面的法律倍加推崇，认为“集会、言论、出版三者，诸国所许民间之自由，而民间亦以得自由为幸福”，于是奏报清廷“定集会、言

①《孙先生之治粤谈》,《民立报》,1912年4月27日。

论、出版之律”[①]。但是，1906年《大清印刷物件专律》第一章第二款规定，“本律通行各直省。其余各项领土，即仰各地方该管官酌量办理”[②]。言外之意在华传播之外报、租界报刊管理之权由地方官署自由裁量，不在国家新闻法制统一规制之下，以致各地新闻界人士纷纷表达不满。次年，清政府参照“各国通例”，拟定《报馆暂行条规》，该律颁行之初考虑到“以京外报馆由洋商开设者十居六七，即华商所办各报，亦往往有外人主持其间。若编订报律，而不预定施行之法，俾各馆一体遵循，诚恐将来办理分歧，转多窒碍”[③]。最终仍未对外报作过多限制。1908年清政府将“条规”小做修订颁布《大清报律》，该律第二条第二款规定，凡充发行人、编辑人在印刷人者，“须年满二十岁以上之本国人”；第四十条规定，“凡在外国发行报纸，犯本律应禁发行各条者，禁止其在中国传布，并由海关查禁入境。如有私行运销者，即入官销毁”[④]。这项法律实际上对在华外国人在中国境内办报事宜未作规定，故外国报人在上海等地租界及租借地城市从事新闻相关活动不在约束范围，于是有大量中国报人假外人名义创办“洋旗报”规避检查。为填补法律漏洞，清政府通过两种方式变相控制“洋旗报”数量：（1）限制登记，督促有外资参与的报刊限期偿还外资款额，否则不予登记；（2）限制邮递，依规登记者享受邮政、轮船或铁路运输优惠服务，不服从使用外国邮政、中国私人邮政者将被警厅没收或销毁。

报刊、报人希望通过租界获得司法庇护，陆续进入租界，但他们对于当政者来说都是不稳定因素。租界当局为继续维持在华特权，选择与中国军阀政权合作，企图通过不断趋严的新闻法规来抑制进步报刊发展，双方都为维持自身权力优势而打压新闻业。全国各地租界都有外国人所定新闻政策，这其中影响最大者就是上海公共租界报界、租界当局与中国政府连续争执长达

① 故宫博物院明清档案部编：《出使各国考察政治大臣载泽等奏请以五年为期改行立宪政体折》，《清末筹备立宪档案史料》，中华书局1979年版，第112页。

② 刘哲民：《近现代出版新闻法规汇编》，学林出版社1992年版，第2页。

③ 于衡：《大清报律之研究》，台湾“中华书局”1985年第5期，第32页。

④ 刘哲民：《近现代出版新闻法规汇编》，学林出版社1992年版，第33页。

十多年的颁定《印刷附律》。

1903年上海公共租界工部局致函北京公使团，要求给《租界章程》增加"第34条附律"（即《印刷附律》），以图使工部局有检查管理租界内华文报纸的权力，但公使团领袖威尔彭（Zikann von Wahlborn）认为，"工部局对于这等事实无权干涉"，拒绝了工部局请求。[①]1913年春、1915年秋公共租界工部局两次召开纳税人会议，仍然要求增加《印刷附律》，但因未取得一致同意而流产。1916年3月，工部局在纳税人临时会议上再提此案，后因多数人认为"外人本身所办印刷物亦将受此律约束"，议案再被搁置。[②]五四运动之后租界出现大量进步报刊，它们以租界为据点积极宣传反帝反封建理念，给北洋军阀和帝国主义势力构成巨大舆论压力。工部局再次考虑加强对新闻出版业的管理控制，1919年6月工部局致函公使团领袖薛福德（Daniel Siffert）再次要求北京政府"授以必要之权"。租界当局虽然多次提案被否决，但都未彻底打消念头，在1920年、1921年、1924年、1925年租界纳税人会议上又多次重提此案，内容与1919年的提案几乎没有改动，均未获通过。为此，中国社会各界抗议《印刷附律》的抗争此起彼伏，其中1919年、1921年和1925年三次抗争行动的社会反响较大。

1919年6月，上海公共租界召开纳税人会议，工部局以保护租界治安秩序为由提出两项议案：一是依据租界《地皮章程》第九条对所有经租界转运的商业主体货物增加码头捐；二是增订《地皮章程》第三十五条A，即公共租界《印刷附律》，题名"印刷业领照例"，要求"凡在租界内经营印刷业，石印印刷业，雕刻制版业，或印刷发行日报、定期刊物，或载有公众新闻消息之印刷物，必须先向工部局领照。如系西人，须得该管领事会签。如未执照而营业或印刷发行者，应处以三百元以内之罚金。凡相助发行散布未载印刷人姓名地址之上项刊物，每次应处以二十五元以下之罚金。上项处罚，得

① 马光仁:《中国近代新闻法制史》，上海社会科学院出版社2007年版，第225页。

② 上海市出版工作者协会《出版史料》编辑组:《出版史料（第四辑）》，学林出版社1985年版，第156页。

以犯者所属管辖法律所定之罚则代之”[①]。6月26日，工部局在《工部局报》中向参会各方表明态度，极力强调学生运动和商界罢业将会给租界当局带来重大利益损失，请求代表赞成议案，以便未来严加取缔“危害租界治安之印刷物”。7月6日，纳税人会议召开，先是法定人数不足可能流会，后来138名日本人突然到会，结果大会以269人赞成，159人反对，通过了该项议案。[②]但是，中外团体均强烈反对，如美商会、美大学俱乐部、美人协会，以及英国按察使、美国按察使等均明确表示反对，最终该案被束之高阁，没有送领事团核准。

1921年3月，工部局再提《印刷附律》议案，许多条款因为中英文差异给新闻、出版界行业造成极大恐慌。其中，各类印刷品需在“未印、未布以前……及营业地点注册”的规定，被认为“凡印刷品或发行之件，概须先送至工部局注册之解，尽谓印刷品须源源送入工部局，请核准其出现也”[③]。同时，“商家发散传单，每次须先注册”[④]。该律案还指出，“印刷品，无论何人，凡印刷（包括各种印刷法而言），或发行任何报纸、小册传单、招贴或他种载有新闻消息的，或事项议论或意见之纸张，而不于印刷或发行以前向工部局（如系外人则向其所属国籍领事）注册、填明其姓名、居住地址与营业地址，或有意误填，或漏脱，致使注册不准确者。与无论何人，凡印刷意在发行或分散之任何纸张，而未将其姓名、居住地址，与营业地址，以明确之字迹，刊登于每纸之正面（指专印一面者言）或于同样页纸之每第一页或末页或社论页者。以及无论何人，凡发行，或分散，或襄助发行分散，未照上述列有印刷人姓名住址或营业地址之纸张者，皆得处三百元以下之罚金，或三月以下之监禁，或处以其人在可适用法律中所载之他种惩戒”[⑤]。

---

① 中华民国史事纪要委员会：《中华民国史事纪要初稿（中华民国十三年一至六月份）》，1983年，第739页。

②《四团体对于印刷附律之说明》，《申报》，1924年4月14日，第13版。

③《字林报释印刷品附律提案之社评》，《申报》，1921年4月7日。

④《字林报再辩取缔印刷品附律》，《申报》，1921年4月10日。

⑤《纳捐人特别大会之提议案》，《申报》，1921年3月17日，第10版。

对比1919年和1921年两个版本《印刷附律》议案可以发现，前者要求“领照”，后者只是要求“注册”；在最大罚则方面，前者违禁只是要求“三百元以内之罚金”，而后者则要求“三百元以下之罚金，或三月以下之监禁”，“罪轻罚重”。当月上海书业商会、书报联合会、日报公会、书业公所等四团体公开刊文反抗新律，他们认为新律议案有四个严重问题：（1）需要“注册”者不明确，“印刷”含义过于宽泛。印刷人、发行人、指使印刷人、指使发行人，凡载有公众消息事项之日报小册之人，皆须前往注册。凡机械方式复制皆认定为印刷，由此“日常使用复写机与在打字机上复制”也在控制之列。（2）限制过严，处罚过严。“附律”本身是要管理印刷业，而印刷本来的目的就是为了发行或散布，为此不应该将限制对象扩大到“任何纸张”。而且在实际生活中印刷业漏印地址、姓名、公司经理等情况时有发生，为此可能受监禁之罚有违比例原则。（3）不合理地限制印刷业相关人员。该律要求在印刷物上须印明姓名、地址、印刷人等，将发行人、散布人、相助发行人、相助散布人纳入管理范围，管理对象泛化，稍有不慎即会犯散布违法印件之罪[①]。

1922年上海各团体联合抗议认为，“此项附律既不必要而又烦苛，况且在原则上为不法，方式上为错误。所以谓为不必要者，因现行对等上海各国居民之法律，已足以防止及惩罚关于危险文字之犯罪；所以谓为烦苛者，因按附律原案，无论何时印刷人发行人及著作人欲发行片纸即须注册”[②]。中国共产党在组织工人运动同时也积极声援华人群体抗争，“上海租界还有《印刷附律》，华人全体反对，我们亦应表同情并参加之。因为这些东西虽不为工人而定，然而于工人自由的剥夺，是与各界一样的”[③]。遗憾的是，上海各团体的强烈抗议并未使租界当局让步，租界当局对进步报刊、报人的迫害反而因此愈演愈烈。如此，势必滋生各界华人更大声浪的反抗，也预示着历史将要选择充满战斗力的中国共产党，成为反抗《印刷附律》的坚强领导力量。

---

①《四团体对于印刷附律之说明》，《申报》，1924年4月14日，第13版。

②《五团体二次为印刷附律宣言》，《申报》，1922年4月17日，第13版。

③ 中夏：《劳动运动复兴期中的几个重要问题》，《中国工人》，1925年5月，第5期。

中国共产党领导的《印刷附律》抗争，逐步摆脱新闻法制抗争范畴，向更为广泛的争取华人政治权利方向发展。1925年《印刷附律》提案同样未获通过，但租界当局钳制新闻的行为却并未因此停止。6月11日《热血日报》披露，“昨西捕多人至公共租界各店铺门前撕毁传单，揭时不谙中文，不论广告、招租一概撕去，或谓《印刷附律》虽未通过，而钳制言论自由不待苛律形色之通过，即已如此峻刻，益见收回租界之必要”①。为此陈独秀呼吁，“此次印刷附律，即使通过于纳税西人会，并竟得上海领团北京使团之核准，也只对于西人营印刷业者有效，中国人没有服从之义务；因为上海租界还未割让给外国做他们的属地，他们绝对没有自定法律来责中国人服从的权利”②。

1925年5月五卅运动爆发，中国社会各阶层无不义愤填膺，而观诸列强则泰然处之。戈公振在《中国报学史》指出，“外人之对我国也，其政策均有一定步骤，虽五卅惨案之猝然发生，可谓震动全国，而外人之态度依然不改其镇静。盖平日知之有素，自可因病下药也”③。“五卅事件爆发的近因中间，工部局颁布的《印刷附律》亦是一个。《印刷附律》究竟是什么，我们现在不必去细说，简单一句话，他是钳制中国人在租界上的言论自由权的一种东西”④。《京报副刊》评论“五卅事件”认为，“此事闻商务方面小愿弄大，能了即了，然而问题却重大。大概工部局因中国人反对印刷附律，他们便偏要依据出版法成立几件案子，以备将来援引”⑤。黄文弼认为，“试推上海学生此次运动发生，虽由于援助工人而起，然租界纳税者会议，华洋之不平等，与印刷附律，码头税皆为激起此次学生运动之主要原因”⑥。“五卅事件”与《印刷附律》的关联在于，它们让中国人普遍认识到外人施行苛政带来的社会

---

①《外人铁蹄下的上海》,《热血日报》,1925年6月11日。

② 独秀:《上海租界三大问题》,《向导周报》,1925年4月16日。

③ 戈公振:《中国报学史》,上海书店出版社2013年版,第179页。

④ 乐水:《救国碎谈》,《京报副刊》,1925年9月20日。

⑤ 无悔:《上海商务印书馆“五卅增刊”事件》,《京报副刊》,1925年9月20日。

⑥ 黄文弼:《反对帝国主义与排外》,《京报副刊》,1925年6月23日。

不公，意识到独立国家主权已经丧失，中华民族已到存亡关头。陈独秀在《向导周报》义正词严地表示，“上海是中国的领地，中国人当然有居住的权利；如外人对于中国人反对印刷附律之举动不满意，尽可移居中国外，不来中国经商”[①]。瞿秋白积极鼓动上海市民奋起反抗，“上海的中国市民呵！假使你们真是主张民权，反对军阀统治。那么，……至少你们应当起来反对上海外国政府这种严酷的剥夺中国人民自由的印刷附律”[②]。

恽代英在《热血日报》中表示，“我们要求取消纳税西人会与工部局，由中国人组织南议会，办理上海市政。上海是中国人的上海，纳税西人会反转成了上海的最高立法机关，工部局反转成了上海的最高行政机关。他们反客为主，任意提出印刷附律，钳制中国报纸，剥夺中国人言论出版的自由权利”[③]。上海总工会认为，“外国帝国主义，压迫我国，横行无忌，视我如殖民地，视我们如亡国奴，最近残暴的行为，更日甚一日”，增加码头捐、《印刷附律》、交易所注册等是（向）全埠市民进攻的“毒矢利箭”[④]。中国共产党创办的《向导周报》也大肆揭露帝国主义殖民意图，瞿秋白在该报指出，“照这附律，一切印刷品（凡属机印者一应包括在内）报纸、小册、传单、小张招贴，以及载有公众消息事项评论意见等等纸类，其发行，主使印刷，主使发行者，都须向工部局将姓名住址注册。这种侵犯中国人民自由的法令，居然要实行起来，居然要由纳税外人来审定通过。上海的外国人——帝国主义者，知道他们统治的‘上海殖民地’，完全以剥削与压迫为目的，知道这种剥削一定要引起中国人民的反抗，那些中国报纸、小册、传单，一定大多数是反对他们的，所以定要实行这种严酷的法令”[⑤]。

上海公共租界当局为维系在华统治特权，积极调整其与中国统治者关系，以便获得更大特权和利益，但是他们对租界内华人报刊，特别是进步革命报

① 独秀:《上海租界三大问题》,《向导周报》,1925年4月16日。

② 双林:《上海之外国政府与中国臣民》,《向导周报》,1925年4月5日。

③ 旦:《我们应当提出甚么条件》,《热血日报》,1925年6月9日。

④《上海总工会宣言》,《热血日报》,1925年6月4日。

⑤ 双林:《上海之外国政府与中国臣民》,《向导周报》,1925年4月5日。

刊，却一直希望通过《印刷附律》来实施严厉管理措施。《印刷附律》不仅不合理，而且是在华外人制定的史无前例的严酷新闻专制法规。上海书业商会、书报联合会、日报公会、书业公所等四团体一致声明，“从未见同样法文中有作如此解释，而混职业印刷家与通常人，为一者；从来法文中无如此律，视不注册欲漏印姓名、住址为一种刑事罪名者，此无先例二也；亦从来未闻有如此律，规定任何种类之印刷物皆须印明印刷人之姓名、住址者，此无先例三也”①。进一步言，“上海为我国文化之中心点，焉能受此苛律之拘束，故不得不据理力争以期文化之发展”②。租界当局全面控制司法、经济和印刷出版致使租界成为“国中之国”，“上海是列强直接统治中国人民最显著的地方，列强在这些中国土地上，早已设立外国政府，有纳税外人会，有会审公堂，有工部局，中国人民的自由政权完全被剥夺，他们要订什么印刷附律，要增加什么税捐，当然都是随心所欲”③。陈独秀认为，“上海分明是一个亡国的上海了，我们不应该因印刷附律案搁置而遂停止反对的运动，我们正应该把反对印刷附律运动，当作‘上海是中国人的上海’运动之开始”④。当然，中国共产党领导的反抗印刷附律斗争有鲜明的民族主义色彩，在国家面对半殖民地半封建社会情境下，单纯谴责执政租界当局显然并无实效，必须将争取新闻自由的舆论抗争与国家意识、民族尊严深入连接，通过革命斗争促进新闻法治。

此外，在上海法租界，1919年6月法国总领事根据《公董局组织章程》中“总领事应有担负保持租界内秩序和公安的任务”的条款，制订了印刷律，该律共五条，要求“如未奉法总领事允准”，任何人不得在法租界开设华文杂志、书籍、新闻纸等书社报馆，报刊等的发行实行呈查制。如有违反所谓公共安宁及道德者，经理人、作者人、印刷人等一并送会审公堂追究，按法惩

①《四团体对于印刷附律之说明》,《申报》,1924年4月14日,第13版。

②《四团体对于印刷附律之说明》,《申报》,1924年4月14日,第13版。

③ 维摩:《中国民族解放运动之高潮》,《热血日报》,1925年6月4日。

④ 独秀:《亡国的上海》,《向导周报》,1925年4月19日。

处。同时，捕房还有随时封闭报馆、杂志社，将违章者送公堂追究的权力。此律对法租界内反帝反封建的“洋旗报”有明显针对意味，在查禁华人异见报刊时自然能收获奇效，1920年9月《新青年》第八卷在付梓时，即被法租界巡捕全部掳去。在汉口租界，1914年3月汉口各国租界公政厅西董局会议通过决议，在租界章程内增设管理华字报的条款，规定“凡华人在租界开设报馆者，须先将宗旨禀请公政厅批准，给照之后，始能出版。若其后来宗旨不正，罚金须在五百两以上，仍行勒令停版，迁出租界”。该条所谓“宗旨”不正，无非是有损害列强利益的言论而已。

综合来看，一方面，上海公共租界、上海法租界、汉口租界的新闻法制总体趋于宽松，租界建立、不平等条约签订后的相当长时间，租界没有新闻法，新闻自由没有限制，由此也产生了大量“洋旗报”，客观上加速了中国新闻业及新闻法制近代化。但在另一方面，各地租界当局先后订立新闻业相关法律法规，并不是受到中国新闻法制近代化的影响而做出的制度回应，而是遭遇中国民族国家崛起、国人民主意识增强等因素的逼迫，在不损及列强在华利益及租界殖民统治前提下所进行的技术性调整。

第三章　北洋政府时期新闻法制的内容

北洋政府时期的新闻法制对出版物的管理，主要有混合运用预防制、呈查制和追惩制三种出版管理制度，三者在出版机构的许可、登记、备案等方面，规定各不相同，但都对报刊、印刷、电报业者参与新闻传播活动重重设限，严格管控。在对新闻业者权利与义务的规定方面，总体呈现出“抽象的肯定，具体的否定”的特点，法律法规充斥着大量禁载条款，动辄对新闻业者施以严厉处罚。在对电报、广播、邮件、信札、包封等其他新闻传播活动的法律规制方面，北洋政府对电报、广播这类新事物长期持抵制态度，对邮件、信札、包裹进行严苛检查，使得新闻检查制度与邮递控制手段在此时期大行其道。

第一节　出版管理制度

近代世界各国新闻业相关法律法规对报刊的出版管理，主要采取预防制和追惩制两种制度。[①]预防制具体包括注册登记制、批准制、事前检查制和保证金制四种[②]，追惩制仅事后检查制一种。因为预防制通常是事先限制，所以

① 此处所谓“制”“制度”，指新闻法中对新闻出版进行管理的法律条款。

② 预防制亦称“警治制”，一些西方国家对于公民行使言论、出版、结社自由进行事前限制的制度，由于此制度大多由警察机关管辖，故又称“警治制”。具体又分检查制、特许制、保押金制、报告制和申报制。本文的分类标准与之有差异。参见曾庆敏：《精编法学辞典》，上海辞书出版社2000年版，第993页。

有人常将此简称为“事前检查制”，于是出现分类的混同，事实上注册登记制、保证金制和批准制三者属于创办权管理制度，与事前检查制并非同级概念，而且事前检查制是前三者的后续管理制度，它有独立的位阶。事前检查当属“呈查制”这一大类，呈查制分事先呈查和存查两种。事先呈查即所谓的“事前检查制”，存查即将报刊资料上交相应管理部门备案审核之意，它又可以分为事后呈本（作为档案资料备案登记之用）以及事后检查。[①]而追惩制当作为单独的出版管理制度，它的主要内容是事后检查，它在报刊出版发行过程中起到的作用并不明显，主要是报刊面世之后的处罚手段，如追回报纸、处罚报馆报人等。

进一步言，出版管理制度就有如下这些典型类型：(1) 注册登记制，指创办报刊须到该管官署“呈明注册”或“挂号”方可出版。(2) 批准制，指创办报刊须经申请，获得执照后才能出版。(3) 保证金制，指创办报刊须提供相应的“保押费”或“物保”。“从苛刻程度和严厉程度来说，批准制的限制重于保证金制，而保证金制又重于注册登记制”[②]。(4) 事前检查制，即报刊在印行之前须到该管官署盖戳，获准后才能刊行。(5) 事后检查制，指报刊发行后由当局审核内容确认是否符合法律规定，检查有问题即须受到相应处罚。事前检查和事后检查都会附带同步处罚措施，故它们与追惩制不同。(6) 追惩制，主要与“注册登记制”配套，因为出版发行没有经历呈查，所以只能于事后发现问题，追惩报刊报人法律责任。具体的分类情况，见图3-1。

---

① 肖燕雄:《我国近现代新闻法规的变迁》,《二十一世纪》,1998年6月。

② 同①。

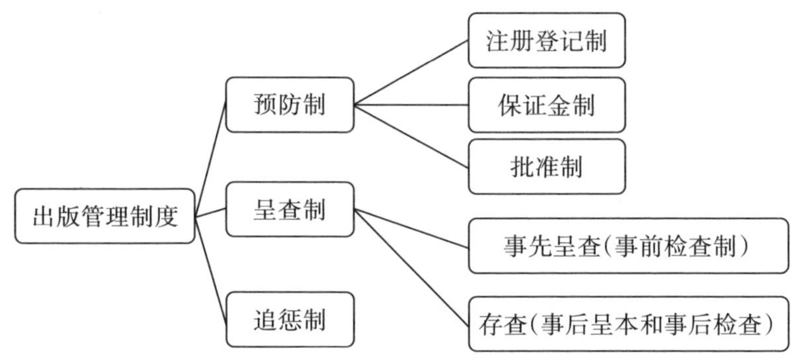

图3-1　出版管理制度分类图

北洋政府时期不同的新闻法规规定的新闻机构管理制度各不一样，《暂行报律》将新闻杂志等出版物的准入条件设置得非常宽松，仅须“于发行前呈明注册”即可，并且没有“呈查”的要求。主要新闻法规的出版管理规定，见下表3-1。《报纸条例》《出版法》《管理印刷营业规则》等多部法规都采用批准制，批准制也成为北洋政府时期最常用的新闻管理制度，表明当时政府趋向于从源头上限制报纸杂志数量，而不是在内容监管上下功夫。还有一些法规适用保证金制度，如《报纸条例》就在第六条规定，发行人要就不同类型的报刊向警察官署缴纳保押费，金额从一百元到三百五十元不等，“在京师及其他都会商埠地方发行者，加倍缴纳保押费”[①]。《管理新闻营业条例》要求报刊及通讯社“均须于呈报时取具五等捐以上铺保两家，以资负责”，此项规定在1926年《修正管理新闻营业条例》中亦有呈现，该律要求“营新闻业者，须于呈报时取具妥实铺保，以资负责”[②]。但在实际执行过程中，保证金制收效甚微，以1917年至1920年的北京地区新闻纸为例，有保证金和无保证金的报纸数额对比分别是4：54、4：61、6：75和32：50，相关条款形同虚设[③]。

① 刘哲民:《近现代出版新闻法规汇编》,学林出版社1992年版,第86页。

②《北京新修之新闻营业条例》,《申报》,1926年2月18日,第7版。

③ 转引自王润泽:《北洋政府时期的新闻业及其现代化》,中国人民大学出版社2010年版,第8页。

表3-1　北洋政府时期（1912—1928）新闻业单行法中的出版管理规定

名称	适用的出版管理制度
《暂行报律》（1912）	注册登记制、追惩制
《报纸条例》（1914）	批准制、保证金制、事后检查
《出版法》（1914）	批准制、事后检查
《新闻电报章程》（1915）	批准制
《检阅报纸现行办法》（1916）	追惩制
《管理印刷营业规则》（1919）	批准制、事前检查
《管理新闻营业条例》（1925）	批准制、保证金制、事后检查

在几种出版管理制度中最严厉者为批准制，它的严厉程度甚至超过了注册登记制与保证金制并用，毕竟警察官署可以通过各种理由拒绝颁发执照。对比现实执行情况亦可发现，自袁世凯政府颁布《报纸条例》之后，国家法律对新闻业的管理总体上是趋于严格的，这与政府乍建采用宽松的“注册登记制”形成鲜明对比，这样的反差同样存在于处罚方式的选择上，《暂行报律》仅对“破坏国体者”“坐以应得之罪”，对“毁人名誉而遭告诉者”“酌量科罚”，而到了《报纸条例》及其他法规则有处罚金、“没收其报纸及营业器具”或处有期徒刑等规定，处罚方式更加多样、明确化，处罚力度趋严。

第二节　新闻业者的权利、义务及处罚

出版管理制度的另一个方面是针对报人从业资格的管理，北洋政府时期的新闻人员资格规定比较混乱，全凭立法者随意设定。以编辑、发行人的年龄限制为例，《大清报律》《钦定报律》《大汉四川军政府报律》规定的年龄限制，都是20岁以上。到了民国年龄要求却提高了，《报纸条例》规定须在30岁以上，《报纸法案》规定须在25岁以上，地方新闻法规关于年龄限制的规定更是随意加码，“办报人须年满20岁以上的规定，在成都被擅改为35岁以

上，剥夺了许多有思想、有识见的年轻人办报的权利”[①]。

南京临时政府从宪法层面确立“人民有言论、著作、刊行及集会、结社之自由”后，人民可自由创办报刊与传播新闻消息，言论出版自由在一定程度上得到保障。《报纸条例》规定，本国人民均可充当报纸发行、编辑及印刷人，但须年满三十岁，且无下列情事之一：（1）国内无住所或居所者；（2）精神病者；（3）褫夺公权尚未复权者；（4）海陆军军人；（5）行政司法官吏；（6）学校学生。《新闻电报章程》规定，“凡新闻报馆、期刊报馆或新闻经理处之访员，欲发寄新闻电报”，须禀请交通部，或请由就近之电报局转详交通部核办：（1）收报之新闻报馆、期刊报馆或新闻经理处名称，暨该报馆发行地点、新闻经理处所在地方之名称；（2）收报者住址、电码；禀投送之局名；（3）禀请人及访员姓名、住址。《管理印刷章程》规定，“凡为印刷营业者，无论专业兼业，均应遵照此次部定管理印刷营业规则及本细则规定开具条款，呈报警察厅核准给照，方许营业”[②]。凡此种种规定，看似完全承认公民新闻传播权利，殊不知，其各法条中都有额外的限制性规定，通常要求呈请人赴“该管警察官署”备案、登记、申请执照或办理禀请手续。

宪法保障人民的言论出版自由权利，而新闻业相关法律却在法条中不断稀释这种保护。法律法规对言论出版自由的限制性规定总体呈增加趋势，自由度总体趋严。1912年《暂行报律》规定报纸禁载事项只有两项：（1）对“流言煽惑，关于共和国体有破坏弊害者”，“坐以应得之罪”；（2）“调查失实，污毁个人名誉者”“酌量科罚”[③]。到了1914年4月的《报纸条例》，报纸禁载条款却增加到八项：（1）淆乱政体者；（2）妨害治安者；（3）败坏风俗者；（4）外交、军事之秘密及其他政务经该管官署禁止登载者；（5）预审未经公判之案件及诉讼之禁止旁听者；（6）国会及其他官署会议，按照法令禁止旁听者；（7）煽动、曲庇、赞赏、救护犯罪人、刑事被告人或陷害刑事被

① 肖燕雄：《我国近现代新闻法规的变迁》，《二十一世纪》，1998年6月。

② 刘哲民：《近现代出版新闻法规汇编》，学林出版社1992年版，第86—97页。

③ 刘哲民：《近现代出版新闻法规汇编》，学林出版社1992年版，第51页。

告人者；（8）攻讦个人阴私损害其名誉者。次年，袁世凯签署大总统令通过《修正报纸条例》将“各项政务经该管官署禁止登载者”也纳入禁载范围。[①]这九则登载事项几乎涵盖国家机关日常工作的所有事务，对言论出版自由的限制可见一斑。同时袁政府还通过大量司法解释进一步扩大管制范围，1914年6月陆军部颁行《陆军部解释〈报纸条例〉第十条第四款军事秘密之范围》将“军事秘密”范围具体规定为十三个条款，这些条款几乎涵盖军队所有活动，甚至在第十三条中出现“其他军事该管官署禁止登载者”，所谓“其他”的不穷尽列举，实质是赋予军队随时干预报刊运营之权，将新闻业彻底置于军队管制之下。[②]1914年12月袁政府颁布《出版法》，将“用机械印刷及其他化学材料印刷之文书图书出售或散布者”，均认定为出版，并列出“文书图画”禁载事项八项，进一步扩大政府管理新闻的权限。《出版法》第十一条规定禁载事项包括：（1）淆乱政体者；（2）妨害治安者；（3）败坏风俗者；（4）煽动曲庇犯罪人，刑事被告人或陷害刑事被告人者；（5）轻罪重罪之预审案件未经公判者；（6）诉讼或会议事件之禁止旁听者；（7）揭载军事外交及其他官署机密之文书图画者，但得该官署许可时，不在此限；（8）攻讦他人阴私，损害其名誉者。禁载内容与《报纸条例》大同小异，但其第十条则将出版限制扩大到各式出版文书，规定“凡信柬、报告、会章、校规、族谱、公启、讲义、契券、凭照、号单、广告、照片等类之出版”，遇有违反第十一条时仍依本法处理之。[③]加之各地陆续出台的“检阅条例”“取缔新闻标准”“检查条例”等直接列明禁载事项的法规，无疑为新闻传播活动设置了重重藩篱。

“中国法制近代化之父”沈家本在“清末修律”期间提出的“生命固应重，人格尤宜尊”原则，标志着中国法观念开始由封建宗法伦理主义的“重生命”转向资产阶级人道主义的“尊人格”。其中，反映在新闻法制近代化进

① 倪延年：《中国报刊法制发展史史料卷》，南京师范大学出版社2006年版，第93页。

② 刘哲民：《近现代出版新闻法规汇编》，学林出版社1992年版，第91页。

③ 刘哲民：《近现代出版新闻法规汇编》，学林出版社1992年版，第55页。

程中，就是对更正权、著作权、名誉权乃至隐私权等权利的保护。

《报纸条例》第十二条承认报刊享有更正权，规定："报纸登载错误，经本人或关系人开具姓名、住址、事由、请求更正，或将更正辩明书请求登载者，应于次回或第三回发行之报纸照登。登载更正或更正辩明书，其字形大小、次序先后，须与错误原文相同。更正辩明书逾原文二倍者，得计所逾字数，照该报告自定例收费。"更正分主动更正与被动更正。北洋政府时期的新闻法制主要采取"被动更正"立法趋向，即报道涉及的利害关系人向报刊表明报道失实或其他明显疑义时，报刊须径直更正或登载辩驳书予以回应。被动更正既是一种权利，更是报刊的义务。在新闻报道本身所涉著作权方面，北洋政府延续1911年清政府《著作权章程》关于报纸所载论说、新闻著作权的规定，在1915年《著作权法》中将时事、政治类论说、新闻排除在著作权保护之外。而1928年国民党政府《著作权法》在相同规定的同时，将"合理使用"引入立法，要求"注明其原载之报纸或杂志"，提升了新闻作品著作权的保护力度。在名誉权、隐私权保护方面，《报纸条例》第十条第八款将"攻讦个人阴私损害其名誉"列为绝对禁载事项，而民国《暂行新刑律》根据名誉侵权损害法益的不同，分定第三百五十九条"妨害信用罪"和第三百六十条"妨害名誉罪"两罪。若报刊侵犯个人名誉权，当按照《大理院判决例·五年上字第三十二号》处置，即视《报纸条例》第十条为刑律第三百六十条之特别法，"报馆编辑人其犯罪行为与刑律相当者，即当依该条处断，不得适用报纸条例"[①]。《出版法》第十一条第八款规定，不得"攻讦他人阴私损害其名誉"，违者将按该法第十七条"依刑律处断"。"阴私"与"名誉"常一同出现，清政府《钦定报律》第十一条规定："损害他人名誉之语，报馆不得登载，其专为公益者不涉阴私，不在此限。"但是，《报纸条例》没有"关涉公益"这项名誉侵权的违法阻却事由，升高了新闻界的触法风险。此外，"阴私"与"隐私"两者一字之差，内涵却有巨大差别，"西学东渐"之后外报来

① 郭卫:《大理院判决例全书》,中国政法大学出版社2013年版,第686页。

华，西方隐私保护观念传入中国，当时新闻法制延续中国法文化保护统治阶级“阴私”特权的思维，限缩隐私为两性情事，并没有西方法理念宽泛保护个人私事的内涵。对侵犯个人阴私的行为，《出版法》规定相关文书图画不得出版，《报纸条例》规定经被害人起诉的，可科编辑人二百元以下、二十元以上罚金。

综合来看，北洋政府时期新闻法制对新闻业者从业权益的保护，整体呈现出“抽象的肯定，具体的否定”的特点，限制处处皆是，保护的内容屈指可数，处罚更远多于奖励。创办报刊、杂志、印刷所或装设无线电广播须履行繁琐手续，还要提供殷实铺保。创办成功之后要时刻提防违反禁载事项，还要面对各种主管机关过多过滥的内容检阅，正常经营活动常受无端影响。新闻法规中有大量限制、处罚内容，发行人、编辑人、印刷人、开办人等随时可能遭遇罚款、拘役或有期徒刑。

第三节　内容检查制度及邮递控制措施

北洋政府对电报、邮件、信札、包封等的具体内容实行严格控制，最为常见的是新闻检查制度、邮递控制措施。民初报人汪汉溪在《新闻事业困难之原因》一文中指出，经济困难与新闻检查是当时办报两大困难源，“各国对于报纸，多方维护，而中国政府，邮电两项，摧残舆论，至于此极，良深浩叹，此办报困难之又一原因也。各省军阀专权，每假戒严之名，检查邮电，对于访员威胁利诱，甚至借案诬陷，无恶不作，故报馆延聘访员人才，难若登天”[①]。

新闻内容检查制度是指国家权力机关或其他权力主体对报刊、电报、广播等信息传播媒介进行内容审查的制度。我国的新闻内容检查制度始于宋代

① 张静庐辑注:《中国现代出版史料(丁)》,中华书局1959年版,第22页。

的“定本制度”，专为封建专制统治服务。宋代皇帝诏令及臣僚章奏中有相当一部分已经具有后世新闻出版法的基本要素，表明我国传统新闻法律制度已经基本形成。[①]新文化运动先驱阳翰笙充分肯定新闻检查之价值，在《言论自由与检查制度》一文中他指出，“耶稣说：‘你必须识责真理，真理才能让你自由’。就是说自由之范围，不能求之于真理之外。有一位拥护自由主义之政治学者罗威尔，在其所著的《舆论与民主政府》一书中，所主张国民对于其国家当前的重大问题，必有共同的意见，始足以养成优良的民意。所以，近代各国的宪法，对于言论自由的保障，也并非漫无边际，检查制度，乃一种间接的法律保障，以求适应国家民族当前的需要”[②]。

袭袁世凯政府新闻专制之不良风气，整个北洋政府时期的新闻检查对中国报刊、报人来说几乎是无差别的。1919年6月中国代表团在“巴黎和会”所提废除外国在华势力范围、撤出外国军队巡警、裁撤外国邮局及有线无线电报机关等七项议案均未获通过，北京政府遭遇建立以来最大外交失败，致使“五四风雷”愈发响亮。“政府对此正大之民气非但不善用之，又从而摧残之，所有华洋文新闻专电一律派员检查，近日复以检查员为不可靠，饬局随时将电稿专差送院受检，致每天发交之加急电亦多迟至八九日送达者，几使吾辈记者失其天职，不知消息愈滞谣诼愈多，于政府自身亦甚不利，岂惟舆论界独尝无量之痛苦已哉。”[③]但是，北京政府对控制范围内华洋报纸无差别检查并未持续太久，不久就演变成仅针对国人、异议报刊的检查制度。《申报》记叙了当时情形，“军阀派及其朋辈极力压制新闻一切，仅许一种与彼等宗旨相同之新闻印行，各报每日为定何种新闻可印，何种不可印，访函及新闻电报等皆受检查。拍出之电报不能从速，凡关于时局之新闻或被截留，至于事过境迁新闻失其效力而后已，或竟不为之传递，而不传递之电报亦从未

① 马跃峰：《近现代中国新闻法治研究（1906—1937）》，博士学位论文，中国社会科学院研究生院，2006年，第16页。

② 寒生：《言论自由与检查制度》，《申报》，1945年8月5日。

③ 戈二：《北京快信》，《申报》，1919年5月31日，第7版。

退还电费，其发电之人只有探听该消息已达前途，或为检查员掷之于字纸篓中而已。第就电信而论，外人电信之被检查无异中国各报，除日本新闻记者之电信不检查无有烦言，而外西人中鲜有不受检查者，往往消息稽迟或竟未得达，似此情形实数年以来最坏者也”[①]。而就各地情形言，新闻检查亦大同小异。1922年欧沧在《申报》撰文揭露阎锡山在山西实行新闻检查时指出，“阎氏不但未许有反对己之论调在省报揭载，并不使有不满己之新闻发出，京津沪汉各大报数年来皆无山西特约通信员，皆由阎氏派专员数人严重检查，书信及报纸訾诋阎政者皆一律没收，外县之检查稍松”，感叹“阎氏多方压迫如束薪，然其设计不可谓不左然，而晋人之书信言论自由权被阎氏剥夺殆尽，夫亦大可怜矣噫”[②]。1926年9月汉口革命军总司令部政治部特组检查新闻委员会并颁布《检查新闻条例》八条，12日在汉口市党部举办招待会，其间政治部代表与报界代表“双方辩论三小时之久”，结果确认“报纸于拼版前须先送检查再行付印，各通信社稿及各通信员所发之电报及通信一律须送往检查后方可印发，否则以拒绝检查论，照第五条办理”[③]。该检查条例严苛地将“一切报章”列为检查对象，规定“各军师之政治部执行检查职权”，“违背党义及不利于革命”的报刊、通讯社“即行封禁”，“所有负责人员一律以军律惩办”[④]。

---

① 《北京检查电讯之严厉》，《申报》，1919年6月8日，第5版。

② 欧沧：《山西通信》，《申报》，1922年3月4日，第10版。

③ 《党军颁布检查新闻条例》，《申报》，1926年9月16日，第9版。

④ 该条例规定：(一)国民革命军在战事期中为使言论及消息正确，有利于本党主张及党的军事行动起见，特设检查新闻委员会检查一切报章。(二)检查新闻委员会办公厅附设于总政治部(在南洋公司二楼)。(三)每日午后三时至九时定为检查新闻委员会办公时间。(四)凡汉口市内各报馆每日所编报稿，及各通讯社发交外埠稿件，新闻电报均须送交检查委员会检查，须由检查委员会逐件盖检查讫之章证后，始得付印。但由政府机关发出者，应随时登载不须检查。(五)凡报馆及通讯社，如有发表违背党义及不利于革命之记载而拒绝检查者，除将该报馆及该通讯社即行封禁外，所有负责人员一律以军律惩办。(六)凡国民革命军各军师驻扎地之报馆及通信社，即由各军师之政治部执行检查职权。(七)凡在克复区域内远处之报馆及通讯社，不能经检查委员会或各军师之政治部直接检查者，如经发觉有违背党义及不利于革命军之记载时，得由检查委员会或各军师之政治部加以警告至二次又不改悛者，依第五条惩办之。(八)本条例自公布之日(九月十二日)施行。参见《党军颁布检查新闻条例》，《申报》，1926年9月16日，第9版。

1926年6月，蒋介石就任国民革命军总司令誓师北伐，而“北伐不仅是国民党政治版图的扩大，也是其新闻检查制度范围不断扩大的过程”[①]。北伐过程中各地军政府每进入一地就在军政府内部设置新闻检查委员会，并任命新闻检查员，全面掌控地方舆论。7月广东省公布《广东邮电检查暂行条例》，8月湖南北伐军颁布《检查新闻条例》，9月革命军在汉口颁布《检查新闻条例》等，这些法令都将新闻检查作为重点，赋予军队政治部随意检查邮电、出版物的权力，将革命派一再标榜的维护人民言论出版自由承诺抛诸脑后。例如，湖南北伐军《检查新闻条例》第六条就规定，“凡报馆通讯社，如有发表违背党义及不利于革命军之记载，而拒绝检查者，除将该报馆及通讯社，即行封禁外，所有负责人员，一律以军律惩办”[②]。广东报界人士为此刊文批评国民党，只重党治不重民权，肆意摧残舆论，难以取信于民。认为“独于根据地之广州，竟剥夺人民之言论自由。言行不符，有如此。推而论之，其所谓宣传者固难使人深信不疑”[③]。

到1927年底，各地北伐军政府已经建成全面掌控舆论的新闻检查制度，新闻自由度大范围萎缩，国民党政治部牵头的党报体系呼之欲出。北京《晨报》感叹时局，自3月北京政府被北伐军接管后，沪地各报已经“纯粹化作党报”，所刊消息完全是“党化记事”[④]。章士钊愤言，“长沙外于党部可得自由之出版物，久已绝迹”[⑤]。胡适在日记中说“上海的报纸都死了，都被革命压死了”[⑥]。1928年2月，国民党中央通过《反革命治罪条例》，规定党可以对宣传与三民主义不兼容者处于2至4年有期徒刑，4月中宣部颁布《审查刊物条例》及《报章指导条例》，5月中宣部再颁布《指导普通刊物条例》，12月南京政府发布《取缔各种匿名出版物令》，通过上述多种多样的法规、命

① 毛章清、阳美燕、刘泱育：《北大新闻史论青年论衡》，清华大学出版社2015年版，第465页。

②《湘省北伐军检查新闻条例》，《申报》，1926年8月26日，第9版。

③《摧残舆论之国民政府》，《东南论衡》，1926年第17期。

④《国民政府能统一耶》，《晨报》，1927年11月26日。

⑤《时评》，《甲寅周刊》，1928年第1期，第37页。

⑥ 胡适：《胡适日记全集（五）》，台北联经出版有限公司2005年版，第132页。

令，国民党俨然将革命时期军队的新闻检查标准升格为国家新闻法制，党领导下的新闻检查、内容审查作为制度被确立下来。

香港新闻检查同样严苛。1925年6月邓中夏、苏兆征等领导省港大罢工声援“五卅”反帝爱国运动，英国殖民者遂加严新闻检查、控制消息流出。《向导周报》闻此大胆披露，“今日本报通信记者曾寄来一种饶有兴味之报告，由此报告，吾人可得而知香港政府对付罢工者之方法。此报告之内容本不妨代为披露，然香港检查此类新闻极严，殖民地政府不愿任此类消息于平常之轨道中流传于外，故本报虽自旅客得此材料，亦不顾遂为发表，以与香港政府之政策相冲突”①。

在新闻电报、邮件、信札等的邮递控制方面，北洋政府新闻法制有同样严厉的规定。1915年2月袁世凯政府颁布《新闻电报章程》对报刊报人拍发电报进行严格限制，要求新闻报馆、期刊报馆或新闻经理处要实名收报，在电报中必须标明收报者住址及电码、禀请人及访员姓名、投递邮局等信息。同年4月，再颁布《电信条例》，其第五条规定“政府因公安之维持，认为必要时，得指定区域停止或制限电报、电话之传达”。第六条允许政府在认为电报内容有“妨害公安”时，拒绝传达或停止传达。由此新闻电报、个人电报的邮递之权被牢牢掌控在政府手中。到南京国民政府时邮递控制更为严厉，1927年7月南京戒严司令部颁布《检查邮政暂行条例》并为此专设“检查邮政委员会”，要求邮政报刊检查员特别注意妨害军事、分裂革命势力、有关帝国主义或共产党宣传之件，反动派密码暗号或私通消息之件等②。

“军事时代所有民间递寄电报、邮件、信札、包封等类由邮局代递者，均须派员前往每日逐件检查，明确与政事不涉者始准照章递寄，否则扣留止发”③。1917年10月《字林报》撰文批评北京政府肆意检查外人邮件，认为

① 田杜：《大英帝国主义与奉军》，《向导周报》，1925年7月16日。

② 中国第二历史档案馆编：《中华民国史档案资料汇编（第五辑）》，江苏古籍出版社年1999版，第158页。

③《检查邮件之撤销》，《申报》，1918年11月3日，第10版。

"中国邮局干涉外人寻常函件实非必要之图，记者近接上海注册来函既迟到两日，且贴有检查拆视之标识，殊堪讶异。甚至有邮寄不到情事，即家庭私信夫妇情书，亦被好事者所拆视，若检查不背情理则外人自无异言，但若寻常信件亦被窥测，则投函者势必惠顾外人邮局。查北京外人邮局共有四家，而日人邮局则遍设于中国各处，如中国检查不稍抑其气焰，则不久日人邮局之事业将愈见发达矣"。同时邮局检查电报时锱铢必较"令人不能忍受"，"（《申报》）记者发往《字林报》之电一通近为电局扣留，推究其故则不过因电文中有数字，可作訾议政府之解而已。要知记者发表此电其事甚易，仅须交外人邮局寄往上海耳"[①]。政府私自开拆邮件亦招怨于普通大众，1922年11月有读者去函《申报》表示："约法第六条第五项'人民有书信秘密之自由'，然而各地邮局电局多驻有检查员，书信则公然拆阅，电信则任意删除，且因此检查之故往往耽延时日，贻误非细，至于新闻信电受害尤甚，此虽非邮局电局直接之过，然邮局电局对于人民能无抱歉?"[②]

北洋政府时期邮寄检查虽饱受诟病，可各地军阀依然乐此不疲，究其原因还是政治权力至上，人民言论、出版及通信自由次之。1927年5月，国民党反动军官许克祥率叛军捣毁湖南省总工会、农民协会等中国共产党控制的革命机关、团体，为配合行动迫害革命组织，同日"许克祥即派兵扎守电报局，禁止外人拍电，同时唐总指挥所来之电报，任意改窜，披露报端，他如汉口报纸予以扣留。来往信件，一律检查"[③]。对地方军阀来说，只要控制邮寄权就等于控制报刊传播，是为军阀政府实施新闻专制釜底抽薪之策。1922年晋系军阀阎锡山通过限制邮寄权频频打压报刊，"以故北京报纸之山西通信，太原不敢发，必坐火车至榆次县付邮。《平民钟》周刊原名《平民周刊》，为山西学生界出版对阎氏之政教合一洗心自省加以抨击，而欢迎杜威、罗素、胡适之、陈独秀诸人之著述，阎氏恶之遂停止其邮寄权，而又不敢公然封禁，

①《西报论检查邮电之过当》,《申报》,1917年9月16日,第3版。

②《邮电加价驳议》,《申报》,1922年11月1日,第16版。

③《长沙事变经过情形二》,《向导周报》,1927年6月22日。

因山西中等校以上之学生胥走隶该团体麾下，阎亦深恐操之过激，惹起风潮，今日山西之《平民钟》与民国八年北京大学之《每周评论》有同一之价值，人人争手一纸，该报学生界私运至直隶属之石家庄，始得付邮，其难已亦可想见矣。山西匪特邮电检查之严，凡入境出境人宪兵侦探之监视亦严，火车上宪兵之盘诘甚密，旅馆内侦探亦随时严侦，太原地方几无人敢发反对阎氏之议论，甚至派报社送报人无敢代送《平民钟》周刊者”[①]。

前述两章，并行两轨，从北洋政府时期新闻法制体系的构成，以及新闻法制近代化的法律制度层面，考察了北洋政府时期新闻法制的体系、内容，无论是从法律法规体系完整性上，还是在出版管理制度及法律法规对新闻从业者具体行为的规制与处罚上，此时期的新闻法制总体表现出相当的近代性：近代化的新闻法文本（法条）大量出现，对政府权力有了明确的法的约束，使新闻业者有了明确的法的保障。但是，这些比较苛细的法条，在当时中国法治不健全的大环境下，在法治精神和实践能力比较羸弱的情境下，具体落实了多少，则是另一个需要研究的问题。

① 欧沧:《山西通信》,《申报》,1922年3月4日,第10版。

第四章　北洋政府时期新闻法制的实施

北洋政府时期“完整但不完善的新闻法制体系”①，不仅体现在新闻法规的建设层面，还体现在实施层面。一方面，在新闻法制由抽象规定转化为具体法律事实，进而对社会关系进行调整时，新闻法制具体实施主体（媒体创办管理机构、新闻检查机构和新闻案件审判机构）的权责关系错综复杂。另一方面，法的效力还受到租界当局以及其他法外因素（人情及人治因素、临时法令、中国传统法文化等）的影响。故从新闻法制施行的注册登记、检查检阅、邮递、新闻案件审检等具体环节来看，北洋政府时期的新闻法制执行之混乱，根本来自地方对中央新闻法制权力的架空与侵夺。

第一节　北京政府新闻法制的实施

在实施机构方面，地方警察厅作为基层执法力量其触角实际已延伸到新闻法制的管理、检查、处罚、审判等多个环节，对新闻法制的依法执行构成极大破坏。地方知事、掌握省域军政大权的都督，甚至是地方临时驻军，在新闻法制过程中发挥的实际作用力，往往是中央的内务部、邮传部、外交部等国家机关所不能及。在实施效果方面，地方军阀掌控北京政权后，往往肆意废止、增修新闻法律法规，甚至出现军阀政府法令“代替”国法的情况。

① 倪延年:《新闻传播理论与实践之史学观照》,社会科学文献出版社2015年版,第309页。

北京政府权力下辖的地方军阀派系，在新闻法制实施上实际遵循的是地方性规定，如孙传芳在浙江、阎锡山在山西、张作霖在东三省等，对待新闻法制自有一套于己统治有利的标准。于他们而言，中央政府法律法规关于新闻法制的强调，只是权力争夺时的口号。

一、北京政府新闻法制的实施机构

通常情况下，内务部是北京政府主管新闻法制的最高行政机关，但在实际执行过程中内务部对新闻法制的统管之权却遭遇了架空。北洋政府时期的国家法制系统大量沿袭“清末新政”成果，故新闻法制方面也大量沿用清政府所颁报律的施行方式。清政府时期的报律的实施“在中央实际负责的民政厅，在地方是督抚”①。民国初期在中央实际负责的是内务部，在地方实际负责的是各地都督，内务部的前身是1906年“清末立宪”时清政府设置的民政部，国家的著作、出版事务都由其掌管，1911年南京临时政府设置与民政部职能基本相同的内务部，1928年国民政府将其改为内政部。“清末新政”期间每当报馆批评指责编查官、邮传部、外务部等其他政府部门的时候，它们都会咨请民政部或饬令地方督抚处置，后者接到咨文、饬文后或传令该管巡警官署遵照执行，或指令该管巡警官署详加调查、酌情处理。而北洋政府时期中央在地方设职权与清末时期督抚相当的都督，只是变换了名称而已，故各省集军政大权于一身的都督，是施行新闻法制的地方最高权力机关，巡警官署是新闻法规直接执行者。

第一，地方警察官署直接负责报刊的注册登记，呈内务部备案，内务部是总管机关。《报纸条例》第三条规定，发行人须将基本情况呈请该管警察官署认可，“警察官署认可后，给予执照，并将发行原呈及认可理由，呈报本管长官，汇呈内务部备案”。《出版法》《印刷管理规则》也要求向“该管警察官署”申请许可。特殊情况下如《出版法》第二十二条规定，“所定属于警察官署权限之事项，其未设警察官署地方由县知事处理之”。南京临时政府时期办

① 王学珍:《清末报律的实施》,《近代史研究》,1995年第3期,第86页。

刊仅须“呈明注册”，无须缴纳保证金或物保，但自1914年袁世凯政府之新闻法规开始，增加了保押费条款，《报纸条例》第六条即规定，保押金由该管警察官署判定执行，办刊地不同，刊物类型不同，缴纳数额也不同，但“专载学术、艺事、统计、官文书、物价报告之报纸得免缴保押费”。一般而言，只要按律申请取得执照并缴纳或经准免缴保押费报刊就可以出版，但也有例外。如1915年无锡《蓉湖日报》经无锡县警察所许可给发执照，经批准免缴保押费，“转详邮务管理局给予执照，逐日将报纸递”。但在发行两月后，警察官厅却以不应享受免缴政策为由，直接将该报查封，该报遂抗议，“即使《蓉湖日报》诚然违反条例不缴保押费，应予停止发行。然既批准于前，自应事前通知限期缴纳，逾限不缴，然后执行处罚方为正当”①。此外，报刊迁址、股权变动、延迟出版、注销办报资格等都须地方官署或都督咨内务部存案。

第二，内务部警政司第四科直接负责报刊的检查工作，该管警察官署负责执行，陆军部、外交部、地方政府等国家机构变相取得检查之权。在新闻法律法规中，基本都有检查报刊的相关规定。《报纸条例》第九条规定，“每号报纸，应于发行日递送该管警察官署存查”。《出版法》第四条规定，“出版之文书图书，应于发行或散布前，禀报该管警察官署。并将出版物以一份送该官署，以一份经由该官署送内务部备案”。1916年《检阅报纸现行办法》亦规定，内务部警政司设新闻检查专员（检阅员）两人，按需选购在北京出版的报纸以及在外省、国外出版在京传播的报纸，逐日检查。将所检报纸按国会、政府、军政、司法等项目分门别类，按日剪贴成册呈内务总长及次长审阅，如有违法者由内务部命令京师或地方警察厅追惩②。在地方也有类似报纸检查法规，1924年安徽《民碞报》因批评某县知事，报社经理吴蔼航被省警察厅长宋植饬令逮捕，为杜绝此后患警厅“并饬嗣后对于皖垣各报，均应

①《无锡蓉湖日报社来函》,《申报》,1915年2月13日,第11版。

②《检阅报纸现行办法》,《现行警察例规(第三编丙)》,京师警察厅编印1915年版,第97页。

设法取缔，宋（植）比即拟定检阅报纸现行办法七条”。[①]其他国家机关也通过种种借口，延伸其检阅报刊之权。1913年2月内务部传知准陆军部函告，“报章登载军事外交事件，科以军法无可稍宽”，要求自3月21日起“由部（陆军部）派员实行检阅办法，报馆登载军事须经检阅签字，方许登载”[②]。1914年《报纸条例》颁布后外交部就以“报纸条例订有禁止漏泄外交机要之专款”，派秘书王廷璋检阅各项报纸，以便随时掌握各报馆情况[③]。

内务部警政司第四科是北洋政府时期最直接的报刊检查机关。它负责全国各地报馆的注册备案工作，拟定《开设报馆禀报规则》《检阅报纸现行办法》等法规，抽检京师及各地的报刊。1919年社会主义新思潮广泛传播之后，第四科还煞费苦心地成立“著作及出版物研究会”，表面上是研究学术，实则打击“新文化”。[④]1920年政府藉“扰乱治安”之名动用《治安警察法》取缔学生联合会，何思源在北京大学《学生周刊》就围绕基本宪法权利提出观点：（1）“精神上与约法抵触”，“凡国家成立一种法律，必不能违背国家的根本大法，普通各国的根本法，就是国家的宪法。现在中国的宪法还未有产出，可以代表宪法作一切法律根据的，惟有民国元年制定的《临时约法》。而《临时约法》明明是规定人民有集会、结社、言论和出版的自由。然而这个《治安警察法》是禁止人民集会、结社、言论和出版自由的。所以说这个《治安警察法》精神上与约法相抵触”；（2）“手续上不合法”，“凡法律的产出，

① 1924年7月，安徽《检阅报纸现行办法》规定：(1)凡本城出版之报纸，均令检送一份，由厅科员二人，逐日检阅；(2)现在报纸条例，业经废止，应将现行法律中，有关报纸之规定者，另行汇钞，再详加阅记，以为检阅之标准；(3)检阅员应注意之事，约分类如左：一军事，一政治，一地方治安，一地方风俗，一外交，一杂项；(4)检阅员应就前条列举事项，按日截裁，分簿粘存，呈请处长核阅；(5)各报所载关于第三条列举事项，检阅员确知为不实者，应即先就粘存簿内记明，呈阅后，用本厅名义，令其更正，但事关重大者，依法办理；(6)已经检阅之报纸，由检阅员盖印，某员阅讫戳记，并须按日整理收存；(7)本办法如有未尽事宜，随时呈准修改。参见《皖当道箝制报界新办法》，《申报》，1924年7月3日，第10版。

②《北京报界同志会之请愿》，《申报》，1913年3月31日，第3版。

③《外交部派员检阅报纸》，《申报》，1914年4月12日，第6版。

④《著作出版物研究会》，《申报》，1921年1月25日，第16版。

必须经过一种正当的手续。在共和国家产出一切法律的正当手续，就是必须经过参众两院的通过。而这个《治安警察法》并不是制定于参众两院，实是产生于洪宪时代的御用参政院。现在洪宪既经倾覆，参政院又久已消灭，这翻手续当然是不成问题。至说后来经过新国会的追认，试问这个新国会是否依法召集来的呢！新国会既是从非法召集来的。那么从非法国会所追认的法律，他所经过的手续既然是非法，又怎能够成立呢”[①]？实际上，通过《报纸条例》《修正报纸条例》《检阅报纸现行办法》《治安警察法》等法律法规的不断强调，警察官署实际具有出版审批权、稿件检查权、审判权等多项权力，这些法律法规中的偏袒条款更变相赋予了地方行政长官或地方军阀无上权力，因此新闻传播活动完全受制于地方军政长官之手。

第三，交通部总揽全国新闻通信及报刊邮递工作，电报局负责新闻电报传递和检阅，邮政局负责新闻刊物投递工作，内务部可以通过饬令地方政府干预地方邮政局的邮递工作。

北洋政府时期交通部全面负责国家通信事务，交通部下辖邮政局、电报局等部门负责具体事宜。1871年香港建成中国首条国际电报线路，到民国时期电报网络已经基本覆盖各重要省会城市，为满足新闻传播的及时性需求，各报馆基本都采用电报方式传送新闻消息。电报局负责新闻电报的管理工作，不遵法令的报刊将“不为邮递发电”。报纸及其他印刷物的邮递工作，则由邮政局通过公路、轮船和铁路运输来实现。在通商口岸各国都有自设邮局——“客邮”[②]，起初只是承递一些外国人的信件，后来业务范围扩大，中外人士的报刊、杂志、信件具可邮递。华盛顿会议后袁世凯政府收回邮权，外国邮局逐渐撤销或限缩邮递范围，报刊、杂志的邮递管理之权逐步由北京政府掌握。

北洋政府时期新闻法制的执法权在地方警察厅手中，邮政局只能基于内

① 何思源：《解散！解散！非法解散》，《北京大学学生周刊》，1920年2月27日。

② 客邮(Post Services Abroad)是19世纪末至20世纪初欧洲列强在海外设立的邮政办事处。

部系统管理新闻刊物邮递工作，要达到全面限制违禁报刊的目的，就需要政府多部门协作行事。1916年初袁世凯称帝在即，各地报刊大为光火，讨袁之声此起彼伏，其中上海《民信日报》尤甚。京师地方审判厅推事陆费熽为讨好“圣主”，“一贡愚忱”，“批阅上海《民信日报》，枉顾舆论，任意造谣，竟以逆党委倡义，以朝廷为袁政府，且敢大书御讳不避，实属罪大恶极”，“拟请（内务部）密令该省巡按使，先将其报馆查封，止其出版发行，将报馆主笔按律治罪”。不仅如此，陆费熽还计划扩大查禁范围，要求对有“叛徒资本”“挂洋商牌面”的“其他类于此种印刷品，均应一律严禁”。“如有领事裁判权，结果须待交涉，亦谕知交通部饬各邮局不准接收投递。”为此内务部积极回应，命令各省巡按使“通行严禁，并咨交通部停止邮递”，交通部“转饬上海邮务管理局勿为挂号收递”，“并通饬各省邮局切实查禁，不准接收投递，及其他类于此种印刷等品，均应一律禁止递送”①。

中国最早的广播业管理机构是北洋政府交通部，在地方则是东北无线电监督处。虽然它们在北洋政府时期拥有实质执法权，实际并未履行多少职责。直到1928年7月，南京政府建设委员会下设无线电管理处，管辖全国无线电事业。次年，南京政府专设交通部无线电管理局，全面接手了建设委员会的工作。在新闻电报方面，调节电报收费多寡是北洋政府管控报刊的一项重要手段。“清末颁定报律，有凡遵行者，得减半收费。”②1915年袁世凯政府应上海日报公会呈请，颁布《新闻电报章程》并在第一条规定：“电报局由电线传递刊登报纸之新闻消息，准作为新闻电报，减价纳费。”减免政策看似优惠，实则暗藏从严管控报刊之祸心。报刊要享受优惠，不仅要出示“新闻报馆、期刊报馆或新闻经理处总理或主人声明遵守章程之笔据”，通过“批准制”申请执照，还要明码传报方便内容检查，华文明码每字银元三分，洋文

① 中国第二历史档案馆编:《中华民国史档案资料汇编(第三辑文化)》,江苏古籍出版社1991年版,第518页。

② 戈公振:《中国报学史》,上海古籍出版社2014年版,第239页。

明码每字六分[①]。

第四，地方警察厅在处理、审判报案方面拥有绝对的权力，地方检察厅、地方审判厅的司法权多被侵夺，军队军法处、租界的会审公廨对报案审理多有置喙，以致报案根本得不到公正的司法裁决。

北京政府的新闻法规对报刊涉法案件，笼统地交由“司法官署”管辖，即由地方警察厅负责一般行政事务，地方检察厅负责公诉案件，地方审判厅负责一般报案的审理，较重大案件由高检厅或大理院审理。在实际执行过程中，地方警察官署和都督拥有绝对的管理权限，几乎负责处理报案所涉全部事务，小到少量罚金，大到监禁报人、封禁报刊，他们都可以径行决定。即便相关程序法要求地方警察厅在处置报案后须向上级机关呈报情况，这在实际执法过程中也被直接忽略。此外，1919年9月7日，淞沪警察厅发布《取缔印刷所办法》，详见前文70页。

面对政府对印刷业的无理管束，社会各界一致表示反对。著名记者黄远生依据《中华民国临时约法》第六条第三、四两款的内容提出抗议，认为人民有营业及著作刊行之自由，淞沪警察厅出台此办法于法无据，而且《出版法》颁行已历五年，对出版物限定甚详，颁布新办法完全是多此一举。[②]上海全体工商学会警告雕刻、印刷、书业三界人士提防非法迫害，并就“办法”的多条内容发表“驳议”。1919年8月18日，上海书报联合会致电北京政府内务部、南京督军及省长等表明立场，“取缔印刷所办法十六条，束缚钳制，与部颁出版法尤多违背，万难遵守”[③]。面对印刷、书报业强烈质疑，9月初淞沪护军使署对各项条款“详加核阅”的结果却是“均为现时维持地方治安之必要”[④]。警察厅这样不温不火的表态更激起印刷、书报业团体的抗争意志，三行业公会纷纷用实际行动抵制“办法”推行，原本“办法”要求印刷

① 刘哲民:《近现代出版新闻法规汇编》,学林出版社1992年版,第95页。

②《沪警厅之取缔印刷所办法》,《申报》,1919年8月8日。

③《书报业电争取缔印刷事》,《申报》,1919年8月18日。

④《请废取缔印刷办法之批词》,《申报》,1919年9月1日。

所必须在其颁布五日内申领执照，实际上印刷、出版、雕刻业者“限期虽逾，无一前往领照”①。如此僵持，直至12月份警察厅派员到所辖各区驻所督促，收效仍然甚微，究其原因是业者普遍疑虑“所颁章程取缔过严，一旦实行势难营业，故仍多观望，不愿投领”②。

淞沪警察厅颁布的《取缔印刷所办法》，并未得到好的落实，除印刷、书报业一致抵制以外，还有其他几方面原因。(1) 北京政府内部对“办法”部分条款存在异议。1919年9月5日，内务部咨淞沪护军使明确提出该“办法”第六条第一款，关于先行检阅一层与现行法律无依据，要求转饬警察厅修正。内务部认为，“从前报律，即系采用此种主义，嗣以种种困难，甚至报纸犯罪，法院以官厅检查在先，转使官吏代为负责，故于修正报律时，即将此种主义删除”③。(2) 上海特殊的历史原因，使得印刷、书报业畸形发展，多依附洋人或避居租界，“办法”颁布对新闻界影响并不明显。“查本埠华界，以向来言论自由不甚巩固之故，所有报馆几无一在境内开设，即印刷所亦极少。”④

在报案的审判方面，民国成立后各地司法系统陆续改“帮审制”为“承审制”，县知事权力进一步扩大，依据《县知事审理诉讼暂行章程》规定地方知事可以监理司法，知事作为地方行政官吏在司法审判方面属于外行人，这样势必会出现裁决不公的情况。同时，“承审员系帮同知事审理诉讼，没有什么独立权限，不过是若系承审员审理案件，判决书上由承审员署名于知事之后，分负责任”⑤。再者，县知事认为有犯罪之嫌疑的一般民刑案件可以“径行提审”，对刑事四等徒刑以下或罚金三百以下的简易案件以及民事诉讼无价

---

①《书业反对取缔章程之昨讯》,《申报》,1919年8月19日。

②《取缔出版印刷业案之重提》,《申报》,1919年12月18日。

③《内务咨淞沪护军使上海取缔印刷所办法内有关于先行检阅一层核与现行法律并无根据请转饬警厅依法修正由》,《北洋政府内务部档案》,1919年9月5日,引自中国第二历史档案馆编:《中华民国史档案资料汇编(第三辑文化)》,江苏古籍出版社1991年版,第821页。

④《华界实行取缔印刷所》,《民国日报》,1919年8月10日。

⑤《县知事监理诉讼与各法院不同之点》,《京兆通俗周刊》,1919年第31期,第31页。

值三百元以下案件，均可以不制作判词以堂谕代判决。这样导致地方行政官吏既侵夺地检厅之检察权，又侵夺地方审判厅之审判权，因缺乏司法监督新闻业出现大量冤假错案自然见惯不怪。

处理和审判报案的机构，还有军队军法处和租界会审公廨。在军阀势力强大的地方政府军法处，随时都可以启动特别程序或军法审判。1926年北洋政府调查法权委员会报告书指出，军阀对司法独立有三大妨害：(1）可随时以戒严为口实，启动司法程序；(2）掌控政府财政权，法院不得不仰赖其供给；(3）地位特殊，不受普通法院管辖。[①]同时，各地租界的会审公廨对中外报案皆可管辖，中外法律都在适用，完全游离于中国新闻法制体系以外。

二、北京政府新闻法制的实施效果

新闻法制从来都是统治者掌控舆论的一种手段，不同法制体系或政策态度，根本上来自统治者的政治利益考量。在辛亥以前，革命派对言论出版自由持绝对支持立场，主张不应受任何法令限制，但到1912年南京临时政府成立，首先出台的一项法令就是《暂行报律》，希望藉此清澈舆论环境。袁世凯曾经承诺尊重“约法”，但当其就任中华民国大总统后，却将此前承诺抛诸脑后，不仅制定大量钳制新闻自由的法律法规，还对革命派报刊展开疯狂清洗。其他军阀在执掌北京政府前后，对新闻法制的态度与前者类似，皆是在夺权之前鼓吹新闻法制、新闻自由，执政之后大肆清算异己报刊报人，想方设法钳制新闻舆论。

临时政府在南京建立之后，全国各地新闻业出现短暂繁荣，“《暂行报律》事件”中政府收回政令更使言论界大受鼓舞，对绝对新闻自由充满信心。报刊数量在民国元年迅速上升，全国报纸达500家左右。单就北京而言，1912年10月22日黄远生在《北京之党会与报馆》中记叙，“自辛亥年十二月

①《调查法权委员会报告书》,《法律评论》,1926年第182期,第79页。

二十五以后报部立案者，共计九十余种”[①]。辛亥革命确立了民主共和制度，但在谁是执政党这一问题上始终未达成共识，各政治党派为此都雄心勃勃，开始快速布局自身党报刊体系，意图在竞选中获得胜利。以1912年江苏省选为例，国民党有《江苏新闻》、进步党有《大声报》、统一党有《民苏报》，作为舆论工具，它们不惜通过诽谤他党议员的方式，来为本党议员选举造势。袁世凯就任临时大总统后时刻注视各地政治情况，对政党报刊时刻保持着高度警惕，随时准备对“反袁”报刊展开攻势，很快勇立政论报纸潮头的《民立报》成为袁的眼中钉。1913年3月，该报主笔宋教仁在上海被黑枪杀害，事后证明宋案幕后主使就是袁世凯，之所以要这样做，一方面是因为宋教仁在该报上对袁氏大加批评，另一方面则是其有望出任内阁总理，会对袁氏政治利益构成直接威胁。

此后，袁世凯主导的北洋军阀势力与孙中山领导的南京革命派关系迅速恶化，《民立报》高举“反袁大旗”鼓吹二次革命，成为对抗袁氏的重要舆论阵地。因为革命派没有强大军队支撑，二次革命队伍很快溃败，《民立报》被袁氏查封，主笔于右任远遁他乡。1913年初，袁世凯就任临时大总统后称帝之心渐露，武昌黄志强等人筹办《讨报》反袁，未及出版即被袁之心腹湖北民政长夏寿康以“近日秉政者时萌帝制自为之心等语显系诬蔑政府”为由勒令停刊。为此该报咨参议院要求查办夏行政违法，但是参议院却认为该报错在报刊名称，“民政长防患未然指令干涉实为正办查，约法载人民有出版自由条文，而同法即载有得依法律限制之等语，现在出版法虽未颁行，然败坏风俗妨害治安之出版物，行政官署势不能不加以相当之限制，且所谓限制云者，无论出版之后已发生实害者得励行之，即出版以前有认为不正之宣言者亦得适用，该报社以讨报命名经该民政长禁止，倘该报社即遵令改名另行呈请立案当然许其营业，该报社只致函声明竟不更易，亦属蔑视行政命令”[②]。为抵

① 黄远庸:《远生遗著》,台湾华文书局1968年版,第255页。

②《夏寿康违法案之咨覆》,《申报》,1913年9月2日,第6版。

御革命派报刊舆论挞伐，1913年11月4日袁世凯向各地都督、民政长、将军、都统、镇守使发布命令，“宣布国民党谋乱罪状，解散国民党集合机关，严拿嗣后再以国民党名义发布印刷物”[①]，开启言论恐怖政策。1915年袁世凯政府还颁行《新闻电报章程》，其中新闻电报减价纳费条款，看似是政府减轻报馆负担的积极作为，实际上要求报馆须明码传报，方能通过“批准制”申请执照。将报馆置于政府随时严密监控之下，才给予相应的邮电费减免，是变相的新闻检查。

经历几次反袁舆论声讨，袁世凯政府虽然勉强撑住政局，但也见识到革命派强大舆论攻势的威力。一不做二不休，袁世凯开始动用国家机器，大肆迫害报刊报人，新闻业自此一片风声鹤唳，事发农历癸丑年，新闻史称癸丑报灾。据方汉奇《中国近代报刊史》统计，从1912年4月到1916年6月“全国报纸至少有71家被封，49家被传讯，9家被反动军警捣毁；新闻记者至少有24人被杀，60人被捕入狱”[②]。“从统计数字方面来看，民初全国报纸共有五百家之多，二次革命发生后，几家国民党或赞同革命主张的报纸，几乎全部被封闭，最后北京只剩二十家，上海只剩五家，汉口两家”[③]。为实现称帝迷梦，袁世凯政府所制造的癸丑报灾，致使新闻业哀鸿遍野，一片肃杀气氛。1919年4月全国报界联合会在上海开会，“十五省八十六家派代表六十五人”与会，《江西民报》代表邵仲辉总结民初报界舆论抗争经验时呼吁，“民国二三年间皆由报馆不肯立于社会之前头以唤醒人心，致有袁世凯之帝制，吾人以后宜任劳任怨以发扬舆论之势力”[④]。总体来看报刊在反袁斗争中的表现是值得肯定的，1921年沃尔特·威廉博士访沪时即表示，“中国报纸虽尚在幼稚时代，而四百兆人一旦尽脱满清羁缚则中国报纸实与有力，即如袁世凯予智自雄图谋帝业，倘非中国报纸宣示民意鸣其不平，则中国恐又转入专制政

①《北京内务部通令解散各省国民党支分部电》，《申报》，1913年11月10日。

② 方汉奇：《中国近代报刊史》，山西人民出版社1981年版，第711页。

③ 施星火：《新闻自由论》，《浙江记者》，1947年第1期第4卷，第6页。

④《全国报界联合会成立会记》，《申报》，1919年4月16日，第10版。

治之局矣”[①]。

王骅书认为，“报灾反映了逆潮流者对于民主共和舆论的恐惧，也从另一个侧面证明了政论性报刊在宣传革命和民主共和方面的巨大作用”[②]。癸丑报灾之后，袁世凯对新闻业有了更为清醒、深刻的认识，开始通过软硬兼施手段干预新闻自由。一方面运用“小站练兵”的手法，提出“我们一手拿着官和钱，一手拿着刀，服从就有官有钱，不从就吃刀”，对报刊报人进行威逼利诱；一方面加强新闻业立法，通过炮制《报纸条例》《出版法》等法律法规，限缩新闻自由，致使“癸丑以还，民党失势，新闻团分子逃亡者半，遭显戮者半。京中言论界稍带民党彩色之报纸，从此无片影之留”[③]。此后，袁世凯在利用军事强权的辅助之下，逐步建立起一个专为封建军阀独裁统治服务的新闻法律体系。

吴贯因研究英国报界向国会争取自由刊行权的过程，以及《泰晤士报》《翰撒治社》[④]等新闻机构所享新闻自由度后认为，英国报刊“苟不在国会监督之下之新闻，若登载议场之演说，倘有人焉认为有谤诽之处，即得提起诉讼”，“返而观之，我国则封禁报馆惩治主笔，其出于军人行政官者则习见之。若民国初元之国会，以云禁止报馆之纪其事乎，未之闻也；以云制定惩罚纪其事者之法律乎，未之闻也；以云报馆欲纪其事必买其文书而认是为其专卖特权乎，未之闻也；凡英国国会对于报馆之虐政，我之国会悉皆无之一为比较，则我国报馆对于民国初元之国会又当为之歌颂仁政矣”[⑤]。“《暂行报律》事件”、癸丑报灾是近代中国新闻自由理念的试金石，它检验了近代知识分子引进西方新闻自由的具体成果。遗憾的是，它们也预示着中国新闻自由在法制及实践层面将走向长期难以自洽的混沌局面。

---

①《各方面欢迎威廉博士之昨讯》,《申报》,1921年12月14日,第14版。

② 王骅书:《清末民初社会新万象》,苏州大学出版社2011年版,第177页。

③ 杨光辉等:《中国近代报刊发展概况》,新华出版社1986年版,第165页。

④ 即报纸联合社(The Press Association Ltd),创办于1868年,由伦敦以外的英国主要报纸和爱尔兰报纸联合而成。

⑤ 吴贯因:《追评民国初元国会之程度》,《大中华杂志》,1915年8月20日。

袁世凯是民初专制新闻法制的最大元凶，在职期间他表面拥护共和，背地里却用尽专制手段，袁世凯政府颁布的《报纸条例》《出版法》《治安警察法》《戒严法》以及后续的临时法令，内里充斥大量限禁条款，将新闻自由彻底扼杀。民初著名记者黄远生就感叹，“余于前清时为新闻记者，指斥乘舆，指斥权贵，肆其无法律之自由，而乃无害。及于民国，极思尊重法律上之自由矣，顾其自由不及前清远甚，岂中国固只容无法律之自由，不容有法律之自由乎”[①]。

按照哈贝马斯公共领域理论，公权力的合法性不仅取决于民意，还取决于它能否禁得起“公共领域”中观点自由辩论，而形成的公众舆论的支持[②]。袁世凯、黎元洪、段祺瑞等为稳固自身执政的合法性，往往通过各种手段，不遗余力地影响新闻业及社会舆论。

首先，为扩大自身声势，收买、笼络于己有利的报刊报人，打压异己报刊报人。南京临时政府成立前后，袁世凯在京中创办臭名昭著的《亚细亚报》《金刚报》为自身专制创造舆论，大肆诋毁共和制。《亚细亚报》以“赞助帝制运动为宗旨”，登载大量劝进文章，为袁世凯复辟帝制加油打气。在京外，袁世凯不仅在各地扶植“拥袁报刊”，还打算在南洋、美洲等地创办二三报馆，发行华、洋报纸为自己制造声势。在上海、天津、长沙等地，袁世凯所资助、津贴、赠款的报刊数量也达百家以上。循袁世凯的不良范例，段祺瑞与《北京新闻》、天津《大公报》、汉口《公论报》，黎元洪与汉口《国民新报》、汉口《华国报》，张勋与上海《国是报》，都有肮脏不堪的金钱交易。这些报刊对社会舆论环境的破坏显而易见，它们以主持公论自居，实际上却是特定军阀的传声筒，在影响社会舆论方面比军阀直接创办的报刊更易迷惑众人。

1913年，孙传芳进军浙江，一次性就下令查封《三江日报》《浙江日报》《浙江民报》等十几家报刊，《申报》《新闻报》等大报在杭州设立的分馆也相

---

① 黄远生:《忏悔录》,《东方杂志》,1915年11月10日。

② [德]哈贝马斯:《公共领域的结构转型》,曹卫东等译,学林出版社1999年版,第17页。

继被封。1925年“五卅惨案”后，段祺瑞政府为镇压工人运动声势，一次就查封了北京19家报刊。1926年报人成舍我被军阀非法逮捕，中国通讯社无一敢传成仍被禁消息，华北《正谊报》评论时事谓，“京中五华字报主人，或已离京，或避居交民巷，足证报界之恐慌”，“目前剑力似确重于笔”[①]。为此，《京报副刊》主笔孙福源撰《我们的言论自由》一文披露军阀在北京城大张旗鼓地查禁假消息，他们自己却肆无忌惮地不断制造“假消息”，“言论自由的北京城里，于是发见种种登载特别消息的报纸和号外了。例如有一个什么报的号外，就说什么吴佩孚下总攻击令，吴佩孚萧耀南（他竟不承认萧的死耗）齐燮元联衔声讨冯玉祥，豫军某某的军队完全投降鄂军，靳云鹗进攻河南已占某处距开封不足二百里，国民三军对战局有守中立说等等，九条消息有七八条是这样的”[②]。曹锟贿选执政之后，中国共产党早期领导人刘仁静指出：“曹锟对内的大政方针是什么？压迫，搜括与战争。在如此黑暗反动的局势之下，军阀压迫言论结社之自由的淫威必加倍施展。摄政内阁数月摧残北京舆论，封报馆，捕记者，组侦查队的威风，必更广泛地实施起来，必使国人对北京政府之措施，噤若寒蝉而后已!”[③]

其次，通过专制手段，罗织罪名惩罚报人、封禁报刊。1913年报人张季鸾因泄露袁世凯“善后借款合同”被监禁三个月，此后不久又因泄露段祺瑞与日方两千万借款密约再度入狱，这前后所谓“泄密”涉案，仅是军阀们逃避新闻舆论监督，滥施专制手段的借口而已。报界为此公开陈抗：“不以漏泄秘密之罪加诸当局，而加之报馆；未发戒严之令，而以军法施之于人民；未据法律而以命令检阅报纸，这种违背约法、蹂躏人权、骇人听闻之举动，实非共和甫定之国家所宜出。”[④]即便如此，段祺瑞政府对报界呼吁仍是置之不理，执意处罚张季鸾。

---

①《成舍我被捕后》,《申报》,1926年8月12日,第5版。

② 柏生:《我们的言论自由》,《京报副刊》,1926年2月20日。

③ 尼铎:《曹锟登台以后》,《中国青年》,1923年8月20日。

④ 夏勇:《保密法学教程》,金城出版社2013年版,第248页。

1913年5月袁世凯发布“内务部布告第六号”，告诫各报馆不得刊登“宋案”和“借款”新闻，认为“有闻必录，固新闻业之责任，然亦审度其事之影响”，“矧报纸之舆论机关，最易动人观听”。特别是对“宋案”“借款”事件全国各报纷纷舆论挞伐袁世凯，并加诸“以种种不名誉、不道德之称谓”。为此，内务部罗织法网，企图恫吓报界，提出依《报律》第十条“妨害治安”、第十一条“损害他人名誉”、第十二条不得登载外交及陆海军事等、第十三条不得登载诉讼案件和会议事件，《暂行新刑律》第一百三十三条漏泄内政外交秘密之政务、第一百三十四条刺探军事秘密之事项图书物件、第一百三十五条漏泄或公表军事秘密、第二百二十一条公然煽惑犯罪、第三百五十九条散布流言及诈术损人、第三百六十条公然指摘侮辱，凡此种种法律条规，致使新闻业随时都有触法之虞。即便《临时约法》虽于第六条第四款规定人民有言论出版自由权，但是“第十五条人民之权利有认为增进公益，维持治安，或非常紧急必要时，得依法律限制之”[①]，也在宪法层面限缩着新闻业的新闻自由权利。总之，对于报界监督政府的一切舆论，政府都认为是妨害秩序、煽惑人心，“法律具在，断难宽容”。

再者，限邮限售，频繁进行新闻检查，影响报刊日常经营。袁世凯为实现称帝迷梦，不仅积极与洋人交涉共同打击“洋旗报”，还在自己权力范围内“谕知交通部饬各邮局不准接收投递”反袁报刊和“挂洋商牌面”的“其他类于此种印刷品”。1913年11月5日，袁政府交通部发布第428号训令“禁止邮寄国民党书报”，要求“嗣后再有以国民党名义发布印刷品者，应一律拿办，勿稍宽纵”[②]。二次革命后，袁世凯加紧新闻控制，要求全国所有报刊重新注册，借机用“乱党报纸”罪名排除异己，对难以抓住把柄无法直接明令查封的进步报刊，则通过限售迫使其停刊。在此风潮之下，国民党人创办的《中华新报》、《民国日报》（上海）、《民信日报》等，一律被取消邮局挂号。对高

---

①《内务部布告第六号》，《内务部公报》，1913年6月20日，引自中国第二历史档案馆编：《中华民国史档案资料汇编（第三辑文化）》，江苏古籍出版社1991年版，第491页。

②《禁止邮寄国民党书报》，《湖南公报》，1913年11月10日。

举反袁大旗的《民立报》《民权报》《民强报》等报，一律“禁止售卖”。彼时宋教仁为《民立报》主笔，“政论新颖透辟，上海各报几乎一致向风，群相仿效，故彼时之《民立报》隐然为各报之领袖”[①]。然而《民立报》等报因遭遇袁氏持续打压，经济困难日渐，终难以为继。1916年1月，袁世凯政府下令改“洪宪纪年”，若不遵命令仍用“民国五年”字样，即行停止邮递并于各地禁阅。是月13日，内务部发现上海地区执行不力，就电令江苏将军巡按使、上海护军使、沪海道尹等大小官员，依据《报纸条例》对上海“华”字各报一体加以查禁。[②]

1916年7月黎元洪掌握政权，为取得社会舆论广泛支持大胆采用“放任主义”笼络人心，就任不久旋即废除袁氏之《报纸条例》。“旧国会与约法次第恢复，报界庆获得一时的自由”[③]，文化环境趋向有利于报业发展的方向发展。不久，国会议员纷纷建议再订报律，黎政府则说报业诸项法律，“自应完全废止俾使发展。勿庸另行修正，免留痕迹，或畏遭人指摘仍应存留冀有所防制，此种心理则殊大谬”[④]。黎政府废除“邮信检查”的举动令报界喜不自胜，是月4日上海日报公会又公电黎，“电局检查新闻延搁，如故乞并撤除以符约法”[⑤]。但在黎执政两月之后，政府即制定《检阅报纸现行办法》，对新闻业实行更为严厉的检阅措施。

而阎锡山在山西实行的俨然是新闻专制，1922年欧沧在《申报》撰文披露，“山西报纸之不发达无价值，固由新闻界自身不自振作矣，然阎督亦有不能辞其咎者焉。质言之，即阎锡山氏之压迫舆论过于严重是已，山西日刊从无一人之片词只字敢指摘阎氏瑕疵者。以各个人历史上之关系亦不肯为此，某法官私语记者曰‘阎锡山不第造成清一色之政局，而且造成清一色之舆论

① 中夏:《上海的报纸》,《中国青年》,1924年2月23日。

②《内务部致统率办事处函》,《北洋政府内务部档案》,1916年1月12日,引自中国第二历史档案馆编:《中华民国史档案资料汇编(第三辑文化)》,江苏古籍出版社1991年版,第515页。

③ 周孝庵:《中国最近之新闻事业》,《东方杂志》,1916年第22卷第9号。

④《国会与报界之今后责任》,《申报》,1916年7月22日,第6版。

⑤《上海日报公会致黎大总统电》,《申报》,1916年7月4日,第3版。

可谓能矣’，斯言可深长思”[①]。可见北洋政府时期在某些阶段宽松的新闻政策，只是执政者争取权力前期的论述，并不具有稳定性。

最后，鼓吹复兴孔教，为专制思想辩护。中国素有“礼仪之邦”美誉，传统社会“天地君亲师”的伦理道德被广泛传承。“在中国欲制约君权，非师莫属。以学校监督朝政，是中国古代分权的最佳途径”[②]。袁世凯等军阀可谓传统孔教的遗老遗少，他们当政期间无一不大肆鼓吹复兴孔教，儒家的传统思想被篡改成思想专制的教科书。袁世凯创办大量尊孔报刊，还制定系列复孔法案。1914年总统府顾问陈焕章等在中国内地、港澳地区及海外广设孔教会，分支机构达一百多个，其在参众两院所提之《孔教会请愿书》，更得到全国各地十余省都督或民政长官通电支持。

北洋政府时期新闻法规的施行，牵涉北京政府的多个部门，其完整但不完善的新闻法制体系，不仅体现在新闻法规的建设层面，还体现在施行层面。而地方对中央权力的架空与侵夺，构成了北洋政府时期新闻法制实施混乱的根源。袁世凯及其继任者实施的新闻政策在总体上与其差别不大，部分法规甚至有进一步加严的意味。1916年7月《报纸条例》废除后，政府对报业管控逐渐减弱，除沿用袁政府颁布的《出版法》《报纸条例》等，黎元洪政府颁布《检阅报纸现行办法》，段祺瑞政府创制《报纸法》《管理印刷营业规则》，相比袁政府对新闻业的打压有过之而无不及。后来，这些新闻法规，还被1927年之后的蒋介石政权大肆援引，成为新闻立法重要来源。同时，我们需要认识到，北洋政府时期军阀轮番执政，其政治基础并没有因为民主革命的激烈反抗而瓦解，国家权力扩大和国家权力私权化日益严重的严酷现实并没有缓解。在政府合法性和权威性无法得到认可的情况下，新闻法制虽然越来越严，但对新闻业的管理能力和效率却在节节衰退。

---

① 欧沧:《山西通信》,《申报》,1922年3月4日,第10版。

② 高鸿钧:《法治:理念与制度》,中国政法大学出版社2003年版,第45页。

第二节　租界新闻法制的实施

鸦片战争已降，系列不平等条约的签订使得清政府成为帝国主义在中国的代理人，而中华民国临时政府对各项条约的明令继承，表明这个国家仍然不能完全行使自己的国家主权和行政管辖权。北京政府受到“治外法权”条款约束，不得不承认租界这种“国中之国”的存在，租界因此成为中国法律管辖的“盲区”和“禁区”。在司法审判过程中，管辖权异议最多被提及，侵略者藉由不平等条约在租界设置会审公廨，诸如上海公共租界会审公廨、厦门鼓浪屿会审公堂、汉口洋务公所、哈尔滨铁路交涉总局等喧宾夺主的特殊审判机构陆续产生，严重践踏了北京政府在新闻法制领域的司法主权。

不仅如此，在法律文本层面，在华外报、租界地报刊有游离法外的制度罅隙；在法律实践层面，北京政府对其违法行为，往往也是熟视无睹。无论是清政府还是北洋军阀政权，在新闻法制体系中都将租界视为“法外之地”，将租界报刊视为洋人的特权报刊，为规避当局查禁，各种政治势力开始在租界大量创办“洋旗报”。“报馆既挂洋旗，则吾国报律不能适用”[①]，几乎成为所有当政者共识，近代中国新闻法制的半殖民性质可见一斑。1915年，北洋政府开始大肆查禁革命党派报刊，为维护自身统治地位不惜混淆黑白，政府在中外交涉过程中枉顾社会公义，替外国人说话，给正义报刊带来深重打击。是年初，革命派在全国各地传播《警告国人书》《邱丕振遗书》《赵秉钧一夕话》等文书，披露中日山东问题交涉真相及日本人在山东一带种种劣迹，通过中日邮递系统向上海、大连、日本等地散布。得到这些消息北洋政府大为光火，积极通过交通部、邮政总局查禁革命派宣传资料，在交通部给邮传部的饬令中污蔑革命派的爱国热忱是“卖国行为”，污蔑革命派言论“上以使政

① 中国社科院新闻研究所:《新闻研究资料》,中国新闻出版社1985年版,第205页。

府不疑彼等卖国，下以激动人民排日观念，以便利用”。

五四运动爆发前夕，上海公共租界涌现出大量进步刊物。《新青年》、《民国日报》副刊、《时事新报》副刊等积极刊发介绍马克思主义的文章，传播俄国十月革命成功的消息，由此也引来租界当局不满。1919年6月，公共租界工部局刊登总董裴尔斯的提案，要求“无论何人，如未先从工部局领取执照，不得经营印刷人、石印人、雕刻人之事业，或印刷或发行任何新闻纸杂志，或印刷品内载有公共新闻消息，或此项范围内之事件者”[①]。即使是外国人，执照也须取得该管国领事的副署，才能生效。此举表面上针对所有业者，实质是要严查俄国人名义的刊物，遏制马克思主义思想在租界的传播。五四运动期间，留日归国学生开设于法租界的《救国日报》，在鼓动社会大众参与示威游行、请愿、罢工等方面相当活跃，法租界为此也加严了新闻印刷立法。依据1868年4月14日《法租界公董局组织章程》第十三条，法租界制订了七条报律。因法租界的事务是由法总领事全权决定的，故报律的核心就是总领事有“允准权”，凡非总领事允准者，“可由捕房随时封闭外，并将违章者送公堂追究”[②]。1926年，一直在法租界出版的《国民日报》，即因未得到法领事准许，而不得不迁出法租界。

列强在华新闻势力尤以日本最盛，1917年以前日本在华报刊渐渐开始出现，1921年华盛顿会议后日本加紧在华建报速度，1921年至1927年“日本在华报纸造成他们的黄金时代”[③]。军阀混战期间日本多在其中作梗，以致日本“把持国内新闻凡十余年之久”，“有一段时期，华北人都读日本人所办的报纸”，日本记者大量给通讯社、报纸供稿，“成为影响北京甚至全中国舆论的媒介”[④]。日本在华新闻势力破坏中国新闻传播生态的种种劣迹，可谓肆无忌惮，1915年日本借列强“欧战”无暇东顾，向中国提“二十一条”，并要

① 胡道静:《上海新闻事业之史的发展》,上海通志馆1935年版,第56页。

② 胡道静:《上海新闻事业之史的发展》,上海通志馆1935年版,第57页。

③ 王珏:《日本在华之新闻事业》,本科学位论文,燕京大学文学院新闻学系,1936年,第42页。

④ 赵敏恒:《外人在华的新闻事业》,中国太平洋国际学会1932年,第16—17页。

求政府严守秘密，禁止报纸登载，社会各界莫不愤慨。而各地日本领事竟请中国官吏禁止报界声援，还在上海的英、日按察使署以“有意煽惑”罪名将上海《公论西报》诉上法庭，最终由于得到各界援助，该报负责人才免遭刑责[①]。

徐公肃，邱瑾璋评价上海租界制度时指出，“上海之西人种族之界限过严，俨然以统治阶级自居”[②]。“列强直接统治中国人民最显著的地方，列强在这些中国土地上，早已设立外国政府，有纳税外人会，有会审公堂，有工部局，中国人民的自由政权完全剥夺，他们要订什么印刷附律，要增加什么税捐，当然都是随心所欲”[③]。列强采用殖民地方式管理租界，华人只有纳税的义务，没有最低限度的发言权。1928年租界当局首设华董3名，1930年增至5名，这对人口占比高达百分之九十三强的华人群体而言，代表力微乎其微。在言论出版自由方面，帝国主义势力更是沆瀣一气，对华洋公民所享言论自由采取两套标准。1928年“济南惨案”后工部局极力偏袒日本人，派巡捕越界到南京路“外交部情报处”搜查中国方面关于惨案真相的“违禁品”，藐视国民政府国家权力，而对日本人虚假宣传行为视若无睹。政府软弱并不代表报界同样选择逆来顺受，1922年上海租界工部局企图通过《印刷附律》，表面在租界“阻止煽乱诽谤污秽粗鄙之说词足以扰乱公共安宁秩序者”及“激烈之宣传运动”，实质上侵夺中国政府新闻业执法权。于是有报界人士投函《字林报》质问：“岂各国之诽谤律缺乏力量以范围上海之情形乎？岂会审公堂无权以处置此等事件乎？”工部局倘若真心为“公共安宁秩序”，“曷不再进一步，并一切不断流布于上海出版界，从各国各党各个人发出之受津贴的新闻材料，而消除之。曷不并各国传布于中国之新闻，意在造成中国人之‘优惠印象’（实即偏见）者而消除之”。“深望不必使每一报纸主笔皆戴一

① 戈公振：《中国报学史》，上海书店出版社2013年版，第175页。

② 徐公肃，邱瑾璋：《上海公共租界制度》，上海书店1933年版，第237页。

③ 维摩：《发刊辞·中国民族解放运动之高潮》，《热血日报》，1925年6月4日。

'狗套'，俾为捕房所识"，搞得报界人人自危[①]。

上海租界主管印刷、出版的工部局惯用两面手法，为了自身取得更大政治利益，所谓对言论自由的保护，只是攫取利益的借口。"游欧客"在《申报》撰文指出，"往年排满论盛倡之时，外人以种族观念、爱国热忱极表欢迎，有意为之，拥护直至革命起时，外人无不赞美且甚夸其成功之速"，但是到1913年袁世凯专政，为了替袁氏"大借款案"保驾护航，工部局"警告各'华'字报不许再为煽惑之言论，凡馆主访事、主笔、印刷无论直接间接，发表论说新闻、图画于报纸，足以煽惑闻听者，均当立刻逮捕并交法庭审判"。工部局取缔华文报刊随心所欲，"在满清时代政府百计运动而不得者，今乃由外人自行决议，中国人之稍知爱国者，当如何太息痛恨也"[②]。1912年5月20日，上海《民权报》主笔戴天仇，被公共租界捕房以"论说时评对于袁总统、熊希龄、唐绍仪、章炳麟任意毁谤"为由拘捕，请廨出票。戴延请律师德云提出两点质疑：（1）租界当局程序违法。"报纸如果毁谤有名人之名誉尽可出单传讯，不应递出提票"；（2）报刊在诽谤案中有特许权，应特别看待之。"以共和时代万事均应文明，且报纸为舆论机关，有言论自由之权。"[③]《申报》评论认为，"言论自由东西所同，报馆文字失检事所不免，论正当之办法，不过更正而止，乃捕房却以刑事犯文手续加诸报馆记者之身，于尊重言论保障自由均属失当"[④]。面对当事人及报界质疑租界当局仍然一意孤行，执意要对戴天仇提起刑事诉讼，6月14日会审公廨堂开庭审理此案，律师德云代当事人出庭抗辩：（1）就法理而言，公共租界无管辖权。"外人在中国通商只能干预商务，不能干预中国国事。"工部局提告更是有违租界先例，"昔年《苏报》因议论满清政府之失当，满清政府出而控告。"（2）就情理而言，利害关系人不告诉，工部局出面属无故提告。"袁唐诸人不发一言，而工部局

---

①《密勒报反对印刷品附律》，《申报》，1922年4月1日，第13版。

② 游欧客：《英人之上海治安论》，《申报》，1913年9月6日，第1版。

③《民权报之文字祸》，《申报》，1915年5月24日，第7版。

④《三志民权报之文字祸》，《申报》，1915年5月28日，第7版。

竟为之出面控告，脑筋似乎不清楚。”辩护律师还打了个比方，“工部局控告《民权报》，有如主人宴客，进馔不佳，主人并无一言，而客人反责烹者之不善，恐无此情理”。最终，公廨依据“新刑律第二百二十七条妨害秩序罪[①]，减五等处断科罚洋三十元”定案[②]。

详细分析戴天仇“因言获罪”的争议点，不难发现中西新闻法制的深层冲突。第一，言论自由限度问题。辩护人认为戴天仇言论虽然激烈，但言论自由当与他国无异。“查泰西文明各国，新闻纸亦有时有此种言论，如印度报纸论及英皇无论发言如何激烈，并不为罪。又如西国预算册内所议，一般可杀之人及闹教可杀等字样报上亦有登载，从无控告之事，况中华业已成立，国民有自治性质，断无言论不自由之理。”这样的新闻自由主张，在租界这个“国中之国”则会被看人下菜。公廨会审堂谕认为，“共和国言论虽属自由，惟值此过渡时代，国基未固，建设方兴新，尤贵保卫公安维持大局，苟政府措置失当，亦宜善言规导”，不应该“措辞过激”。第二，妨害秩序罪是否成立。租界当局捉拿戴天仇的理由为“论说时评有鼓吹杀人意义”，报界则皆认为是捕房“罗织罪名”“吹毛求疵”，为此公堂之上德云律师将“报载各节译成西文，呈请查阅”，证明论说只是批判滥借外债的激愤之词，“其查所登个节并无鼓吹杀人之意，亦不妨碍租界治安，不过欲使滥借外债之人，阅之戒勉而已”。但会审公廨依然认为，“当时捕房译报因有杀字，度系激动阅报之人，欲杀袁熊唐章四人”，认定戴天仇有罪。翻阅《中华民国暂行新刑律》第二百二十七条、第二百二十一条，戴天仇触犯“以文书图画演说或他法公然煽惑他人犯罪”一条，该条定为煽惑罪，只要有公然煽惑他人的行为即犯罪，其方法无限定，他人包含特定及不特定之人，属未遂犯罪。公廨最终的判决并没有使用特定重罪“煽惑罪”，而是按照“妨害治安秩序罪”的一般罪责处罚，并没有有期徒刑，罚金也降到最低，表明工部局自知理亏不敢苛责过甚。

---

①《申报》登载“第二百十七条”系笔误，经查该条为“妨害电信罪”与事实不符，应该为“第二百二十七条妨害秩序罪”。

②《审讯民权报案详志》，《申报》，1915年6月14日，第7版。

宣判后戴天仇借用中国传统文化中《孟子·梁惠王下》的一段话表达他对此事件看法，“惟报载杀诛贼三字，系使一般办事失当之人，阅之惊心触目；而明白时事之人，视之皆为应有之言论；惟不明事理者，或为不然不知此种文字，即古人亦当言之。孟子曰：‘左右皆曰可杀，勿听；诸大夫皆曰可杀，勿听；国人皆曰可杀，然后杀之。’何尝于杀字有所避忌。今堂上判以三十元罚金，以鄙意度之，似尚未当”。戴天仇案，租界捕房无正当理由而拿之，工部局无利害关系而诉之，会审公廨无审判权而审之，可见当时治外法权下中国公民地位之卑微，帝国主义租界新闻法制之蛮横无理。报刊言论自由成为租界当局有选择性的言论自由，中国人法理情理的辩护，在会审公廨成了无人响应的自说自话，这就是治外法权干预下荒唐的租界新闻法制。

列强在华新闻势力惯以“公平”“正义”为口号展开新闻宣传，背后却包藏祸心，不断通过报章媒体挑动华洋对立舆论。1914年袁世凯筹备复辟事宜，“日本人发现袁世凯不愿意成为其征服中国的工具时，他们就转过来反对袁世凯。北京的日本报纸《顺天时报》在治外法权保护下能公开地反对君主运动，也正是这个原因使其在中国人中间受到欢迎，其发行量也从而增加”[①]。通过施压军阀当局迫害国人报刊达成阴暗的政治目的，也是列强惯用手法。1924年5月，“在奉天的抚顺日本守备队包围县署，日本总领事逼迫奉天官厅饬令主张收回南满附属地教育权的《奉天东报》停刊”[②]。1926年10月，上海《民国日报》被淞沪警察厅认定有“侮辱官长”的嫌疑，函请公共租界将该报主笔陈德征移厅。陈久传不到，公共租界工部局遂查封报馆并出票拘传。审理期间该报经理顾尹孚及其所延律师克威认为，“（《民国日报》）向住闸北天通南路民远里三十二号，地属华界，警察厅有管辖之权，尽可自行传提”[③]。面对被告提出的管辖权异议，会审公廨置之不理仍执意封禁报馆、拘传报人。此后，会审公廨又收到警察厅来文，请求收回前项控案，

① 林语堂：《中国新闻舆论史》，中国人民大学出版社2008年版，第118页。

②《国耻纪念日檄告全国同胞》，《向导周报》，1924年5月7日。

③《记者联欢席上之中日亲善言论》，《申报》，1926年11月4日，第10版。

于是公廨撤销控案、撤回拘票，解除查封。本案中被告提出管辖权异议，但租界当局仍然长臂管辖，中外势力操弄司法迫害华报，可谓“配合默契”“随心所欲”。北洋政府时期租界新闻法制的实施就是这样，对于关涉外国人的报案，中国政府往往仰人鼻息、卑躬屈膝；而租界当局对关涉中国人的报案，往往是肆意妄为，指手画脚。国际地位、国家实力的强弱关系，映射到新闻法制的实施上，直接影响了报案司法审判的公平与正义与否。

此外，在华外报及通讯社还在国际宣传中，处处打压中国新闻业，不惜故意混淆“新闻”与“宣传”，企图通过看似公允的报道为自身谋取不可告人的政治图谋。《申报》曾专门列举日本东方社的一则新闻稿件加以批判，具体内容为：

“东方社五日汉口电　武汉第十二军十七军及三十六军（唐生智旧部），昨奉李宗仁军开始北伐，白崇禧亦于今晨离汉北上。此等军队北开之表面理由，为参加北伐战事，但似有压迫冯玉祥在豫省势力之密谋。”[①]

《申报》评论认为，“按此电前半为‘新闻’，后半则为‘宣传’，不知何故，日本人极不悦冯玉祥氏，一有机会即电讯中陷之”[②]。《申报》还披露，日本人在上海津贴某外国新闻家，只要有机会就在西报上发表不利于冯玉祥的言论。此则新闻的确如《申报》所言，有淆乱视听之嫌。新闻是事实的陈述，而此则新闻中东方社在后半部分用“密谋”来影响舆论，明显有违新闻客观性原则。而此种行为，无论是在租界还是北京政府的新闻法律法规中，都被认定为传播假信息的违法行为。

综上，晚清政府并不否认在华列强在华从事新闻传播活动的合法性，对在华外人从事新闻业采取特殊对待，加之在华列强侵略图谋的步步紧逼，实质上丧失了中国政府在租界区域的新闻法制执法权。北京政府几乎延续了晚清政府在租界实施新闻法制的颓势，一方面国力孱弱，政局动荡，北京政府在很多方面需要仰赖外国列强，故在外交上很难有所作为，表现在新闻法制

①《美报助我自设通信机关》,《申报》,1928年6月18日,第9版。

②《美报助我自设通信机关》,《申报》,1928年6月18日,第9版。

的执行上，则是有法不依、执法不严、违法不究；另一方面，在华列强势力（工部局、会审公廨、纳税人公会等）不愿意放弃在租界的既得利益，在涉华新闻法制事件上往往强词夺理，偏袒洋人，借口中西法律差异，大谈治外法权和管辖权异议，以期持续维持在华特权。因此，北洋政府时期租界的新闻法制完全操纵在列强手中，同时北京政府在主观上也没有将新闻法制贯彻到租界的强烈意愿。

第三节　法外因素对新闻法制的影响

在中国传统的国家治理法则中，"家天下"传统观念根深蒂固。在封建王朝时期贵为天子的皇帝是一国之君，更是国家这个大家庭的家长，在此格局下"家庭"中的紧张对立关系，往往通过内部协调来解决，国家与人民之间权利义务关系出现对立冲突时，人情因素在其中发挥着重要作用。北洋政府时期新闻法制同样受到中国传统法文化影响，一方面人情因素能够在报刊报人危难之时成为一种救济手段，但另一方面又可能将新闻法制进一步恶化为军阀人治。邵飘萍即认为，"从《大清律例》到北洋政府，法律和人治的双重压迫是极权者惯用的手法"[①]。

一、人情、人治、党治因素的影响

在一些新闻案件中，社会声望人士的函告、调停、声援，往往直接促成控案终结。如1923年长沙西区警察署查封《大公报》案，就有"长岳关监督仇鳌，乃以私人资格代向政府婉商，请准恢复原状，政府对之已有允意"。此事公诸于众之后，湘省议员向省议会大提质问案，反对仇鳌以私人之资格"藐法言情"，批评政府"重其所轻，轻其所重，出尔反尔"[②]。1916年5月广

① 张莉:《南京国民政府新闻出版立法研究》,博士学位论文,华东政法大学,2011年,第23页。

②《长沙大公报出版之阻力》,《申报》,1923年5月13日,第7版。

东龙济光与李烈钧的军队在广东激战期间，报界多报道济军战败，为此虎门司令赵越尤为恼怒，向报界发难，“近日报纸每谓我济军战败，颠倒是非，摇惑军心太甚，我将到报界公会问罪，见一个杀一个，以野蛮之法对待，看他如何言已，即举马刀乱拍，维时警厅姚捷勋在座，知其将向报界捣乱，也随即以电话通知报界公会，劝各人宜知趋避，不可触犯其锋，故报界公会早已谋有对待之策，其主笔之胆汁薄弱者且多避往港澳”[①]。可见，军阀首领不仅能够肆意干预报刊言论自由，而且态度异常傲慢偏执，报刊报人在动乱年代里随时都会遭遇到这样的权力恫吓，新闻自由权利的争取自然异常艰难。但我们也发现，警厅姚捷勋及时向报界通报消息，有效避免事态扩大，也表明当时报刊与当权者的权力关系非常微妙。

1926年8月7日，成舍我因为林白水鸣不平被捕。军阀张宗昌给成舍我杜撰了三项罪名：“一是恶毒反奉；二是拿了广东国民党的10万元宣传费，替国民革命做宣传；三是勾结冯玉祥，图谋不轨。”显然这些指控于法无据，但张宗昌还是准备依据这些罪名枪决成舍我。从法律层面看，张宗昌治罪成舍我纯属泄私愤，视国家法律形同虚设，已然没有讨论的必要。但从情理层面，前国务总理孙宝琦却给此案带来巨大转回。1924年孙宝琦遭遇曹锟、王克敏等政治围攻时，成舍我主办的《世界晚报》曾仗义执言为孙宝琦说话，此次孙宝琦投桃报李，为营救成舍我多次面见张宗昌，最终成舍我被无罪释放。可见，伴随军阀势力逐步强大，军阀混战日益加剧，新闻法制的效力却越来越低，人情有时甚至比法律还要重要。

人情对落难报人来说，有时是“压死骆驼的最后一根稻草”，有时是挽救生命的最后一线生机，是生是死完全取决于人情轻重。1914年5月，汕头《竟业日报》《大东报》《公言报》三家报馆因登载“潮郡兵变之传闻汇志”，触怒海阳知事蓝和光，汕头警察厅长凌鸿年遂奉命以“附和乱党，扰乱治安”之罪，将三报馆50余人捉拿。对蓝知事指控的“诸多失实”，报馆提出更正

① 特约员平生:《粤军界与报界》,《申报》,1916年8月21日,第6版。

权抗辩，“此事由访员访得之，纵有失实，尚有更正之例”[①]。在强地方势力、弱中央权力的情况下，军阀的决策俨然比法律还有效，动辄抓人拿人，国家法规定能奈若之何。即使是违法逮捕，三报馆涉事诸人却只有忍气吞声。此后，《竟业日报》经理李伯约致函凌鸿年呈请援助，认为“大总统公布约法第二章，人民非依法律不得逮捕及拘留用乞，贵所长将经理罪名及根据何种法律，看留明白，示遵”[②]。于法于理三报馆都颇多委屈，凌鸿年遂出面调停。军阀权力就是法，蓝和光哪里听得这些正直公论，对于此事他只说自己“不能不从严惩办”，威胁报馆道，“尔等岂不怕死耶，余将尔等枪毙，尔等又再寻何法对待”，最终“姑予宽宥，共罚三家报馆一百元”，释放报人，三报即日可复版。调停过程中三报主笔正义凛然，准备与蓝雄辩一番，但中国毕竟是人情社会。“三君方欲起身驳诘时，凌在旁恐再生意外与伊不便，忙忙安慰三君回馆，三君碍于凌之情面，不得不从，遂与辞而出”[③]。该案中《竟业日报》主笔提出宪法抗辩，在军阀蓝和光看来根本不值得答复，翻手为云覆手为雨，地方军阀对报界的蛮横无理表露无遗。同时我们看到，人情、情理在本案中起到的巨大作用，无论是凌鸿年出面调停，还是三位主笔碍于情面，都出于中国传统社会中朴素的道德观，有时它的作用甚至比刚性的法更能助人解决问题。

政治权力的集权程度，决定了北洋政府时期公民言论自由的逼仄空间。袁世凯政府是民初政治权力集权程度最高的政权，它通过系列新闻立法和严酷的癸丑报灾，几乎将言论自由的空间挤压甚至抽空殆尽。此后政治乱局加速，地方军阀势力强势崛起，使得中央政府形同虚设，政治冲突产生的巨大权力缝隙给言论自由创造了空间，这就是民国北洋政府时期政局越混乱，言论自由度反而越高的原因。

①《纷纷扰扰之粤东报界与军界》,《申报》,1914年5月20日,第6版。

②《中华民国约法》(1914年5月1日公布,通称“袁记约法”)第五条规定,“人民享有左列各款之自由权:一、人民之身体,非依法律,不得逮捕、拘禁、审问、处罚”。

③《汕报记者被捕案近闻》,《申报》,1914年5月29日,第6版。

国家集权程度忽紧忽松，地方军阀治下言论自由的空间也就忽大忽小，这里面强大的制度惯性的作用自然不容小觑。正如陈独秀在曹锟之乱时，对民国政局的整体评价道，“民国十二年之乱，如癸丑之战、洪宪之役、复辟之变、护法之战、安福之乱、直皖举直两次战争，以至此次曹党之变，那一次不是帝政余孽之北洋军阀在那里作怪？即至三次小小的广东变乱，也都是北洋军阀在岑（春煊）、陆（荣廷）、陈炯明、沈鸿英背后作祟。这都是因为辛亥革命不彻底，革命的国民党未得着政权，统治中国的仍是帝政余孽，北洋派袁世凯、段祺瑞、曹锟、吴佩孚之旧势力，才有这种怪现象”①。民初报人于右任则指出，“摧折吾报界者，莫如官场；痛斥官场者，亦莫如吾报界”②。的确，当时“新闻业最大的威胁不是来自政府，而是来自掌握政权之人的专擅和一念之间，他们出于各种集团或个人目的，钳制新闻传布、捕杀报人，这是新闻业面临的最大和最直接的威胁”③。政治人物在执政过程中为维护自身形象，会对公众言论施加或多或少影响，政治人物的形象往往是个人能力外化的表现。个人能力不仅表现在执政理念、方式和手段上，还表现在社会舆论的评价上，因此无论职位高低只要有机会，政治人物都希望自己影响到社会舆论。

在北洋军阀混战末期，国家的新闻法制系统已经被军阀们毁坏殆尽。军阀政府官员的好恶，成为法律处罚报刊报人的风向标；社会人士及政治家的协商调停，成为审检侦机关定罪量刑的重要参考，新闻法制逐步沦为官员之制、人情之制。1924年邵飘萍在《新闻学总论》中，对比中外新闻法制状况，认为欧美各国对言论界的压迫已经成为过去，日本的压迫手段也仅在法律范围内，唯有中国“一旦遇与政府中个人利害有关之事，始倒行逆施，妄为法外之干涉，武人、官僚、议员、政客莫不皆然”④。

---

① 独秀:《北京政变与国民党》,《向导周报》,1923年7月1日。

② 化民:《自由谈·报界隽语录》,《申报》,1926年7月7日,第17版。

③ 王润泽:《北洋政府时期的新闻业及其现代化》,中国人民大学出版社2010年版,第11页。

④ 邵飘萍:《新闻学总论》,京报馆1924年版,第216页。

1922年记者欧沧撰文认为，“山西现有之报纸与其谓为民意之代表，无宁谓为阎锡山氏宣传之机关处，一主威势权力之下不能独立发表议论”，披露“晋报充篇塞幅皆歌功颂德之文章”，“犹忆旧历新正初二日，记者过南柳巷读《并州新报》年前社说，大概有云，中国之不亡可以山西一隅之关系，卜之山西系中国之安危，惟阎氏之振祓是赖云云，谁何手笔不可知。惟闻军署秘书往往操新闻界之言论业新闻，而不能是是非非无怪乎启。晋民以轻藐舆论之心，以致阎氏耳所闻目所见者，胥一群‘臣罪当诛兮天王明圣’之人物，与论调而谓模范省之模范督军，尚有百尺竿头更进一步之希望矣乎”[①]。1923年7月，北京《京津晚报》因“连日对于直派之登载，颇持攻击态度”被京师警察厅查封，京师地检厅指控该报触犯刑律第一百五十五条“侮辱官员罪”，以及第二百二十二条“妨害正当集会罪”，编辑曾青云、吴凤鸣等三人被拘捕。嗣后，社长王冷公大义凛然地发表通电表明立场，称“此次政变发生，舆论鼎沸，本报本国民之喉舌之义，起而负救亡弭乱之责，所奉以周旋者，正义与民意而已。际兹法弊道绝，人欲横流，明知杜牧罪言，无补国难，犹冀董狐奋笔，大快人心，绝非左袒何方，而为偏激之论也。不图忠言见嫉，直道招尤，执政者流不自问心，惟知防口，经月以来，被传者屡，始而利诱，未足动心，继而威胁，不为夺志”。批评警察厅，“夫何至于法律未判，是非未明以前，即行逮捕记者，封禁报馆，大索十日，侵犯住宅，必欲得之而始甘心耶”[②]。《申报》编辑评论时局，“政变以来，北京报界处于暴力专制之下，或为威胁，而噤若寒蝉，或以利诱，而充其喉舌，惟《京津晚报》翘然独立，久为直派所侧目，此为该报被封之真因，今而后北京舆论界将成清一色矣”[③]。《京津晚报》被封后，它一边聘请律师从法律层面解决，一边从情理入手谋求社会各界的声援，委托林众可、詹辱生等六人为代表与警察厅沟通解决方法，由薛之珩代为调停。最终，在京内外舆论界竭力援助之下京师

① 欧沧:《山西通信·模范省舆论》,《申报》,1922年3月4日,第10版。

②《京津晚报被封后之呼吁》,《申报》,1923年7月31日,第7版。

③《京津晚报被封后之呼吁》,《申报》,1923年7月31日,第7版。

地检厅侦查后确认，“警察厅对《京津晚报》所提理由不能成立，即可宣告不起诉”[①]。

如果说军阀时期的新闻法制是法制和人治的混合产物，那么国民党全面执政时期的新闻法制则是党治的产物。

辛亥革命中政党和报刊是配合最为密切的一对伙伴，《临时约法》从宪法层面许可公民享有言论、出版、著作、刊行和结社集会自由后，报刊和政党都迎来空前大发展，报刊数量在1912年有前所未有的500余家之多，政党数量在武昌起义后也急剧上升，到1913年底全国公开党会就达682个，其中近代党团性质政党就有312个[②]。政党关系时刻牵动着报刊的发展，据吴廷俊《中国新闻业历史纲要》论述，“本来就存在门户之见的资产阶级的政党，新办的党报，为本党能在政府和议会中多一点利益争吵不休，互相攻讦，在群众中造成了很坏的影响”[③]。政党报刊为维护各自党派利益，在新闻报道中经常观点交锋，有时甚至从文斗上升为武斗。1913年5月24日晚间共和党《湖南公报》被人掷炸弹造成大量财产损失，究其原因就是该报在宋教仁案、政府借款等问题上与国民党《国民日报》《长沙日报》存在观点分歧，报馆间早有“笔墨间宣战”和编辑武斗[④]。炸毁他人报馆之案件足见政党恶斗之激烈。1926年陈独秀批评政党恶斗倾轧报刊的恶劣行径时指出：“希望他们将所禁的报纸再审查一下，那些是反对革命的（如‘宁愿为反国民革命者’的《时事新报》之类），那些不是反对革命的（如《独立青年》之类），应该分别看待。像《新申报》分明是孙传芳的机关报，《新闻报》一向为陈炯明鼓吹现在又在为吴佩孚出力，《顺天时报》更不用说是日本帝国主义的喉舌，上海的《独立报》《正论报》和香港的《讨赤报》都是英帝国主义出钱办的，都天天大捧其张雨帅、吴玉帅、孙馨帅，民权与言论自由若为此等报纸而设，试问

①《京津晚报将复活·民治通信社未确定》，《申报》，1923年8月18日，第7版。

② 张玉法：《民国初年的政党》，台湾“中央研究院近代史研究所”2002年版，第32页。

③ 吴廷俊：《中国新闻业历史纲要》，华中理工大学出版社1990年版，第114页。

④《湖南公报被炸之骇闻》，《申报》，1913年6月1日，第6版。

民权与言论自由还有什么价值”？[①]

国民党向来重视新闻宣传，辛亥革命前夕国民党的党报论述就已开始。1910年孙中山在旧金山指导《美洲少年》编辑工作时指出，“中国同盟会是体”，“日报是用”，要做到“有体有用”的办报宗旨。孙中山认为“言论自由”的中华民国，报刊是如同军队、法官、律师一样的公权力，是同一切专制腐败势力拼杀的绝佳武器。“报纸能宣布公理，激励人心，何异政令？报纸能声罪致讨，以儆效尤，何异裁判定案？报纸能密查侦察，何异侦探暗差？报纸能布其证据，直斥其人，何异警察巡兵？报纸能与人辩诬讼冤，何异律师？报纸能笔战舌战，何异军人？”[②]革命复遭挫折后孙中山指出，“我们从前本手无寸铁，何以会革命成功呢？就由于宣传得力。革命以后大家有了军队，有了政权，以为事在实行，不必注意宣传。岂知革命成功就只有宣传一道，可惜大家都忘记了，现在我们要反省才好”[③]。

经历袁世凯复辟、护国运动、护法运动等政治事件，国民党深刻认识到党报系统的重要性，到北伐战争期间北伐军几乎将军事革命和新闻检查同步进行，将新闻界牢牢操控在手中。掌握政权后，随着内部权力斗争加剧新闻法制也逐渐混乱，“一篇同样的新闻，南京的新闻检查者认为可以登载，上海的新闻检查者，却认为不妥，把它扣留了。有时同在上海，这家报馆的检查者认为可登，而那家的检查者，却偏偏不许”[④]。

北伐胜利之后，国民党基本摒弃此前一再标榜的“新闻自由”主张，转而推动维护政党利益的“舆论一律”。国民党新闻检查造成的混乱，直接导致新闻法制逐步沦为检查员自我裁量的人治及专注政党利益的党治，渐渐疏离法治轨道。国民党因熟谙舆论宣传之道，主政后对新闻界倍加提防，不仅任意检查新闻电报，对访员稿件更是任意修改，新闻界的大小事物，他们都了

① 《“反国民革命者”的民权呼声》，《向导周报》，1926年10月12日。

② 郑贯公：《拒约必须急设机关日报议》，《有所谓报》，1905年8月。

③ 黄彦编：《孙文选集（下册）》，广东人民出版社2006年版，第198页。

④ 胡汉民：《谈所谓“言论自由”续》，《中央日报》，1930年11月21日。

如指掌，党报体制在巨大政党权力的护航下迅速孕育壮大。胡适在《中国为什么没有舆论》一文中感叹，“民国十七年革命军统一北方，党部成立，言论变渐渐不如军阀时代自由”①。这样的状况，有两方面原因：一方面军阀势力对新闻业立法虽严，但执行不力，除非关涉自身核心利益，军阀断不会采取暴烈手段处罚报刊报人成为众矢之的；另一方面，1926年后全国反帝反军阀声势日渐浩大，革命党重新举起北伐大旗，国民党系统报刊乘势而起。革命军以战时情势特殊为由，通过强势政党权力大肆迫害异己报刊报人，致使新闻自由出现倒退。

从国家现代化理论视角来看国民党新闻法制党化体制的形成过程，不难发现它是具有“后发外生型现代化”的典型表现。②当时国家制度、经济、政治制度全面落后，没有现代化因素或缺乏现代性因素，新生资产阶级、无产阶级力量孱弱，传统官僚军阀势力如日中天，同时还面临列强觊觎的外来威胁，由此开始现代化建设之路的。马跃峰评价认为，“后发外生型国家在推进现代化的初始极端，采用这样一种党治模式以强化中央集权，推进社会变革，其本身有一定合理性。但国民党内组织涣散，制衡机制严重匮乏，加上传统王权意识的强大惯性，使得对民主的吁求始终没能盖过对专制的强调”③。

二、训令、饬令等临时法令的影响

内容检查、邮电权控制虽然严厉，仍勉强能算作“法制”，而军阀肆意发出的训令、饬令、勒令、私函等临时性法令，则彻底使法制沦为“人治”。诚如滋贺秀三在《中国法文化的考察——以诉讼的形态为素材》一文中言，“在欧洲，主要是以私法作为法的基底和根干；在中国，虽然拥有从古代就相当发达的文明的漫长历史，却始终没有从自己的传统中生长出私法的体系来。中国所谓的法，一方面是刑法，另一方面则是官僚制统治机构的组织法，由

① 胡政之:《中国为什么没有舆论》,《国闻周报》,1928年11月2日。

② 朱元:《政治稳定、政治发展与后发生型现代化》,《广西社会科学》,1991年第6期,第35页。

③ 马跃峰:《近现代中国新闻法治研究(1906—1937)》,博士学位论文,中国社会科学院研究生院,2006年,第23页。

行政的执行规则以及违反规则行为的罚则所构成的”。行政组织法及相关法规的制订主体是官僚，实际上很容易滋生枉法行政。兹举两例加以说明。①

（1）田中玉勒令《民治日报》停刊案。1915年，军阀田中玉支持袁世凯复辟帝制有功被封陆军部次长，袁氏倒台后独霸山东任督军兼省长。为延续执政，田氏多次派军警包围省议会，逼迫议员选举其为地方最高军政长官。1922年2月他故技重施，为此“省城各报纸即加以严重之批评，田氏当令警察厅长高焕章示意各报经理人改变论调，乃各报与地方政团均有关系，故各报之主张异常强硬，对于田之以武力干涉议会攻击不遗余力，田乃老（恼）羞变怒，饬令警察厅勒令《民治日报》停刊并加封禁，本月三日警厅又传集各报经理大加申斥”②。田中玉袭袁世凯新闻专制之恶习，对异己报刊直接命令警察厅武力逼迫，视各报及所代表的反独裁民意为无物，枉法行政可见一斑。

（2）赵恒惕私函湘《大公报》停刊案。1923年4月11日，“湘城《大公报》经省议会议决，咨经省长令，由内务司以私函饬令警察厅，转行西区警察署非法勒令停刊”。究其原委，是因当日“编辑余话”批评都督赵恒惕治下种种秕政，“如军队违法向地方勒款，政府贿卖差缺，暨轻视教育致使全省学校有实行罢课之事之类”③。此事虽经多方援助，《大公报》仍被迫停刊53天。事件发生后《大公报》积极自救，既函告内务司抗议又提起行政诉讼，从事理、法理两面争取权益。在书面抗议中《大公报》指出，“据宪法（湖南省宪）第十一条云，人民在不抵触刑事法典之范围内，有用语言、文字、图书、印刷及其他方法发表意志之权，不受何种特别法令之限制，或检查机关之侵害。既曰刑事法典，自应经司法官之裁判，刑事始得成立，行政官无任意处分之权。复曰不受特别法令之限制，无论北京政府所颁《报纸条例》已

① [日]滋贺秀三:《中国法文化的考察——以诉讼的形态为素材》,《比较法研究》,1988年第3期,第18页。

②《地方通信·济南》,《申报》,1922年2月11日,第11版。

③《湘公团对大公报案之愤慨》,《申报》,1923年4月29日,第10版。

经废止，即《出版法》为特别法令之一种，当然不能适用。贵司以行政官厅命令勒令报纸停版，此种限制与侵害言论自由之方法，同人不敏，不知贵司果系根据何类普通法令，更不知此种处分是否与宪法第十一条抵触，敢本民权自卫之意，以此对于贵司提出抗议。即希察核，望收回成命，以维宪法而保民权”[①]。4月16日，《大公报》又向长沙地方法院提起行政诉讼，状告内务司。起诉书援引《行政诉讼法》第二十九条、第三十条，《刑法》第一百四十八条，《湖南省宪法》第十一条、第六十二条、第一百二十八条等法律条款请求撤销停刊处分，赔偿报馆损失，依法停止内务司长吴景鸿职务，并依照《刑法》追究其滥用职权罪。

相较《大公报》自身据理力争，其他社会团体则态度不一，学生及工人团体、湖南旅沪同乡会积极声援，报业联合会龟缩处事、不予表态。因《大公报》趋重新潮，平日对学生及工人运动多有鼓吹，故湖南学生联合会、公团联合会率先对停刊事件“以邮代电”发起声援。电文揭露内务部三项违法事实：（1）报纸所载对省议员及政府官员的批评文章，仅记者个人行为，自有其一人负责，“与其余之记者及《大公报》之机关无干”；（2）内务司干预司法。“《大公报》记者所为而果有抵触刑事法典之处，应向检察机关告发，履行侦查手续，提起公诉，经审判机关判决罪名确定后，方能处罚，行政机关断无干涉之权，更断无尚未成立罪名便施行处罚之权”；（3）内务司滥用行政命令，程序违法。“省议会议决咨请政府文明曰依法惩治，内务司竟违背省议会议决，用行政手段勒令《大公报》停刊”[②]。湖南旅沪同乡会发表通电，声讨湖南自治以来军阀专制的恶行恶状，电指“赵恒惕阴贼险狠，肆无忌惮，假省宪为护符，视民意如刍狗。……省宪所规，何条不犯，民意郁湮，无所伸诉，议会职责，监督政府，竟熟视无睹，充耳不闻。要之各议员本系贿买而来，七司皆金钱获选，望其福民利国，不啻与虎谋皮。故衡情而论，准罪

①《湘大公报停刊后所闻》，《申报》，1923年4月21日，第10版。

②《湘大公报停刊后所闻》，《申报》，1923年4月21日，第10版。

科罚，谋叛省宪者，首推赵氏，而议员七司，皆从犯也”[①]。与湖南学生联合会、全省公团联合会、湖南新民学会等十余民间团体积极声援不同，湖南教育会“仅允列名，不允为发起人”，“湖南报界联合会对此始终不发一言，虽经各公团请其出而主张正谊（义），亦复置之。至其他各报，则甚有对此事始终无一字记载者，令人百思而不得其解矣”[②]。

《大公报》案清晰显现军阀专制、联省自治下新闻法制的真正面目，所谓省宪只不过是军阀为谋取地方权力的工具而已，省宪效力竟敌不过军阀一纸“私函饬令”。毛泽东评价湖南省宪法时指出，“我们历来反对联省自治，因为他不是联省自治，乃是联督割据；我们历来反对军阀烂政客假窃名义的省宪，因为他不能做人民的保障，反做了军阀烂政客争权争利的保障。湖南最是个明证。赵恒惕现在堂哉皇哉兴‘护宪之师’了，而他两年来，有省宪以来，惨杀劳工（黄庞等），勒封报馆（《大公报》《自治新报》《新湘报》），剥夺人民书信自由（邮电检查员未曾撤去一日）”[③]。

三、中国传统法文化对新闻法制的影响

中西方法文化对新闻法制理解存在根源上的差别，中国文化是“主修的文化”，即以道德为中心的文化，它主张思想观念的统一性和包容性，观点、学说、主张之间并不是独立竞争关系而是一种吸纳关系，而西方文化则是竞争性的“主智的文化”，观点、学说、思想间拥有独立存在的空间。[④]军阀时期中西新闻法理念既有冲突又有共融，冲突源于中国传统道德与西方新制度的错位，而共融则在于共和国法治建设的制度想象。

中国古代新闻传播官报独占，直到清末我国才出现完全脱离官报体系的民间报刊，宫廷、官府消息成为新闻传播的主要内容，公众视角的社会新闻

①《湘大公报被封后之援助声》，《申报》，1923年4月22日，第13版。

②《湘公团对大公报案之愤慨》，《申报》，1923年4月29日，第10版。

③ 泽东：《“省宪经”与赵恒惕》，《向导周报》，1923年8月15日。

④ 张东荪：《民国丛书第二编（知识与文化）》，商务印书馆1946年版，第236页。

少之又少，因此中国古代新闻法制的客体仅限于官府内部，非法存在的民间报刊如宋代小报、明代伪邸报、清代伪传奏章报等遭到查禁时毫无辩驳的余地，直接进入刑罚程序。刘启邠认为，“我国古来自道德本于人伦，基于家族，与泰西之道德，根本上绝对不同，固不能以两是之说相敷衍，亦不能以折衷之说谋调停也”，他将宪法所定之思想自由与中国传统文化之“天良”观连接，认为官廷不应以“悖谬”为借口肆意查禁报刊，“思想属于人心之自动，不待宪法之赋予而后自由也，赞否判诸人人之天良”，“禁之愈严则欲得之者，甚于饥渴之思食饮，而愈不可遏”①。1905年胡汉民评价俄国立宪经验时亦提出，“良心之自由，新闻之自由及集会结社之自由，其法律之规定甚重大之件也”②。1914年《甲寅》读者刘陔对报刊“纯为私党之利器”颇为担忧，致章士钊函言，“偶检报纸，非叙京华之风月，即谈八埠之声歌。丝竹而外，无复文章。北里之游，顿成习惯。而且以骚人自命，以名士自居，举国若狂，贻人笑柄（西人某谓世界色迷、戏迷无过于北京者）。管子曰：‘礼义廉耻，国之四维，四维不张，国乃灭亡。’举凡言论界之人物，类皆以化民成俗为帜者也。乃礼义之不修，复廉耻之日丧，虽报纸销路渐可增加，（如《民强报》之消闲录，尽载八埠之事，并开花城选举榜，附选举票于报纸后。于是有运动选举者，势必多买，报纸销路为之一畅。各报见而流涎，争相仿效。近来各报载花城之事者日益增加）而社会沦胥若此，宁不为之痛心乎”③？刘引述《管子·牧民》中社会善良风俗与国家存亡关系的语句，无非是想警醒当时言论界重视社会观感，新闻业不可逾道德规矩太过。

在中国传统文化中任何人从事一项工作都需要谨守本分，决不能做出有违职业道德的行为。民国初年新闻业取得较以往时代进一步的发展，报刊商业化、企业化加速推进，新闻记者职业化、专业化水平进一步提高，由此在

① 邠：《省署之禁阅令》，《申报》，1919年4月13日，第11版。

② 去非：《俄国立宪后之情形》，《民报》，1907年1月10日，第6版。

③ 刘陔：《新闻记者与道德》，《甲寅》，1914年第1卷第2期，引自张卓群、宋佳睿编：《甲寅通信集》，福建教育出版社2016年版，第28页。

利益诱惑之下，新闻记者的职业道德就显得尤为重要。“文章合为时而著”，新闻记者职业身份与传统的文人身份产生连接，近代中国文人办报、文人论政在实践层面检视着新闻道德的质与表。

首先，北洋政府时期社会对新闻记者的道德要求，存在纸面上高、行动上低的问题。中国传统文化的文人操持观，成为当时新闻界的共同价值准则。民国著名记者邵飘萍认为，作为一名记者尤为需要重视“品性”，“所谓品性者，乃包含人格、操守、侠义、勇敢、触实、勤勉、忍耐及种种新闻记者应守之道德。贫贱不能移，富贵不能淫，威武不能屈，泰山崩于前、麋鹿兴于左而志不乱”[①]。1921年美国新闻家格拉士来华演讲，提出报馆应有独立精神。《申报》经理史量才则用中国传统道德论述的经典话语，来阐释中西新闻伦理的共融相通之处，他提出：“几十年来政潮澎湃，本馆宗旨迄未偶移，孟子所谓‘富贵不能淫，威武不能屈’，与顷者格拉士君所谓‘报馆应有独立精神’一语，本馆宗旨似亦隐相符合。”[②]著名报人徐宝璜将拥有较高职业修养的记者视为“社会之公人”，认为记者在任何一项职业活动中都要重视个人道德的决定性作用。“故伟大之记者，应有大无畏之精神，见义勇为，宁牺牲一身以为民请命，不愿屈于威武而噤若寒蝉。”[③]前述三者的共通之处即在于，都有运用《孟子·滕文公下》中“富贵不能淫，贫贱不能移，威武不能屈，此之谓大丈夫”的儒家道德观来阐释中西新闻职业道德观念的共通之处。此外，当时出版家杜亚泉则意识到西方思想自由观念输入中国给言论界造成的冲击及水土不服的情况，他提醒道：“群众共喻之信条，乃言论界之法律及公例公式也，然自西洋文化输入以来，此法律公例公式渐为外来思想所变动，立言者既不能仅据旧有为标准，听言者亦不甘仅以旧有者为满足，于是言论基础遂受动摇，言论界虽亦求合时势，稍变其论据之方针，但仓皇迎受无所折衷，故所陈说非失之支离，即流于偏激，而不能有融会贯彻之精义，以收

① 邵飘萍：《实际应用新闻学》，京报馆1923年版，第7页。

②《本馆欢迎格拉士君茶话会纪》，《申报》，1921年12月24日，第14版。

③ 徐宝璜：《新闻学》，中国传媒大学出版社2016年版，第99页。

群众之视听。”[①]

其次，在实践层面新闻从业者的职业道德水平常遭社会质疑，其中尤以访员之操守广受世人诟病。“笔侠”在《申报·自由谈》撰文大揭“访员之弊”六项，其中所言可谓字字珠玑、一针见血，兹录于下。

访员之弊[②]

访员为报馆之耳目，人民之喉舌也，承其乏者，宜如何宅心公正，束身自爱，以重自身之价值，而增报纸之光荣。乃以余所闻则竟有大谬不然者，而别其大弊，厥有六端。

一捏造新闻也。报馆于访员采访新闻，大都有所限额，盖预防其旷职也，乃恶劳好逸或沾染嗜好之访员，多不躬亲采访，惟日夕徜徉于茶楼酒肆，以耳为目，妄行摭拾，既不虞其不实不尽，复有时向壁虚造，影响毫无，希图奉责而已。

一颠倒是非也。民间细故本无赖于报纸之左右，然愚民每误会焉，故往往有诉讼事多出资请托访员，以为之鼓吹者，访员固欢迎之不暇也，惟一念编辑神明，曷以蔽之，则惟侧击旁敲，冀耸其听闻耳。

一借端敲诈也。了此民智半开之候，人民私德岂能尽修，而有等访员即利此时机大行其道，于或有隐恶者，或先使人示意招其运动为之讳饰，或先以微词见报而阴行挟制必有若干之馈赠，始不复尽情宣布，于是畏事者则布置不遑，而惜名者亦不得不姑与周旋矣。

一需索陋规也。访员在报馆中固有职无权也，乃庸懦官吏竟误以其为报馆要人恨无缘以识荆，而访员亦以此种官吏为可欺因缘以结纳之。或本无口碑也，而为之铺张以耸听；或偶有恶声也，而为之洗刷于无形。于是官吏德之必有所报酬，而访员乃谢却之，乘机

---

① 杜亚泉:《言论失坠的原因》,《杜亚泉文存》,上海教育出版社2003年版,第186页。

② 笔侠:《百弊丛谭·访员之弊》,《申报》,1918年3月31日,第14版。

借口有子或侄闲居已久，家计维艰，要求挂名一事，藉资补助使其谊不容辞。故访员之善招摇者，于各机关能月收津贴焉。

一私通关节也。访员既可与官厅接洽，官厅岂无日行案件，而有等访员即藉此招摇包揽一切，与官厅朋比为奸于中渔利，然虎口分食，谈何容易，故庸懦官吏又多有受其愚弄供其利用徒负虚名，而敢怒不敢言者。

一诳骗愚民也。广告新闻各有效力，然非其人不解也，尝闻访员之兼理告白者，遇有愚民委托其事可动听闻，则必吞没其登费变更其情词，而移插于新闻栏内，以抵塞之。迨经原人质问，则又以新闻较广告为有力，此与编辑人人情良非易得以绐之。

以上六弊，平心而论固未必尽人皆有，而人心不古，欲求其一弊绝无者，恐亦不数觏也。

业界之弊，报界基本持批评态度，此之外就是新闻法规及业界共同发起的对有违社会善良风俗新闻的抵制。在《报纸条例》《出版法》等多项新闻法规中“败坏风俗者”都是禁止登载的，1916年10月徐世昌政府《内务部通咨各省报纸批评图画广告等项时涉淫亵应设法劝戒文》也要求新闻报纸注重社会公益，在图画、广告方面特加慎重，避免报纸成为“诲淫之具”。1925年全国报界联合会在《劝告禁载有恶劣影响于社会之广告案》中，亦要求各报不得登载不真实、不道德的广告，“广告应为报社营业收入之一种，然报纸的天职在改良社会，如广告有恶劣影响于社会者，则于创办报社的本旨已背道而驰。如奖券为变相之彩票，究其弊可以凋敝民力，是引起社会投机之危险思想。又如春药及诲淫之书，皆足以伤风败俗，惑乱青年。此种广告，皆与社会发生极大之恶影响，而报纸登载，恬不为怪。虽日营业，毋乃玷污主持舆论之价值乎？且贪有限之广告，而种社会无量之毒，抑亦可以休矣”①。即便法律规制、业界团体劝导，但小报泛滥在此时期发生，却也是不争的事实。

① 戈公振:《中国报学史》,中国传媒大学出版社2016年版,第182页。

据马光仁统计，20世纪20年代末至30年代初，短短五六年时间上海出版小报就达700多种，几占上海小报史总量的3/4。[①]小报刊载大报未及载、不愿载的信息，分黄色小报、政党小报和知识娱乐小报几类，其中影响最为恶劣者数黄色小报。众多小报之中《晶报》《金刚钻》《福尔摩斯》《罗宾汉》等“四大金刚”最为著名，内容腌臜不堪，无非是吃喝嫖赌抽等有违社会善良风俗的“黄色新闻”。

最后，新闻法规文本、新闻业界论述与业界实践在伦理道德层面出现背离，是民国北洋政府时期新闻法制不彰的直接后果，业界也因此面临自身伦理道德诉求纸面上高、实践中低的问题。“星”在《评修正出版法施行细则》中指出，“中国报界不健全的报纸与通讯社实在太多，因经济基础之不健全，往往有藉津贴及其他损害信誉之方法为生，而自堕报纸之品格者。因报人资格之无限制。往往有毫无社会科学知识，无职业训练，因而无健全之报业道德及责任心者”[②]。诚然，北洋政府时期言论界具有分裂与混乱的双重属性，在此情形下各地政治势力都无法完全控制言论界，言论自由的空隙为报刊报人自由表达观点提供了空间，其中自然也少不了滥竽充数的报人。

民国新闻家、新闻学硕士张继英认为，“办报者应以道德为本，报纸乃公共信托之事业，须忠心不负人之托，经济尤须独立，不受他方面之津贴，免致丧失独立之精神”[③]。理想很丰满，现实很骨感，新闻业要纯以道德为本，为公共利益服务且经济独立，在当时社会环境下绝非易事。在《申报》主笔“马二先生”的滑稽小说《乞儿国》中，一名报人这样描述自己工作状况，“兄弟本来托身报界，无奈现在的人民都不喜欢看报，说报上的话尽是造谣言。诸位试想我们办报做主笔的全靠访员，访员造谣言，主笔如何能不造谣言，况且经济不足不能打电报，若不造谣言那里有许多专电呢？只是造假太多把报纸信用都失了，报纸的营业也一落千丈，试看现在的报纸比去年少了

① 马光仁：《上海新闻史（1850—1949）》，复旦大学出版社2014年版，第697页。

② 星：《评修正出版法施行细则》，《申报》，1937年7月6日，第8版。

③《张继英女士演讲“报纸之组织”》，《申报》，1925年12月8日，第15版。

多少家”[①]。该报人道出了当时报刊报人的普遍生存状态，报馆为销路不得不造谣，造谣导致公信力丧失销路再降，直至最后无法维继。办报初期大多数报人确实希望为新闻自由而努力，但当报刊一旦做大就逐步为经济利益左右，有的报纸甚至一开始就是特定政治势力津贴的产物。1920年恽震观察武汉报业发展时指出，“在汉口我看见一种《大陆报》一种《正义报》，都可以过得去，其中新闻似乎材料很丰富，不过缺少论说批评，大概也是学《申报》《时报》《新闻报》的素以含糊笼统为宗旨。另外我听得有一种《日日报》办得极有精彩，很能为介绍新思想尽力，不过其中的详情究竟怎样，我没有仔细调查，浮面上得油光一闪是不能作为根据。总之，中国的报纸大半是营业的性质，一赚了钱就像乌龟缩了头不敢多说，第一保护自己地盘要紧，还有一种报纸是受了资本家的挟制替人家说话，我们要去调查，只要去问那报馆受什么人的供给，每月贴多少，就可以猜出他那报的论调是怎样。从上海的报界推想到汉口的报界，我们也可以不言而论了，这件事说来实在可叹，偌大一个中国竟找不出一张纯洁的大日报”[②]。更有报刊大张旗鼓靠经营“黄色新闻”度日，1914年袁世凯言论专制致使言论界一片肃杀气氛，“北方之《民强报》《民报》《顺天时报》《大国民日报》《国华报》等，皆鼎鼎有名之报也，《国权报》向不专载妓女事，近亦常附妓女之小照于报尾。《大自由报》之自由俱乐部中，近亦喜谈娼寮之事。此皆近日报界之趣向，而北方社会之实在情形也”[③]。

1920年，美国新闻学者格拉士在一次报界座谈会上，毫不讳言地指出中国报界存在的问题，“鲜独立新闻，均抄袭通信社，此最失新闻本值（质）也；鲜独一组织，均受政府一方面或他方面之津贴，此最为报纸腐败之原因；鲜独立之主张，此原组织既非独立，则主张自亦不能独立”[④]。当时报人也不

① 马二先生:《自由谈·乞儿国》,《申报》,1914年11月6日,第13版。

② 恽震:《汉游杂志(续第十期)》,《少年世界》,1920年12月1日。

③ 刘陔:《新闻记者与道德》,《甲寅》,1914年第1卷第2期,引自张卓群、宋佳睿编:《甲寅通信集》,福建教育出版社2016年版,第28页。

④《北京特约记者与格拉士谈话》,《申报》,1921年12月16日,第7版。

禁感叹新闻界之堕落，“新闻界之作品乃益良莠不齐，玉石相混矣。至其下之下者，则竟拾人牙慧，依样葫芦，东施效颦，班门弄斧，吁嗟乎。此其丑态可呕，而其窘状则又大可怜也矣”[①]。新闻界一方面拥有匡正舆论、振导社会的情怀，但又不得不面对工作环境恶劣，劳动工具简陋的现实工作条件。新闻记者三件宝，墨水、浆糊、小剪刀之语，虽近谐谑，亦是实情。“在栈房里以前所需要的编辑员，如今都没有用处。靠着一把剪刀，一瓶浆糊，做些投机事业，什么战争记咧，战事画报咧，捞一笔饭钱。这些勾当，只消一两个人剪剪贴贴、画画写写就绰乎有余了。”[②]由此许多报刊根本不具备新闻采编的物质条件，沦为东拼西凑、换汤不换药的“鬼报”。《申报》副刊《自由谈》之主笔周瘦鹃感慨当时从业环境艰难，新闻专制积重难返只能默默接受，“封报馆捕主笔，这是前清专制政府之所为，不道号称共和的中华民国，竟也数见不鲜。当作家常便饭，一般唉！防民之口防到这般地步，我们要开口说话的人还是塞住了口，袖手旁观不要多说了”[③]。与周瘦鹃的观点不同，报人陶佑则豪言，“人家不敢封的，才是好报馆；人家不敢拿的，才是好主笔”[④]。《民权报》访员戴天仇亦主张，“报馆怕封，不是好报馆；主笔怕拿，那不是好主笔”[⑤]。

报人内心希望坚守新闻从业理想、遵守新闻法律法规，但现实境况却使他们时常遭遇非法侵害，为经济利益背弃职业理想，新闻法制于他们来说既不能保障自身权益又不能约束行为。为此，有法律界人士仍积极谋求国际支持，希望将中国新闻法制落到实处。1926年律师张桐于日报公会代表将赴日内瓦参加第三次万国报界大会之际致函该会，在《请援助我国新闻界遭违法之摧残》一文中张表示，“吾国新闻事业之发展困难，屡受非法侵害，殊失相当法律之保障，实为国人遗憾。详查新闻界之人才资本均不缺乏，所以不能

① 双热：《小言·主笔》，《饭后钟》，1922年11月8日。

② 烟桥：《非战地的生活》，《申报》，1924年10月26日，第13版。

③ 鹃：《自由谈·三言两语》，《申报》，1923年12月22日，第8版。

④ 陶报癖：《自由谈·报界隽语录》，《申报》，1926年7月7日，第17版。

⑤ 戴天仇：《自由谈·报界隽语录》，《申报》，1926年7月7日，第17版。

发展者，不过受环境之非法压迫，痛遭钳口之害不能享有言论自由之权，又不得公理同情之援助，如层见迭出之。报馆被封主笔被杀等案，查彼被封被杀原因，果有扰乱治安，违反新闻界据实言论之宗旨，依照证据倘属罪不致封，罪不致杀，尚不应封之杀之。间有并无违反新闻宗旨，并无扰乱治安情事，仅不能献媚于一党一系之故，竟遭非法侵害者，理应谋相当之援助或营救，如何谋协力抵抗之善策，如何谋固新闻界据实纪载实践言论自由之权”①。实际上，在国际合作层面，北洋政府在1923年9月12日，正式加入了第一个国际出版公约——《国际禁止淫刊公约》，该公约正文16条，蒇事文件14条，对“淫秽”“印刷品”的范围内容提出了适当保留，准许各国“进行适当的修订”，以符合公约要求。该公约的签订，为中国打击其他缔约国在华传播淫秽出版物创造了条件，为新闻传播领域的国际合作积累了经验。

法律是最基本的道德。成熟、理性的新闻职业群体是新闻职业道德产生的基础，更是新闻法制实施的基础，缺乏这些基础，新闻法制很难落到实处。中国传统“文人论政”及“开眼看世界”以来的文人办报，都对国家政治体制改革、法制变革提出了相当多的要求，这些在中国传统“主修”法文化辅助下，本应该发挥积极推动作用。遗憾的是，在政论报刊减少，商业报刊大量崛起的北洋政府时期，新闻从业者并没有实现从政论家、主笔向新闻记者的身份转换，新闻职业群体并没有形成稳定、成熟的职业道德，没有完成新闻职业的合法性建构，以致长期在如何维持职业尊严、地位和纯洁水平等基本道德问题上纠缠不清，没有建构起共同体认的最基本的道德，自然也很难在新闻法制上达成共识。

①《张桐对万国报界大会之意见·请援助我国新闻界遭违法之摧残》，《申报》，1926年6月29日，第13版。

第五章　北洋政府时期新闻法制的实证分析

北洋政府时期是近代中国政局最为混乱的时期，也是新闻法制最为混乱的时期。此阶段新闻法制之乱从何而来，以及它在司法实践层面的具体表现都亟待发掘。通过引入量化研究方法，以《申报》1912年至1928年典型报案[①]报道为样本，能够全局性地呈现当时新闻法制状况和报案在司法实践层面的具体情况。

《申报》常被人称为研究中国近现代史的“百科全书”，作为近代中国发行时间最久、社会影响最为广泛的报刊，它的新闻报道能够相对客观地呈现报案的基本情况。通过收集、整理《申报》1912年1月至1928年12月的报案报道，最终选出由其连续报道的、有明确法律关系的报案约60件（详情见本书附录）。藉此分析它们在时间分布、地域分布、两造、案由、审理、法律依据、处罚结果等方面的特点。

第一节　报案的基本情况

北洋政府时期报案的发生量总体呈下降趋势，报刊的发行数量总体呈上升趋势。“军阀们的内心是惧怕舆论的，他们能掌握北京政府，能解散国会，

① 在新闻史研究领域，“报案”是清末民初新闻、出版案件的简称。本文整理的报案，主要是北洋政府统治时期（1912—1928）《申报》所载的报刊、报人遭遇法律处罚的报案，租界当局处理的经《申报》登载的报案亦在其中。

却无法控制舆论，而报纸是沟通、表达舆论的媒介，所以他们想要控制报纸，采用硬或软的手段，图造成包办舆论的局面。”[①]同时，在割据状态下单个军阀的权力有限，报刊、报人可以跨区域活动，报馆在此地被查封可到彼地复刊，报人在此地被罚可到彼地继续从事。因此，从报案的发生量、报刊的发行量、军阀对报刊的控制、报人的自由度等几方面来看，北洋政府时期的新闻业享有一定限度的言论自由。

一、时间分布

北洋政府时期《申报》所载的报案数量，总体呈逐渐递减趋势，见下图5-1。报案发生的四个高峰年份，分别为1912年、1914年、1919年和1926年，它们的出现与当时的社会政治环境关联密切。为整体把握这一时期的新闻法制状况，我们将其分为四个阶段加以阐释。

第一阶段，民国成立至袁世凯逝世（1912—1916年），跨度5年，报案数35件，社会各方刻意曲解新闻自由，为新闻自由掺杂强烈政治意图。民初有相当一部分社会精英将新闻自由，视为不受任何法律限制的绝对自由，如陈独秀就认为“言论要有逾越现行法律以外的绝对自由”[②]。章太炎、孙中山等也认为“民主国本无报律”。“新闻自由在他们那里，只是用来反抗当权者和宣传革命思想的有力武器，他们所追求的是一种不受法律束缚的新闻自由”[③]。特别是“暂行报律”事件，无论有意还是无心，新闻界的表现都给社会留下了“政治打手”的印象。新闻界主张绝对的新闻自由，这自然不能为当权者所容。1913年袁世凯掌握国家权力后悍然发动癸丑报灾，全国报纸数从1912年的500余家，陡降到139家，新闻业哀鸿遍野。[④]“两个最大报业都市：北京剩25种，上海仅5种，一度蓬勃的报业，犹如昙花一现，瞬即

① 赖光临:《七十年中国报业史》,台湾“中央日报社”1981年版,第54页。

② 陈独秀:《法律与言论自由》,《新青年》,1919年第7卷第1号。

③ 卢家银:《民初报界抵制报律的深层原因分析——以暂行报律事件为中心》,《国际新闻界》,2009年第3期,第119页。

④ 方汉奇:《中国新闻传播史》,中国人民大学出版社2002年版,第158页。

凋零”[①]。

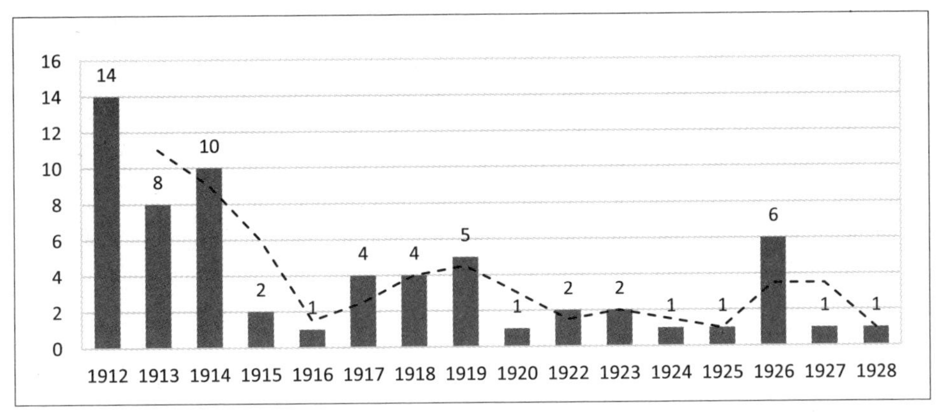

图5-1 北洋政府时期（1912—1928）《申报》所载报案的时间分布[②]

第二阶段，各地军阀割据混战（1917—1920年），跨度4年，报案数14件，以1919年五四运动为界分前后两段，前段军阀通过法律手段歪曲新闻自由体制，钳制新闻业发展；后段军阀势力对新型报刊的处罚没有紧迫性。1916年底黎元洪就任大总统，短暂废除《报纸条例》，并在国务院设新闻记者招待会处，“凡中外文电有关国计者许登录”[③]。新闻业界闻此无不欢欣鼓舞，以至1916年底全国报刊数迅速猛增，到达289种之多，较1915年增加了85%。[④]然而袁世凯的继任者根本不可能真心实意地恢复新闻自由体制，短暂的宽松政策只是其窃取总统大位的权宜之计。此后，军阀们不仅大量袭用袁世凯颁行的新闻法规，还陆续炮制出《戒严法》《检阅报纸现行办法》《管理印刷营业规则》等新的钳制性法规。在日趋紧缩的专制政策下，报刊数量迅速下跌，许多报刊逐步成为军阀、官僚和政客的附庸。更有甚者沦为黄色小报、装神弄鬼的灵学报、套印他报的“鬼报”等毫无社会公德的报刊。

① 赖光临:《七十年中国报业史》,台湾“中央日报社”1981年版,第24页。

② 说明:1.报刊、报人遭到军政人员无故处罚的案件,在统计之列;2.1921年《申报》没有登载较有影响力的报案;3.在同一时间发生或因同一事由形成的报案,仅作一次统计;4.单一报案的多篇连续报道,仅作一次统计。

③《专电》,《申报》,1916年7月18日,第2版。

④ 方汉奇:《中国新闻传播史》,中国人民大学出版社2002年版,第163页。

1919年五四运动的一声惊雷，让“民主”和“科学”成为时代主题，新文化运动更为中国带来了马克思主义新闻理论的曙光，近代中国的报人开始了探索新报刊类型的步伐。随后，为工人、农民、妇女、军队、青年等人群服务的报刊不断出现，它们通过动员各种社会力量，逐渐开始跃出政界、学界的小圈子，走向全社会。随着军阀势力在各个地方的交替消长，政论、政党报刊随时都有覆灭的危险，而这些新报刊因与政治权力没有明确的依附关系，军阀们对其的监管就相对宽松。

第三阶段，“联省自治”期间（1921—1925年），跨度5年，报案数6件，军阀混战进一步加剧，国共两党在反帝反封建上达成合作，军阀对新闻业的控制力减弱。1920年之后，各地军阀陆续主导联省自治，究其原因，一为假自治之名，巩固本省地盘，扩大势力范围；二为兵败弱势之时，为求取生存选择的权宜之计。无论基于哪一种，各地省宪都将人民的言论、著作、刊行及集会结社之权写入其中[①]。这些法条在司法实践中虽然不能保证落实，但在法律文本层面还是起到了给新闻自由加码的作用。1921年全国报纸有821家，到1925年据邮局统计，已达千余家。[②]特别是以工人报刊为代表的进步报刊大量迅速涌现，使得人们从中认识到“打倒列强、铲除军阀”的重要性。为此，1923年吴佩孚制造“二七惨案”后，国共两党正式合作建立革命统一战线。

第四阶段，北伐战争至东北“改旗易帜”（1926—1928年），跨度3年，报案数8件。1926年轰轰烈烈的北伐战争，再次点燃了人们的革命热情，新闻业对革命前途激情满怀，当年全国日报增加到628家，较1921年的500家有所增加。[③]舆论鼓吹之下，社会大众打倒军阀的声浪日益高涨，那些曾经碍于悠悠众口提出“只杀报人，不封报馆，不算钳制舆论”的军阀们，纷纷变

① 各地省宪的表述虽不尽相同，但都对人民“自由发表意思之权”进行了确认，详见《广东省宪法草案》(1921)第11条、《湖南省宪法》(1922)第11条、《四川省宪法草案》(1923)第18条、《福建省宪法》(1925)第22条等。

② 周孝庵：《中国最近新闻事业》，《东方杂志》，1926年第22卷第2号。

③ 丁淦林：《中国新闻事业史》，高等教育出版社2002年版，第238页。

本加厉，对报刊报人展开更大规模的迫害。邵飘萍、林白水等名记者就是在这样的背景下被杀害的。

二、地域分布

北洋政府时期《申报》所载报案的地域分布情况为：集中发生在北京、上海和广东三地，内陆省份及东三省数量很少。具体见下表5-1。

表5-1　北洋政府时期（1912—1928）《申报》所载报案的地域分布①

省份	北京	上海	广东	湖南	天津	浙江	福建	江苏	江西	湖北	香港
报案数	25	12	11	4	3	2	2	1	1	1	1
百分比	39.7%	19.0%	17.5%	6.3%	4.8%	3.2%	3.2%	1.6%	1.6%	1.6%	1.6%

北京作为国家的政治中心，报案数为25件，占比39.7%，远超其他省份，反映出北京的权力斗争非常激烈；上海是当时中国国际化程度最高、中外各种政治势力最为活跃的城市，报案数量较多，占比19.0%，说明中西新闻法制理念在此激烈交锋；广东是革命派起事的重要省份，报案数11件，占比17.5%，反映出革命派与军阀势力在此激烈冲突。北上广三地报案数达48件，合计占比高达76.2%，表明北洋政府时期报案发生的情况与新闻法制的近代化进程，以及近代报刊的发展进程，在地域分布上是切合的。

第二节　报案的司法实践

报案的发生与国家的新闻法制水平息息相关，只不过在法制健全、公平的情况下发生的频率低一些，在法制混乱不公的情况下频率高一些。北洋政府时期新闻法制较为混乱，诱发报案的因素很多，处罚手段、法律依据、司

① 说明：1.通过新闻报道无法确认法律关系的报案，不在统计之列；2.一些省份虽有报案发生，但《申报》没有登载，不在统计之列。

法程序等也因案而异。为直观呈现此阶段报案发生的大致情况，结合数据的特点，根据违反法律的不同，将违法行为划分为刑事、民事和行政三类，其中涉外案件单独列出。具体情况见下表5-2。

表5-2 北洋政府时期（1912—1928）《申报》所载报案的类型[①]

违法行为	行政案件	（涉外行政）	刑事案件	（涉外刑事）	民事案件
报案数	28	5	27	2	10
百分比	44.4%	7.9%	42.9%	3.1%	15.8%

表5-2显示，行政案件总体占比达44.4%，数量居第一位，行政、刑事两类案件合计占比高达87.3%，说明绝大多数报案是由官方发动的，政治强权在新闻法制过程中非常强势。此外，涉外行政、涉外刑事案件合计占比达11.1%，反映出在“治外法权”庇护下的外国势力，随意发动报案的现象时有发生。

一、两造

两造指法律行为或诉讼行为的双方当事人，即原告和被告。在北洋政府时期的报案中，被告是报刊或报人，而原告的构成主体较为复杂。见下图5-2。在不同的报案中，原告发挥的作用各不相同。地方警察厅、地方政府通常做出行政处罚决定，“逮捕”“拘留”报人或“查封”报馆；地方检察厅通常对报刊、报人提起公诉；工部局作为外国势力在中国司法领域的触角，通常和中国反动势力联合制造报案，干预中国新闻法制；地方军阀往往借助一纸军令，即可处罚报刊、报人；个人、社会团体主要是民事纠纷；军队军法处往往通过军事审判来处罚报人；外国政府、外国团体在治外法权的庇护之下，也通过看似合法的手段打击中国报刊、报人。

① 说明：1.报案中有刑事附带民事案件2件，做重复统计；2.行政案件的统计包括涉外行政案件，刑事案件的统计包括涉外刑事案件。

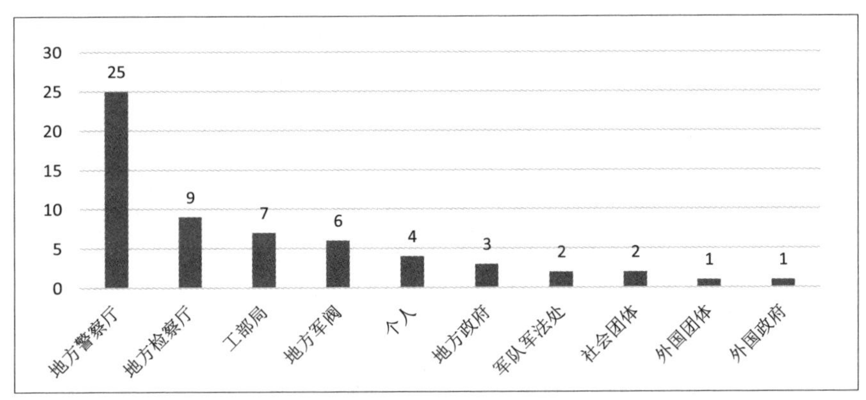

图5-2 北洋政府时期（1912—1928）《申报》所载报案的原告①

在《申报》所载的63件报案中，地方军阀做原告的有6件，军队军法处做原告的有2件，两者合计占比13.3%。地方警察厅做原告的有25件，地方检察厅做原告的有9件，两者合计占比56.7%。前两者数量偏少，后两者数量较多，说明此阶段的新闻法制有它进步的成分，西方诉讼法律制度在这一时期取得了一定的发展，程序正义是基本得到尊重的。此外，工部局做原告的有7件，外国团体、外国政府做原告的各1件，三者共计占比15.0%，说明外国势力对中国的新闻法制的确有重要影响。通过对比还可以发现，外国势力（工部局、外国团体、外国政府）原告的报案比军阀枉法告诉的报案多，说明外国势力给中国新闻法制带来的制度混乱，比军阀枉法告诉的破坏力还要大。

相较于报案的原告，被告的构成则非常简单。其中，报刊做被告的有43件，占比71.7%；报人做被告的有19件，占比31.7%；北京的地方警察厅作为行政被告的案件为1件。数据说明，报刊是北洋政府时期报案最重要的法律责任主体。

二、案由

诱发报案的因素很多，如政治经济利益的冲突、外国人的干涉、军阀的

① 说明：1.在同一时间发生或因同一事由形成的报案，仅作一次统计，因此图5-2统计的报案为60件；2.“地方军阀”与“个人”的区别在于，军阀是通过军事命令处罚报刊、报人，而“个人”主要是民事纠纷。

镇压等，都会导致报案的发生。在中国传统新闻法制中，视法为刑常有发生，“所有关于禁止令行的规定都是以刑罚来保证实行的”①，故违法与犯罪总是被混为一谈。再者，行政法与刑法浑然一体，立法者多关注新闻业是否会危及国家稳定、政治统治等公法问题，而对个人名誉、隐私、言论自由等私法问题关注甚少。这些现象到民国北洋政府时期已经基本改观，中国传统法的现代性渐次显露。为进一步呈现此时期报案发生情况，根据违法行为的相似程度，可将报案案由划分为六种类型（见下表5-3）。其中，名誉侵权、关涉军队、未明示、治外法权四种类型的报案，数量相对较多。

第一类是名誉侵权的案件，这类案件数量最多，其中又以诉“诽谤”者最多，多为民事案件。如1912年湖南民政次长左学谦诉《湘汉新闻》诽谤其受贿卖缺案，报刊最终败诉。②1915年北京女伶刘喜奎诉《戏剧新闻》诽谤其有狐腋病，最终原告撤诉。③也有比较特殊的，如外国人发起的报案，1912年英商老沙逊等十一家烟商诉《民国西报》侵犯集体名誉权，该案围绕“土商”是否专指特定对象展开激辩，原告引用英国判例，认为“数爱而兰厂”等字可以证明是对“土商”的诽谤。被告辩称“土商二字亦非专指原告少数之人，乃指在中国境内做此不合道德、损人身体之营业，无论中外一并包含在内。我与原告并不认识，亦不知何人做此营业”。法院裁定，“土商”之谓表面泛指一类，实际专指大类中之小类，支持了原告的主张。④此外，还有当权军阀时常发起的“妨害信用”“侮辱官员”诉讼，如1923年《京津晚报》刊文批评军阀张作霖，遭到京师警察厅的查封。⑤这些报案表明，当时人们热衷以名誉侵权提告，但真正能从中取利的却只有当权军阀和外国人。当时报人田桐这样评论：“近代欧化主义流行社会大都皮毛而非精髓，哲学家所谓变化的非进化的者是也，惟名誉二字深中一般脑底，牢不可破，优秀者求之，

①梁治平：《法律的文化解释》，三联书店1998年版，第304页。

②《湖南民政次长与报馆之诉讼》，《申报》，1912年5月22日，第7版。

③《北京女伶刘喜奎之趣案》，《申报》，1915年3月24日，第6版。

④《六志土商与报馆之交涉》，《申报》，1912年12月14日，第7版。

⑤《京津晚报被封后之呼吁》，《申报》，1923年7月31日，第2、6版。

庸愚者亦求之，无耻官僚求之，即蠢尔蛮族亦莫不求之。不已之务，专求诸人，求之愈切，离之愈远。”①

表5-3　北洋政府时期（1912—1928）《申报》所载报案的案由②

案由	报案数	案由	报案数	案由	报案数
名誉侵权	**12**	**关涉军队**	**11**	**其他违法**	**14**
a 诽谤	6	a 摇惑军心	3	传播谣言	3
b 侮辱	1	b 妨害军事秘密	3	破坏共和	2
c 妨害信用	1	c 诋毁军人名誉	2	违法新闻检查	2
d 侮辱官员罪	2	d 妨碍时机	2	诋毁少数民族	2
e 集体名誉权	1	e 漏泄机务	1	传播无政府主义	1
f 侮辱大总统及在职官员	1	**未明示**	**9**	内乱罪	1
扰乱治安	**3**	**治外法权**	**8**	煽动曲庇刑事被告人	1
a 妨害治安	2	a 一般涉外	7	毁坏财物	1
b 妨害秩序	1	b 叛国（英国）	1	诱惑奸非罪	1

第二大类是关涉军队的报案，军阀势力作为政治、军事强权，为了使新闻业对其专制行为闭目塞听、缄舌闭口，时常发动报案。“军人”“军事”“军心”“军机”都能成为军阀启动报案的理由。如1912年广东都督府以“摇惑军心”为由，将《佗城报》主笔陈听香枪毙③；1914年《北京日报》因“妨害军事秘密”被当局要求刊文更正④；1918年北京《民强报》等八家报刊因“妨碍时机”，被移送警察厅处置⑤；1913年北京《超然报》批评军阀寇宗华

① 田桐：《名誉论》，《民国》，1914年第1卷第1期，第1页。

② 说明：1.本表所称“案由”，指案件性质、内容的简要概括；2.本表所称“未明示”，指官方不问缘由或不说明情况直接处罚的情况；3.某些存在多项违法行为的报案，案由做重复统计。

③《粤都督枪毙报馆发行人》，《申报》，1912年4月16日，第6版。

④《北京日报与宪兵营》，《申报》，1914年5月23日，第4版。

⑤《南北之报馆》，《申报》，1918年9月27日，第2、7版。

滥用军法，被控“诋毁军人名誉”而停刊。[①]

第三大类为“未明示”违法内容的报案，分为未明示涉嫌违法条款和完全不说明违法行为两种。第一，未明示违法条款，但借口违反某法律管辖范围，罗织罪名处罚报刊报人。如1920年江苏警察厅指控《苏报》违法案，认为该报所载“有淆乱是非之处，故按《戒严法》及《出版法》之规定，勒令停止出版”[②]。第二，完全不明示违法条款，仅告知“违法”二字。如1918年桂系军阀仅告知《民主报》主笔陈耿夫“违法”，就迅速将陈枪毙。[③]关涉军队的报案和未明示内容的报案，基本由地方军阀主导发动，这反映出军阀势力对民国司法独立具有极大的破坏性。民初法学家马德润认为，寻求司法独立有三大障碍，分别是“私情之牵制”“金钱之利诱”和“强权之压迫”，前两者“犹属易去”，惟第三最难根除。“当局每失或失其抵抗之能力，生杀予夺，名义虽出自法庭，而实权则操之军阀”[④]。1926年北洋政府调查法权委员会亦有同样看法，“中国普通法律之实行其重要之障碍，军人干涉政府机关其一端也”，“军人干政及于司法，以致司法独立为之危害”[⑤]。

第四大类为关涉治外法权的报案，分一般治外法权案件和叛国罪两类。一般治外法权，如1912年上海公共租界工部局诉《民权报》主笔戴天仇案，原告指控戴任意诽谤袁世凯、唐绍仪等政要，被告据理力争，认为工部局滥用治外法权，“昔年《苏报》因议论满清政府之失当，满清政府出而控告”。且诽谤为告诉才受理的案件，工部局是越俎代庖。最终戴仍被判有罪。[⑥]第二类是叛国罪，如1915年英国皇家律师诉上海《公论西报》李治叛国案，这是治外法权报案中非常特别的一个。华裔李治因批评“英国于中日交涉之际不

①《北京超然报停刊之详情》,《申报》,1913年12月30日,第7版。

②《苏警察厅查办苏报》,《申报》,1920年7月31日,第11版。

③《续纪广东枪毙陈耿夫案》,《申报》,1918年7月3日,第6版。

④ 马德润:《劝军人勿干涉司法说》,《法律周刊》,1923年第2期,第2—4页。

⑤《调查法权委员会报告书》,《法律评论》,1926年第182期(增刊),第79页。

⑥《审讯民权报详志》,《申报》,1912年4月16日,第7版。

能仗义执言”，遭到皇家律师以“叛国罪”在租界法庭起诉。[①]英国人素来主张的言论自由是有选择性的，倘若关涉自己的国家利益，即使是客居异国他乡多年的英国人，依然难免讼累。

“扰乱治安”是第五大案由，分妨害治安和妨害秩序两小类。前者规定在《出版法》第十一条第一款，后者规定在《暂行新刑律》第二百二十七条“妨害秩序罪”，属于普通法条与特别法条的关系。在司法实践中，官方对法律的适用比较随意，并不会将两者区分得很清楚。有随意适用法律的，如1919年北京警察厅查封《国民公报》案，报刊就抗议“不能以《报纸条例》业经废止，扩张《出版法》之范围”[②]。还有随意解释法律的，如1914年北京地检厅诉《亚细亚报》登载外交军事秘密案，辩护律师黄远生就提出，不准登载关于美、日的军事活动，仅是“官厅对于报馆一种之好意劝告，不能认为本项条例范围内之行政命令”，“解释适用法律为法庭独立特有之神圣之权利，至他种机关之解释或私人团体之意见，绝对无可引用之价值”[③]。

最后是“其他”违法行为导致的报案，它并不是一种类型，而是多种类型。这些报案包括传播谣言的案件，如1913年广东《国华报》被控传播谣言被迫停刊两星期；[④]民族信仰相关的报案，如1926年天津回教团体诉《报报》侮辱宗教信仰案，最终查明系黑占鳌、从文元等人蓄意挑拨[⑤]；还有报刊违反新闻检查制度的报案，如1928年6月香港《晨报》被罚案，因“未经当局检查，即行发刊”和“登载排斥日货记事”遭到当局处罚。[⑥]《晨报》抵制日货的言论，无非是为中国人谋一平等之地位，却遭到殖民当局和日本人的联合迫害，足见内忧外患之下中国报业发展之艰辛。其他案由的报案还有很多，就不一一列举了。

---

①《判决西报主笔被控案》,《申报》,1915年6月16日,第10版。

②《新众院质问国民公报事件》,《申报》,1919年11月12日,第6版。

③ 黄远生:《报纸条例第一次之适用》,《申报》,1914年11月6日,第6版。

④《广东国华报停刊详记》,《申报》,1913年5月16日,第6版。

⑤《吴宗慈为天津报被毁事之通电》,《申报》,1926年7月20日,第7版。

⑥《香港晨报之文字祸》,《申报》,1928年6月14日,第14版。

这些报案的不同案由和发生数量说明：（1）侵犯名誉权是北洋政府时期报案中最常见的案由；（2）军队对新闻法制的干预非常严重，无故处罚、枉法裁决的现象极为常见；（3）外国人对中国的新闻法制构成了严重干预。

三、审理

北洋政府虽制定了大量资产阶级性质的新闻法律、法规，但在连年战乱的情况之下，新闻法制的整体水平并不高，司法审判呈现出“有头无尾”的特点。大多数报案在侦查、起诉阶段还算有模有样，但到审理阶段就变得南辕北辙了。

日本法学家滋贺秀三指出，当时“中国没有出现过独立的司法机构和法学。县令集警察（他要拘捕罪犯）、起诉人、辩护律师、法官、法医、陪审团的职责为一身”[①]。由此地方行政长官、军警、特务肆意干预报案的现象也就屡见不鲜。究其原因，首先是地方知事可以依据《县知事审理诉讼暂行章程》监理司法，知事是地方行政官吏，在司法审判方面属于外行人，这样势必会出现裁决不公的情况。民国成立后各地司法系统陆续改“帮审制”为“承审制”，县知事权力进一步扩大，“承审员系帮同知事审理诉讼，没有什么独立权限，不过是若系承审员审理案件，判决书上由承审员署名于知事之后，分负责任”[②]。同时，县知事认为有犯罪嫌疑的一般民刑案件，可以“径行提审”。对刑事四等徒刑以下或罚金三百元以下的简易案件，以及民事诉讼无价值三百元以下，均可以不制作判词，以堂谕代判决。其次，军阀可以依据《戒严法》《军律》随时启动特别程序或军法审判。1926年北洋政府调查法权委员会报告书就认为，军阀对司法独立有三大妨害。（1）可随时以戒严为口实，启动司法程序；（2）掌控政府财政权，法院不得不仰赖其供给；（3）地位特殊，不受普通法院管辖[③]。再次，各地新设的审判厅依据新颁的《报纸条

---

①［日］滋贺秀三:《明清时期的民间审判与民间契约》,王亚新等译,法律出版社1988年版,第16页。

②《县知事监理诉讼与各法院不同之点》,《京兆通俗周刊》,1919年第31期,第31页。

③《调查法权委员会报告书》,《法律评论》,1926年第182期(增刊),第79页。

例》《出版法》等审理案件，而这些法律从根本上讲，是为摧残舆论、控制新闻事业而颁行的。最后，各地租界的会审公廨，中外报案皆可管辖，中外法律都在适用，完全游离于中国新闻法制体系以外。

四、法律依据

为进一步呈现北洋政府时期报案的法律依据，我们将报案判决、堂谕的明示结果，按照不同的类型，分为无依据，依据报纸专律、大理院判例、《暂行新刑律》和报刊法律法规等几大类。见下表5-4。

就单项法律而言，依《暂行新刑律》治罪的案件高达7件，远超其他，这说明“以刑为主，重刑轻民”的传统法律观念依然在当权者心中根深蒂固。表5-4显示，“无依据”处罚的报案最多，结合上文表5-3的“未明示”违法类型的报案也最多，说明北洋政府时期的新闻法制带有浓厚的新闻专制色彩。同时，有相当一部分报案是依据报刊法律法规处罚的，说明单行法在推进新闻法制近代化方面有一定的进步意义。

表5-4　北洋政府时期（1912—1928）《申报》所载报案的法律依据[1]

法律依据	报案数	法律依据	案件数
无依据	**40**	**新闻业法律条规**	**9**
大理院判例	**1**	《报纸条例》第10条第四款违登外交军事秘密	2
大理院五年上字32号（第359条妨害信用罪）	1	《报纸条例》第10条第七款煽动曲庇犯罪人	1
《暂行新刑律》	**7**	《出版法》第11条第一款“妨害治安”	3
第227条妨害秩序罪	1	《钦定报律》第11条损害他人名誉罪	1
第321条煽惑罪及第360条妨害名誉罪	1	《广东暂行报纸条例》挑拨军心罪	1

① 说明：1.本表所称“无依据”，指判决或堂谕未明确说明违法条款；2.同一案件有多项指控的有多个法律依据；3.数罪并罚案件的法律依据合在一起，仅作一次统计。

续表

第155条侮辱官员罪及360条妨害名誉罪	1	《湖南报纸暂行条例》损坏个人名誉罪	1
第133条漏泄机务罪	1	**其他法律法规**	**6**
第134条妨害军事秘密罪	1	《戒严法》第14条妨害时机罪	3
第155条侮辱官员罪及第222条妨害正当集会罪	1	《中华民国约法》第5条人民人身自由权	2
第292条诱惑奸非罪	1	《军律》第10条造谣惑众扰乱军心罪	1

此外，对北洋政府时期的新闻法制是“滥用军法，惟军阀意志是从”的观点①，依据上文图5-2所示，地方军阀、军法处为原告的案件合计占比12.7%；以及表5-4所示，依据《军律》《戒严法》处罚的案件数量仅4件。可以确定，军法并非军阀指控、处罚报刊报人的主要依据。绝大多数关涉军队的报案，没有依据军法处置，而是借助军权威慑力干预，或依据其他法律告诉，准确表述应为：“滥施军威，惟军阀意志是从。”

五、处罚结果

在中国漫长刑法发展史上，《唐律疏议·断狱》所定“诸断罪皆须具引律令格式正文”、《大清律例》“断罪须具引律例”等成为司法官吏援法断罪处刑的传统规则，但是它们体现的仅仅是一套“出入人罪”的直白的法律思想，并非现代法意义上的罪刑法定原则，由此到北洋政府时期法庭处罚报刊报人时自由裁量的空间相当巨大。

就北洋政府时期报案的处罚结果而言，裁判主体处置报案的总体特点是：“软硬兼施”，采取“重其所重，轻其所轻”的处罚方式，对涉及其利害的报

① 相同的表述在下列著作中均有出现，如黄瑚：《中国近代新闻法制史论》，复旦大学出版社1999年版，第142—150页；方汉奇：《中国新闻传播史》，中国人民大学出版社2002年版，第166页；赵凯、丁法章、黄芝晓：《二十世纪中国社会科学·新闻学卷》，上海人民出版社2005年版，第109页；陈丽丹：《新闻传播法概论》，法律出版社2015年版，第60页。

馆直接进行查封，对需要重点打击的报人直接处以死刑。（见表5-5）顾元认为，“饱受传统儒学伦理精神熏陶的古代司法官，是德治文化和实用主义的实践者，他们依据自己心目中一般的公正观念和诸如情理、习惯和风俗等地方性知识来进行司法裁判，并不仅仅拘囿于国家正式法律制度的内容，已经成为中国古代司法的基本风格和传统”[①]。

表5-5　北洋政府时期（1912—1928）《申报》所载报案的处罚结果[②]

处罚报刊	报案数	处罚报人	报案数	民事纠纷	报案数
查封	12	死刑	7	赔偿损失	2
停刊	10	拘留	5	拘留并罚金	2
无处罚	7	有期徒刑	3	原告撤诉	1
裁定更正	3	罚金	3	缓刑并停刊	1
捣毁报馆	3	准予保释	2	—	—
撤销处罚	2	殴打报人	2	—	—
禁在中国销售	1	无罪释放	1	—	—
停止登载类似言论	2	通缉报人	1	—	—
责令收回出版物	1	—	—	—	—
注销案件	1	—	—	—	—

在报案的处罚结果方面，民事纠纷的处罚结果与行政、刑事报案的处罚结果不同。民事报案以赔偿相应损失、罚金为主，对比较严重的附带刑事的诉讼，则会追究相应刑责或停刊。行政、刑事报案根据处罚对象的不同，分为处罚报刊和处罚报人。报刊是报案中最主要的处罚对象，短暂查封报馆是最常用的手段，其次是永久停刊。处罚结果里面有相对合理的处罚结果，如裁定更正、撤销处罚、注销案件等，也有捣毁报馆这样的枉法行为。一些

① 顾元:《从“援法断罪”到“曲法伸情”》,《人民法院报》,2002年7月1日。

② 说明:1.同一报案形成的多个处罚结果,分别统计;2.“处罚报刊”与“处罚报人”在实际的判决或堂谕中是不分离的;3.“查封”指短暂停刊,“停刊”指永久停刊,“无处罚”指该报案没有启动审理程序就已无故终止。

“无处罚”的报案，人情关系在里面起到了重要的作用，社会声望人士的函告、调停、声援往往直接促成控案的终结。如1923年长沙西区警察署查封《大公报》案，就有“长岳关监督仇鳌，乃以私人资格代向政府婉商，请准恢复原状，政府对之已有允意”。此事公之于众之后，湘省议员向省议会大提质问案，反对仇鳌以私人之资格“藐法言情”，批评政府“重其所轻，轻其所重，出尔反尔”[①]。在处罚报人方面，判处死刑和拘留的最多，这表明当权者启动报案的目的非常清晰，就是要让报人噤声。在众多处罚结果中，查封、停刊、死刑、无处罚四种方式最多，说明军阀在报案的处置上采取了广泛施压、重点打击、兼顾人情的策略。

第三节　报案司法实践的特点

虽然民初北洋政府时期新闻法制已经形成了民、刑以及行政处罚并用的格局，但也有行政机关权力过大与司法机关不受足够重视的问题，特别是赋予军事机关以处罚权，势必埋下军队肆意干预司法审判与压抑报刊报人新闻自由的乱源。

首先，几乎所有新闻出版相关人员皆为禁载制度的处罚对象。《报纸条例》及《修正报纸条例》限制“报纸”的发行人、编辑人、印刷人和（编辑的）嘱托人，《出版法》及《管理印刷营业规则》限制“文书图画”的著作人、出版或出售散布者、发行人和印刷人。

其次，行政机关、司法机关与军事机关均有处罚裁度权。《出版法》将决定处罚的机关规定为警察官署，未设警察官署地方以县知事处理（第二十三条），违反禁载事项由司法官署审判执行（第二十八条）。《报纸条例》及《修正报纸条例》亦将处罚权赋予警察官署。《陆军部解释〈报纸条例〉第十条第

①《长沙大公报出版之阻力》,《申报》,1923年5月13日,第7版。

四款军事秘密之范围》将决定处罚机关扩展给“其他军事该管官署”（第十三条），上海《取缔印刷所办法》规定为司法厅，地方军阀在《报纸条例》中将决定处罚机关规定为当地军政府。可见，拥有处罚权的机关数量繁多，法律规定相当混乱。

最后，民事、刑事以及行政处罚界限不明。根据当时新闻法规及民事、刑事和行政诉讼法规定，报刊报人违反新闻法规有三种处罚方式：（1）行政处罚，主管报刊的行政机关直接实施行政处分。（2）民事处罚，受害当事人向审判机关提起民事或刑事诉讼。这主要指名誉侵权受害人的亲告案。（3）刑事处罚，由侦查机关向审判机关提起刑事诉讼。但是，因为新闻法律法规法条内容不周密，基本法和其他法规配合不严谨，司法机关权力遭遇军队大幅侵蚀，且对立政权间立法内容相互冲突等原因，处罚机关通常所做之处罚结果往往轻重失当、碍难公允。

综上所述，北洋政府时期的新闻法制带有浓厚的半殖民地半封建色彩，封建专制手段是官方处罚报刊、报人的主要手段，近代化意义的新闻法制只是在形式上存在。当时报案大量存在枉法裁决、违法告诉的情形，它仍然没有摆脱中国法律传统“以刑为主”的思维定势。北京政府、租界工部局、各省军阀政权、外国势力等都视新闻自由为禁脔，对报刊报人欲除之而后快，各方势力任意罗织罪名，任意解释和适用法律，新闻法制实为“混乱之制”。当然，报案发生量逐渐减少，报人的法律意识逐步增强，新闻法律体系的近代化加速推进等积极因素，也是不容忽视的。因此，“字面上民主自由和实质上封建专制手段共用”[①]，以及“专制之名，统制之实”的法制特点[②]，能够反映出这一时期新闻法制的特点。同时，这一时期的新闻法制，还具有在司法审判上“新旧杂糅”，在法律适用上“滥施军威”，在处罚上“软硬兼施”等特点。

---

① 倪延年：《论北洋军阀政府时期的报刊立法活动及主要特点》，《南京师大学报（社会科学版）》，2004年第3期，第98页。

② 黄瑚：《中国近代新闻法制史论》，复旦大学出版社1999年版，第4页。

第六章　北洋政府时期新闻法制的影响与评价

通过前面章节的论述，我们揭示了北洋政府时期新闻法制发展的社会动因，探究了新闻法制理念、法律渊源及演进发展历程，考察了新闻法的法律结构与内容，分析了重要新闻法律法规的施行情况，从而比较全面地展示出北洋政府时期新闻法制的总体面貌。虽然研究中有分析性、实证性论述，但研究总体上仍偏宏观、全局视角，故上一章专门做了实证分析，印证前期研究的合理性。最后，结合论文主体部分研究成果，兹将北洋政府时期新闻法制面临的问题，呈现的特点，以及历史意义专辟一章做系统阐述，以期对其进行宏观整体性提炼，进而为新时期新闻法制建设提供借鉴。

第一节　北洋政府时期新闻法制发展的迷途

一、北洋政府新闻法制与“新闻法制近代化”

所谓的“法制近代化”，也可以称作近代法制的资本主义化，即国家从封建君主专制走向现代民族国家、民权政治国家期间，形成资本主义化法制成果的过程。北洋政府时期的新闻法制是法制近代化的产物，作为一场以“西化”为主要内容的法制建设运动，绝大部分的新闻法制成果是通过法的移植来完成的，最主要的模仿对象是大陆法系国家的成文法。

现代新闻法制的基础是宪政，是民主政治，故近代中国新闻法制的宪法渊源即1905年清政府五大臣出洋考察政治后，参照1871年德意志帝国宪法和1889年日本国宪法形成的《钦定宪法大纲》。其中规定，“臣民于法律范围以内，所有言论、著作、出版及集会、结社等事，均准其自由”。1908年清政府参考日本新闻纸法制定的《大清报律》，其中条款与日本新闻纸法几无二致，只是禁止登载的条款多了一些。《大清报律》的颁行意味着中国延续千年的新闻专制制度出现冰裂，更意味着近代中国拥有了表述完整的新闻业单行法，使其短暂跳脱新闻专制的囹圄，有了部分近代新闻法制的内容。此后，清政府、北洋政府时期参照西方国家，特别是日本，制订了大量新闻法律法规。以1914年4月袁世凯政府颁行的《报纸条例》为例，该法不仅悉数摘抄《大清报律》的各项禁载条款，还从日本《新闻纸条例》等外国报律中搬来很多新的禁止和限制措施，“并集日本（《新闻纸条例》）第十六条、十七条、十八条、二十二条、三十二条、三十三条而起草者”[①]。

马克斯·韦伯依据政治权威的建立和运行特性，将政府权威建构划分为传统型权威、法理型权威和个人魅力型权威三种类型。由此考察北洋政府时期的新闻法制，从根本上说，其典型特征是政府在新闻法制建设近代化过程中在“国家型权威”与“法律型权威”之间摇摆不定。中国的近代转型是一个包含秩序和权威双重重建的过程，其中最核心的就是政府合法性问题。政府合法性即政府依据民众认可实施统治、管理的正当性和正统性，简言之，就是政府的统治行为是否合理及是否符合道义。辛亥革命后，以袁世凯为代表的旧军阀要死守国家型权威，革命派成立的临时政府则极力促成法律型权威。

北洋政府时期新闻法制的近代化嬗变是在特定历史背景下展开的，尽管当时“欧风美雨”相当强劲，民主共和潮流势不可挡，但仍有人试图修补和延续前清政府的新闻法制体系。更有甚者，还沉醉于复辟帝制、孔教、联省自治的迷梦中，认为只要在军事上独霸一方，就可以号令天下。还有人认为只要自身取得合法执政地位，就可以肆意制订法律，铲除异己思想、言论。

① 《报律之商榷者》，《申报》，1914年4月17日。

1912年7月5日，北京《国光新闻》总经理田桐、《国风日报》白逾桓、《民主报》仇亮等七家报馆的同盟会员认为，日前《国民公报》时评中“自南京所设假政府”一语有“破坏共和”之嫌，因此将其报馆捣毁、报人殴伤。事后，同盟会报馆诸人想趁热打铁将《国民公报》主笔徐佛苏、蓝公武等送进监狱，在地方审判厅控诉《国民公报》的“叛逆”之举，而徐、蓝则反诉同盟会报馆人员“藉端滋事”。半年后，审判厅再审此案，判决书显示：“白等告《国民公报》所谓破坏临时约法之罪，不能成立。至彼等殴人捕人，确系现行犯，属于刑事问题，是以检察官专就此事提起公诉。”在南北临时政府争端之际，本案表面上是报馆间的言论之争，实质是南北临时政府的合法性之争。

南京临时政府虽有领导革命、建设国家的雄心壮志，但并无管理舆论、讨好地方军阀势力的能力，同盟会员捣毁“破坏共和”报刊的行为，并没有得到社会舆论的支持，反而遭到社会各界诟病。社会各方多围绕党派政见分歧做足文章，依附袁世凯的军阀徐宝山就借机发难，认为同盟会“任意胡闹”，他决不能“任不驴不马之政党藉势横行”①。为此，报人魏寒铁在《言论自由的请求》一文中表示，“军阀既去，党人又来，昔日之军法从事，一变而为‘依反革命条理惩办’。批评三民主义是大逆不道，指摘国民党过失是‘反革命’，规责‘党国要人’以及大小‘同志’言行是‘反动’。甚而至于指奸发恶，的确为民请命，亦足招罪戾，系囹圄。官吏党员藉党治为护符，剥削乡里，鱼肉庶民，学他们所要打倒的贪官污吏土豪劣绅的行为，而变本加厉。好在他们自有法力使人民呻吟于暴力之下，而噤若寒蝉，不敢作声，让他们为所欲为”②。1914年刘陔对南北政争之时，报纸“纯为私党之利器”颇为失望，致章士钊函言，“一年以来，吾国报纸之态度，已成江河日下之势。上海地处交通，言论界托庇外人范围之内，对于当局之政见，尚时有所短长于其间，以之比较往日，虽大形退步，然平心而言，以衡都门之报纸，

①《公电》，《申报》，1912年7月27日，第2版。

② 魏寒铁：《言论自由的请求》，《主张与批评》，1932年第1期，第12页。

尚高一等。至于北方报纸，言之诚有令人寒心者。始则逢迎政府，百计献媚。政府亦知异己者之已去也，权力之日膨胀也，于是对于报纸之言论，视之无关轻重”[①]。革命派阵营内部的《民立报》曾探索“去政党化”办刊实践，希望通过宣扬真正的“共和原理”，告别革命“喉舌”身份，转变为“合法反对者”角色。[②]在建元改历这一问题上，该报率先向政府发难，认为改元应该用西历，而且改元应该在大总统就职之后，主张要维护“共和本旨”。《民立报》之所以要这样做，并非刻意要与同盟会唱对台戏，只是希望明晰报刊与政党之间的关系定位，藉此从国民党党报母体中剥离开来。如于右任所述，“我之期望《民立》，欲《民立》为东方《太晤士》也。所不同者，彼保守的，而我进步的耳”[③]。他更明确提出，“党见存则人才沦落，故不敢存党见”，《民立报》要向“去政党化”方向发展，成为“四万万人众共有之言论机关”[④]。但是，资产阶级革命派的政治失利，封建军阀的奋力反扑和帝国主义势力的干预，让这样的报刊范式建构进程不得不中断。

袁世凯政府希望重建封建威权制度，制造帝制舆论，希望通过中央集权的方式实行封建家长式的新闻法律制度，使新闻法制呈现浓厚军阀色彩，严格禁载、暴力镇压报刊报人、违禁者军法从事、严密新闻检查制度等系列举措，使得新闻法制几近沦为新闻专制。袁世凯政府深谙梁启超所主张“暗中为舆论之主”“表面自居舆论之仆”的新闻宣传策略，凡事都以共和为口号，实际却是在执行专制策略；凡事都标榜民意，实际却随意施行利己政令；凡事都鼓吹保障自由，实际却千方百计地限制自由。由此，袁世凯政府最惯用的处罚借口就是“维持治安”，以保障社会秩序为借口，制造一个接一个的报界冤案。袁氏新闻政策备受后世关注，与其说袁世凯为整个北京政府贡献了

① 刘陔：《新闻记者与道德》，《甲寅》，1914年第1卷第2期，引自张卓群、宋佳睿编：《甲寅通信集》，福建教育出版社2016年版，第28页。

② 周叶飞：《民国初年政治报刊的共和想象及其纷争——以〈民立报〉为例》，《河南大学学报（哲学社会科学版）》，2015年第6期，第92页。

③ 于右任：《于右任答某君书》，《民立报》，1912年9月13日。

④ 血儿：《民立报之宣誓》，《民立报》，1912年2月23日。

数量最多的新闻法规，毋宁说他制订新闻法规的种种举动，是清政府新闻专制的强大制度惯性使然。恰如国民党早期政要徐季龙所言，“中国数千年君主专制之尊严积习颇深，近日之独裁制虽有种种限制，但觊羡名义者每想藉此以为尊荣又加，以一般人称总统为元首，不知元首实皇帝这别名，尚书曰：‘元首明哉，股肱良哉，庶事康哉’，元首是不是称皇帝的呢？况且总统二字已与民国之主权在民相反，因为他要把人民总而统之，即是有统人民之权，岂非把人民看得小，是主人翁吗？总执政也是一样都是以上临下的皇帝态度，于是那想作变相皇帝的就多了”①。虽然徐对民主共和政体的认知存在偏差，但他敏锐发觉了君主专制积习对民国政治的恶劣影响。

一方面，袁世凯死后，以“舆论一律”为主要目标的，带有国家型权威色彩的新闻法制中断。另一方面，革命派通过《中华民国临时约法》形成的权利型权威日渐成为主流，言论出版自由写入宪法，三权分立制度实行，司法改革等举措使得民主共和深入人心，公民基本权利成为报刊、杂志、通讯社从业者进行社会活动的基础，“不得干涉报馆”的条例，召开新闻发布会公开政务，媒体监督等新的言论出版自由新样态出现。当然，权利型权威所包含的行政式新闻法制体系，也随之产生，一方面是“依法治媒”使军阀政府、前清政府不合理的新闻法律法规彻底废止，新闻业者有了一定的活动空间；另一方面是“官报”退居政府行政系统内部，在多数情境下保持价值中立，促使政府官报式微、政党报纸消亡和民报兴盛。遗憾的是，在前述两种政府合法性建构过程中，在当时政府的新闻法制具体实践中，因受多种复杂社会因素影响，都没有成功建立起社会大众普遍认同的政府权威，政府法制建设工作朝令夕改，新闻法制自然也就混乱不堪。

北伐战争成功后，国民党对自身的党报发展路线分外自信。从论政制、谈法理为特色的政论报刊实践，再次转向全盘反传统的革命报刊形态，党报理念伴随国民党势力的壮大逐步得以强化。1926年张季鸾在《大公报》刊文

①《徐季龙之委员制谈(续)》,《申报》,1924年12月23日,第4版。

评析当时新闻业局势，“报业之厄运，至今日而其极矣！军权压力，重逾万钧；言论自由，不绝一线。而全国战兴，百业俱敝，报纸营业，遂亦大难。通观国中，除三数社外，大抵呻吟憔悴于权力财力两重压力之下，岌岌不可终日”[①]，希望“发扬清议”独立办报。遗憾的是，“独立报刊与政治事务的关系在革命之后，一般都来个180度大转弯。在革命年代，报刊不得不投身民众事业以获取发行利润。革命以后，特别是在共和纪元的第二年，报刊不得不抑制政治批评，以期获得继续出版”[②]。1928年6月国民党中央在系列限制除自办政党报刊以外的他种报刊法令之外，新颁布《设置党报条例》《指导党报条例》《补助党报条例》三项法规，打着扶植所谓“民间”报刊的幌子，将各派系报刊实际纳入国民党中央管理范围，自此由党报、半党报和准党报组成的国民党党报体系开始全面扩张，也为蒋介石政府建设更加系统全面的一报（中央日报）、一社（中央通讯社）和一台（中央广播电台）党营新闻事业埋下伏笔。国民党党权过大势必造成舆论一律，容不得社会舆论批评和其他党派报刊的政治异议。

综合来看，北洋政府时期新闻法制的近代化带有进步与倒退双重属性。一方面，北洋政府时期出现了大量新闻法制立法成果，它们总体上拥有相当的近代化色彩：（1）形成了近代化色彩的新闻法制体系。具体包括宪法、综合法、相关法等，它们和地方性法规相互呼应，将新闻、出版、广播、邮政、印刷、广告等新闻传播相关领域，全部纳入法制轨道。（2）形成了近代化的新闻法制内容。新闻法律法规的具体内容多参阅日本《新闻纸法》订立，整体文本结构模仿资本主义国家法令表述形式的“篇”“章”结构，在文本表述形式上向近代新闻法制文本表达方式演变，“条”“款”层次清晰。（3）形成了近代化的法制实施体系。古代中国以刑律作为惩处报人、文人的主要依据，而民国的新闻法律将以往“遣返原籍”“斩首”“流放”“笞”等全部废除，对报人采取“禁止从业”“监禁”“罚金”等，对报馆、通讯社、印刷馆等采取

① 李彬：《中国新闻社会史文选》，清华大学出版社2008年版，第83页。

② [美]白瑞华：《中国近代报刊史》，苏世军译，中央编译出版社2013年版，第146页。

"暂行营业""没收""禁止发行""不为邮递发电"等，处罚手段更文明合理。另一方面，不得不承认，北洋政府时期的新闻法制沿用了大量古代法令的禁载内容，有倒退趋向。在《报纸条例》《出版法》《暂行报律》等法律法规中，沿用《大清报律》中的八项禁载规定，要求报纸、杂志不得揭载"诋毁宫廷""淆乱政体""扰害公安""败坏风俗"等类语言，是古代法律"不得诋毁宫廷之语"的变相形式。虽然，北洋政府新闻法制建设充满瑕疵，但我们仍然确认一个事实："中国社会向近代化演进是艰难曲折又是不可避免的过程；中国新闻法制向近代化嬗变也是一个不以人们意志为转移的历史进程。"①

法文本的西化与法实践的传统性，致使北洋政府时期新闻法制近代化长期陷入迷途，未能形成中国之特色。在北洋政府的新闻法制建设过程中，西方的新闻法制思想的确起到了直接影响，但中国传统主修的法文化，对新闻法制的建设同样有重要影响。现代新儒学研究者姚中秋受陈寅恪先生思想启发，提出宪政主义的西学与中国固有传统的"资相循诱"模型，认为中国传统中也有普适性的价值规则。"资相循诱"所谓的"资"，即因循传统规则，"诱"即西学诱导下生成的优良规则。②"资相循诱"反映在新闻法制的建设过程中，就是清末以来的"因事成制"路径，即因为特殊事件驱动的法制建设实践。③这里面有一些合理的成分。清王朝制订《大清印刷物件专律》《报章应守章程》，以及此后的《大清报律》《钦定报律》的直接原因，都是冲击清王朝存亡的政治事件引发的。如八国联军入侵北京引发"清末新政"，日俄战争中日本的胜利为清政府"仿行宪政"提供了样本，清政府看到西方法制建设先进国家在各方面取得的成就，在"讶异"与"不堪"之余，也萌生了"仿行"的念头。进入民国，这样的"因事成制"同样存在，例如1916年黎元洪执政，上台的第一件事就是废除《报纸条例》，影响其作出此项决定的重

① 倪延年：《论中国社会近代化进程中新闻法制嬗变的历程和标志》，《现代传播》（中国传媒大学学报），2012，34(7)：26。

② 秋风：《嵌入文明：中国自由主义之省思》，江苏文艺出版社2014年版，第177页。

③ 肖燕雄，梁凯：《"因事成制"：中国新闻法制建设的传统路径》，《今传媒》，2015年第4期，第8—10页。

要事件就是袁世凯的复辟闹剧。同时，这里面亦有所谓“糟粕”的成分。在现代法体系无法触及的中国人情社会，法外因素（政策命令、人情关系、政党）等对新闻法制的影响，是明显且具体的。如果我们将这些法外因素看作法制与实践紧张关系的缓冲剂，那么避免它们尖锐对抗，客观上达成了贯彻法制的作用，是中国传统文化情境下生成的“普世价值”。但如果我们将其看作是法制建设的滞后因素，那么它们与法的普遍性、规范性、国家强制性等构成冲击，客观上冲淡了国家新闻法制本来应有的效力。因此，有学者认为，北洋政府时期政权性质多次发生改变，但报刊法制名号照旧，“报刊律法作为政权统治的工具，更多地在政治的漩涡里回旋沉浮”①。

托克维尔在《旧制度与大革命》中指出，“在政治科学的所有部分中，没有什么比和新闻有关的这些事情更多地被讨论和更难以判断，由于指导政府这部分的规则不仅是不同的，而且是绝对对立的，应依赖于时代”②。因此，国家没有必要把新闻法制视为一种绝对的善，而是应该在新闻法制与国家法律体系中寻找恰当的平衡点。北洋政府时期的新闻法制建设整体呈现出乱象丛生的局面，其中一个重要的原因就是南京临时政府、北京政府、地方军阀政权以及革命派在南方的政治势力，在法制近代化具体路径上存在显著差异，且依托政府权力的新闻法制并未真正得到长期统一的实施。北洋政府时期新闻法制建设的一个核心问题，是如何实现新闻法制近代化，即如何制订法律文本，如何在司法实践上，甚至在新闻法制的根本理念上，赶上欧、美、日为代表的新闻法制建设先进国家步伐。遗憾的是，民国成立前后的民主与共和之争，民国成立后的府院之争，军阀轮番执政造成的派系之争，北京政府与南京国民政府的合法性之争，凡此种种，从传统国家向现代国家转型伴随而来的弊端，共同导致了北京政府时期新闻法制近代化陷入制度建设的迷途。

① 卢国华:《民初到五四前后报刊律法状况及其影响》,《山东社会科学》,2006年第3期,第75页。

② 胡勇:《一种中道自由主义:托克维尔政治思想研究》,武汉大学出版社2007年版,第373页。

二、北洋政府新闻法制与“新闻自由”

“新闻法制的核心问题是言论出版自由。”“新闻自由是言论、出版自由在新闻活动中的体现。”[①]近现代社会的新闻自由是权利与义务并行的自由，它既强调天赋人权、自由平等又强调社会责任。新闻自由是公民言论、出版自由权利在新闻传播活动中的具体体现和运用，是公民政治权利的一个重要组成部分。[②]现代西方“新闻自由”理念的形成经历了两个发展阶段，第一个阶段是自然法时期，这时的新闻自由被认为是“天赋人权”；第二个阶段是社会法时期，其理论来源为20世纪20—30年代兴起的新闻“社会责任论”中某些关于新闻自由的观点。[③]经过在中国的传播发展，北洋政府时期已经基本形成“自由主义新闻理论”和“社会责任论”两种新闻自由理念激烈角逐之态势，此阶段既强调天赋人权、自由平等又强调社会责任，提倡权利与义务并行的新闻自由。

17世纪后报刊作为信息传播媒介被广泛运用，这一时期新兴的资产阶级和新贵族迫切希望推翻封建专制，在国会政治中取得自由讨论自身利益、观点和政府行动的话语权，必须祭出“出版自由”这一大旗[④]，报刊自由、出版自由因此成为新闻自由最早的表达方式。进入20世纪“新闻自由”内涵更为丰富，它坚持反对封建专制、争取言论自由，主张落实政治参与、监督政府的公民权利，通过广泛宣扬天赋人权、自由平等原则，俨然成为社会改革的金钥匙和解决社会问题的“灵丹妙药”。事实并非如此，“资产阶级打着‘全民的’出版自由的口号，欺骗农民和城市贫民，掩盖这个口号的阶级实质”[⑤]。资产阶级专政后，这项全民自由转变为资产阶级独享的特权，无产阶级以及人民大众的平等自由仍然停留在纸面上，成为形式上的自由。以出版

① 黄瑚:《新闻法规与职业道德教程》,复旦大学出版社2003年版,第13页。

② 何梓华:《新闻理论教程》,高等教育出版社2008年版,第105页。

③ 陈绚:《新闻传播伦理与法规教程》,中国人民大学出版社2016年版,第147页。

④ 马克思、恩格斯:《马克思恩格斯全集(第6卷)》,人民出版社1961年版,第121页。

⑤ 何梓华:《新闻理论教程》,高等教育出版社2008年版,第107页。

自由为代表的资产阶级权利政治观，释放了神权和自然法规则对人们的束缚。列宁认为，“‘出版自由’这个口号从中世纪末直到19世纪成了全世界一个伟大的口号”[①]。资产阶级反对僧侣、国王、封建主和地主对国家的掌控，通过反对特许制、执照申领制、保证金制等在争取新闻自由过程中大获全胜，特别是1792年英国报纸出版商威尔克斯等发起的“福克斯诽谤法案”，更让其认为新闻自由是一切自由中最坚实的堡垒。

新闻自由原则的确立，使得报业在19世纪末成为与僧侣、贵族、平民并列的“第四等级”，成为神学政治向权利政治过渡的重要标志。作为话语体系并不完备的社会口号，第四等级是资产阶级对报业独立的期许，具有“第四等级”性质的报刊多是经济上独立的商业报刊，是资产阶级革命争取言论出版自由的一项现实成果，它完全摈弃封建势力对报业的干预，走出一条符合全民利益的公共舆论之路。事实上掌权后的资产阶级对报业的掌控一刻也没有放松，出版自由斗争的成果完全被攫为己有，并发展成为新的控制舆论手段。

林语堂认为，“第四等级”或称“第四阶级”，与“第四政府部门”“无冕之王”是同义词，是西方对新闻界的政治权力和社会地位的喻示。[②]“西方新闻界关于‘无冕之王’的说法在新闻传播史上从来也没有实现过，新闻工作者不能不受他所属的那个阶级、政党或政治集团的控制”[③]。1918年刘慎德在《复旦》撰文批评“无冕之王”被经济收买，“夫舆论者负有左右国家世界之责者也，威权虽尊不如舆论，珠玉虽贵不如舆论，谥之日无皇冠之帝王，犹不足状其实际上之尊严于万一，而乃奴服于金钱势力之脚下，其自暴自弃，戕贼固有之价值为何如耶”[④]？诚如其所言，无冕之王本身就太过理想，在复杂社会环境和政治经济双重压力的影响下，新闻界想要独善其身无异于缘木

① [苏]列宁:《列宁全集(第42卷)》,人民出版社1987年版,第85页。

② 林语堂:《中国新闻舆论史》,中国人民大学出版社2008年版,第7页。

③ 何梓华:《新闻理论教程》,高等教育出版社2008年版,第116页。

④ 刘慎德:《今日中国舆论之堕落》,《复旦》,1918年第6期,第9页。

求鱼。

在中国漫长的封建专制制度下，限制、查禁和约束新闻传播活动成为新闻法制典型表现。平民百姓“可使由之，不可使知之”（《论语·泰伯篇》），只有服从的义务没有自由传播新闻信息的权利。西学东渐之后，民族资产阶级知识分子和地主阶级开明绅士受西方民主自由思潮影响，开始鼓吹言论出版自由，民间新闻工作者逐渐合法化，公民应当享有的基本言论自由、出版自由权利在形式上逐步被国家法律所承认，这一点是值得肯定的。但是，北洋政府时期新闻法制与古代社会代有师承，在吸纳许多新理念、新思想的同时，也呈现出专制与自由并行、法律与礼俗共用、西学与中学共济的制度性特点。

北洋政府时期传播到中国的“新闻自由”“第四等级”与西方本源的“新闻自由”遭遇困境如出一辙，作为标榜政权合法性的重要口号，言论出版自由被当权者以宪法条款形式确定下来。在自由言论、自由经济的基本原则下，报刊成为不受政府干预、独立运营的商业主体。但就实际情况而言，从清王朝专制统治走向中华民国民主政治的同时，《临时约法》将言论、出版、集会、结社、宗教信仰等公民的基本权利和盘托出，一时之间要求政府全部兑现，这样的期望确实太高了。章太炎甚至认为“中国本因旧之国，非新辟之国，其良法美俗，应保存者则存留之，不能事事更张也”[①]。简言之，中国新闻法制近代化必然面临以下问题：（1）封建势力在新政权中仍然占有重要位置，言禁、报禁、邮禁、书禁的情况一时难以根除；（2）各种报刊对自身商业利益和社会价值定位不尽相同，出现大量攀附权势、依附政党、赚取政治佣金的报刊，难以形成健康舆论环境；（3）宪法保障言论出版自由前提下，不同的新闻工作者提出不同新闻自由观点，新闻自由在从业者之间存在理念分歧。

“早期传教士英文报刊中所传递的出版自由思想并非一种绝对自由思想，

---

① 章太炎：《中华民国联合会第一次大会演说辞》，《章太炎政论选集》，中华书局1977年版，第532页。

其中就包括对出版自由滥用现象的批评。”[1]鸦片战争前后在华外报将新闻自由思想传入中国，1827年马礼逊在英文报纸《广州纪录报》上发表文章《印刷自由论》，最早将出版自由思想传播到中国，该文亦成为“东方报刊上的第一篇介绍西方出版自由观念的文章”[2]，认为“自然法或是神赋予了人们思考和演说、书写和印刷的权力，是为了他所创造的人们的快乐，因此任何人都不能使之无效”[3]。此后，该报还刊发了其他关于出版自由的文章，但都针对外国情形且为英文稿件，对当时中国人到底有多大影响实难推断。1834年《东西洋考每月统纪传》刊登《新闻纸略论》，开中国新闻学研究之端绪[4]，该文认为西方各国报刊在送官府准印后“有要先送官看各张所载何意，不准理论百官之政事；又有的不须如此，各可随自议论诸事，但不犯律法之事也”。表明近代新闻学自传入中国之日起，就是有限度的自由，绝非超脱法律之外的绝对自由。

伴随清末民初政治斗争号角拉响，中国“新闻自由”形成自身发展路径。从洪仁玕主张设置新闻馆宣传西方民主思想，到王韬提出“指陈时事，无所忌讳”的言论自由观，再到梁启超系统阐述新闻自由主张将思想、言论、出版三大自由，界定为“近世一切文明之母”，再到《临时约法》将新闻自由写入宪法，再到袁世凯癸丑报灾对新闻自由的大肆践踏，再到各地军阀对“新闻自由”不以为然。新闻自由理念在中国实现了由弱变强、由零散到系统的历史阐述，也形成了从漫长酝酿到迅速边缘化的凄凉结局。

在中国，新闻法制的发展与人民争取言论出版自由的政治觉醒关系密切，民国建立后新闻业的舆论监督权利得到宪法肯定，新闻传播不再是过去那种

---

① 于翠玲、郭毅：《马礼逊〈印刷自由论〉版本探源及价值新论》，《北京行政学院学报》，2013年第6期，第120页。

② 马跃峰：《近现代中国新闻法治研究（1906—1937）》，博士学位论文，中国社会科学院研究生院，2006年，第28页。

③ 于翠玲、郭毅：《马礼逊〈印刷自由论〉版本探源及价值新论》，《北京行政学院学报》，2013年第6期，第117页。

④ 曾虚白：《中国新闻史》，三民书局1984年版，第861页。

从上到下的单向度传播，而是多向度的广泛的舆论交锋。西方包含“新闻自由”的新闻法制理念，对北洋政府时期新闻法制建设的影响，可从报刊参与度、理念发展、观点分歧三个方面深入观察。

第一，近代报刊全方位参与清末民初社会改良运动，为民主自由思想广泛传播提供了平台和窗口。

清末到民初北洋政府时期思想领域经历了几次典型的论争，近代报刊既是舆论交锋平台又是进程推动者，它们以讨论政治制度为契机，为人们争取言论出版自由权利提供了助力，发展了民主思想，丰富了新闻自由内涵。回望清末民初人们追求自由民主的心路历程，先是效法英国，以王韬、郑观应等资产阶级改良派为代表；其次效法日本，以康有为、梁启超等维新派知识分子为代表；再次效法美国，以孙中山等资产阶级革命派为代表；最后“以俄为师”，以陈独秀等无产阶级革命派为代表。历次争取民主权利的政治运动都是在向集权主义思想、封建专制制度宣战，都掀起了一次又一次讨论自由主义思想、制度的新高潮。只是思想上的自由主义是自发的，而制度上的自由主义是被动的。在每次政治论争过程中报刊都亲上火线宣示自身政治立场，为制度改良提供舆论支持。1874年王韬创办《循环日报》，提出报纸应该使“在上者得所维持，在下者知所惩创”，为改良根深蒂固的封建传统价值观提供力量；1895年康有为、梁启超创办《中外纪闻》的核心目的就是要宣扬维新主张，为救亡图存提出富国强兵之路、振兴国家之策、教民新民之法；1905年孙中山创立《民报》，在发刊词中就提出要“斟时弊以立言”，传播改革国家的“最宜之治法”[①]；1915年陈独秀等创办《新青年》针对“政治精神与教育主义之革命，国人犹未能实行”，提出更为深刻的改革思路：“从专制思想中演出二大盲说必待吾人之力极廓清者，即于政治上应揭破贤人政治之真相，于教育上应打消孔教为修身大本之宪条是也，往岁之革命为形式，

① 孙中山:《民报发刊词》,《民报》,1905年10月20日。

今岁之革命在精神政治制度之革命”[①]。报刊是宣扬政治理念的管道和窗口，通过它们的广泛传播与持续鼓吹，社会大众对民主自由的呼声一浪高过一浪，执政者也不得不走向改革道路。

第二，民主共和观点的提出根本上是为了保障个人权利实现，新闻自由理念的呼吁根本上是为了落实言论出版自由这项宪法权利。

从“出版自由”到“新闻自由”，资产阶级主张的新闻自由本质上是有私心的。1644年英国人约翰·弥尔顿率先提出“观点的自由市场”，主张废除出版许可和查禁制，倡议政治家根据“良知”公开讨论政治议题，但是弥尔顿的出版自由主张并非没有私心，“良知”依据的是资产阶级参政议政的利己标准，“出版自由”成为资产阶级传播阶级思想、维护阶级利益的响亮口号，“观点的自由市场”与“真理的自我修正过程”成为自由主义新闻法制的主流思想。1789年《法国人权宣言》、1791年美国《宪法修正案》就继承和延续了这一成果。从革命思想到法律条文，“出版自由”为代表的新闻自由观通过资产阶级革命不断升华，预示着西方政治思想由神学政治观到权利政治观的巨大转变。1859年约翰·密尔《论自由》指出，“任何人的行为，只有涉及他人的那部分才须对社会负责。在仅只涉及本人的那部分，他的独立性在权利上则是绝对的”[②]。但是，这样绝对新闻自由论述并没有被所有资产阶级革命者所认同，且随着时间推移在发生变化，法国大革命领袖人物罗伯斯庇尔在革命期间更为激进、系统地论述弥尔顿、卢梭等的自由至上主义（Libertarianism）观点，但是在1793年雅各宾派执政后则主张“对新闻实行严格的监督，毫不留情地制止新闻界乱说”[③]，认为“凡是越出界限的地方，凡是出现意见分歧的地方，在那里就有某种仇视祖国利益的东西”[④]。

---

① 高一涵：《一九一七年豫想之革命》，《新青年》，1917年1月10日。

② [英]约翰·密尔：《论自由》，吉林大学出版社2004年版，第11页。

③ [法]热拉尔·瓦尔特：《罗伯斯庇尔》，姜靖藩译，商务印书馆1983年版，第364页。

④ [法]罗伯斯庇尔：《革命法制和审判》，赵涵舆译，商务印书馆1965年版，第189页。

为此，民初著名报人王钝根等积极呼吁报人紧守法律底线下的新闻自由，“我们报人，无论办日报周报也好，办杂志刊物也好，在新闻自由言论自由的原则之下，我们正应该千万慎重来使用我们法律上所应享的自由。若果报人凭借这宝贵的自由，以为新闻检查和图书审查既已废止，便可任意放纵，为所欲为，肉感香艳，淫画秽词，争相号召，惟恐或后，则我们纵不愿说‘斯文扫地’这一类陈腐之谈，而自问良心，究不能不为言论自由新闻自由呼冤痛哭”①！邵飘萍则较早提出通过立法完善新闻业者从业环境、保障职业权利，他认为要“保障职务上精神之自由”，应该“调查关于新闻业之法规惯例，为欲达新闻记者行使职务之圆满，努力于立法之修正良改”，再者“准据《国民保险条例》，营新闻记者之储蓄保险事业。依一切合法手段以图新闻记者地位之增高与意志之团结”②。

第三，宪法和法律关于人民言论出版自由的规定，是新闻学界主张新闻自由的根本依据，北洋政府时期三种具有代表性的学者新闻法制观已经基本定型，不同的新闻学研究者基于不同价值考量，在新闻自由上自然形成了不同观点。

（1）戈公振、陈独秀等的绝对新闻自由观。

新闻学家戈公振对新闻业持放任态度，推崇欧美“放任主义”新闻观。在《中国报学史》中他认为，“言论出版，关系国家政治学术之良窳及进步。愈放任，则进步愈速；愈压抑，则反激愈生。与其采高压主义，致生意外之反抗，毋宁采放任主义，使进化于自然”。前事不忘，后事之师。“前清鼓吹革命之报纸，清吏扑灭之不遗余力，然其结果，不特无损革命主义之毫末，反助鼓吹传播之功。袁世凯压抑反抗帝制之言论，而帝制之败亡愈速。”③戈公振进一步指出，报界和人民需要共同努力来捍卫新闻自由。在报界方面，“服务报界文字方面之人，既以先觉自命，为争绝对的言论自由，应先有一种

①《上海中国报学史社会的净化》，《申报》，1946年4月10日，第2版。

② 邵飘萍：《新闻学总论：国立法政大学讲义》，京报馆1924年版，第251页。

③ 戈公振：《中国报学史》，中国传媒大学出版社2016年版，第283页。

强固的职业结合。纵报馆之主持者以营业关系，不得不屈服于非法干涉之下；而自主笔以至访员，为尊重一己职业计，则不必低首下心，同一步骤”。在人民方面，“当为报纸之后盾，随时防止恶势力之潜滋，不稍松懈。盖思想不能发表，徒成空幻，思想者必甚感苦痛，而郁积既久，无所发泄，终必至于横决，国家命运之荣枯系之。拥护言论自由，实亦国民之天职也”①。

著名学者章士钊也持同样观点，他甚至认为新闻法都没有必要订立。1912年南京临时政府颁布《暂行报律》，章士钊在《民立报》发表《论报律》提出，“本报对于内务部之报律，其所主张，乃根本的取消”，认为报律的存在侵害了人民的言论出版自由。②1914年袁世凯政府颁布《报纸条例》后，章士钊又在《甲寅》刊载《新闻条例》一文，表达了取消报律的诉求。③《申报》主笔“悲愤”亦认为“言论自由，共和国之通例，故西欧先进如美利坚如法兰西，并无所谓报律者”。④再者，陈独秀、李大钊等无产阶级革命家为革命斗争需要也大力提倡类似的绝对新闻自由。陈独秀认为“思想与言论的自由，都是绝对的自由”⑤；李大钊认为，一再标榜民主共和国的北京政府不应该藉由《治安警察条例》和《出版法》来侵害人民的言论、出版和信仰自由，“把人民的出版集会自由束缚得和钢铁锁一般”⑥。

（2）邵飘萍、王世杰等的相对自由观。

民初法学家王世杰认为，“就出版手续而言，出版自由虽然可为一种绝对的自由，无须设定若何之限制，然就出版物的内容而言，出版自由自然不能认为（是）一种绝对的自由，而有设定限制之必要”⑦。他将出版自由解释为“人类表示其思考与意见之自由。思考与意见之表示自然不纯藉出版物，举凡

① 戈公振：《中国报学史》，中国传媒大学出版社2016年版，第291页。

② 章士钊：《论报律》，《民立报》，1912年3月6日。

③ 章士钊：《新闻条例》，《甲寅》，1914年5月10日。

④ 悲愤：《清谈》，《申报》，1912年5月8日。

⑤ 陈独秀：《危险思想与言论自由》，《每周评论》，1919年第24期。

⑥ 李大钊：《由经济上解释中国近代思想变动的原因》，《新青年》，1920年1月第7卷第2号。

⑦ 王世杰：《现代之出版自由》，《东方杂志》，1924年第21卷，第B26页。

非印刷品之文书、图书以及演讲辩论，固皆为思考与意见之表示”。因为出版自由代表人类思考、意见的基本人权，所以“报纸是现代社会中一种最大的实力”。正是基于此，中国报纸应该“提倡或维持善良的风纪”，抵制“妨害善良风纪的恶思想和恶习惯”，树立起应用的“责任观念。”①他认为人们应区别对待言论出版自由的行使，既要防止政府滥用权力干涉，又要防止私人滥用此权。“一方面务顾及政府干涉一致人民思想与意见之表示，受不当之侵犯与束缚；一方面务顾及人民之滥用出版自由，一致社会全体之利益，或特殊私人之利益受不当之损害”②。王世杰的新闻自由观基于人类思想自由论述延伸而来，主张就具体情境中谈新闻自由，在出版手续、出版物范围、新闻侵权等方面应就个人利益与社会公共利益保护问题进行权衡，区别对待之。

邵飘萍的新闻自由观基本与王世杰一样，也主张区别对待新闻自由。他认为新闻法制的“有无为一问题，良否又属另一问题”，“新闻之特别法惟不可少，必须由新闻界联合一致，以要求立法机关支撑保护之法”。就新闻法的自身定位而言，既要客观上起到扶助新闻事业发展的目的，同时又要警惕新闻业成为“可以自逞之阶级”③。

（3）黄远生为代表的个人独立观。

因为看透民初政局的黑暗和新闻界的堕落，著名记者黄远生提出了一套不与政治、政党粘连，寄希望于报界的理想化新闻自由观点。他认为新闻自由来自记者的自我要求，记者要有独立价值，须发“不党之言”。在他看来，封建新闻专制的强大制度惯性并不会因为民国建立而丧失影响力，“政治家无主张以战胜舆论，则最后之手段惟有专制”④。“法治国之不可无党”但记者仍然要做“超然不党之人”，“主持清议，以附于忠告之列。其言无所偏倚，

① 王世杰：《对于中国报纸罪言》，《现代评论（第一年周年纪念增刊）》，1925年，第2页。

② 同①。

③ 邵飘萍：《新闻学总论》，北京京报馆1925年版，第224页。

④ 黄远庸：《远生遗著（卷一）》，上海书店1990年版，第150页。

或有益于滔滔横流于万一”[①]。黄远生没有将争取新闻自由的责任寄托于行业与社会，而是单纯希望通过个人奋斗以“文字救世”，因此他登报宣告：“自今以往，余之名字，誓与一切党会断绝连贯的关系。”[②]在政治动荡、法制混乱的军阀混战时期，黄远生超脱社会、政治大环境的新闻自由论述，很容易就遭遇失败。毕竟“新闻记者职业规范尚未建立，记者队伍鱼龙混杂，新闻工作者即使保持客观中立，也未必能在党派斗争和政治斗争中安身立命”[③]。

在军阀执政期间，绝对多数军阀人物为了自己利益，呼应新闻界所倡导的新闻自由，往往是虚情假意。以黎元洪为例，他曾特别批准资助《中华民国公报》标榜“中华民国军政府之机关报”，实际干的却是炮制假新闻的勾当。诸如清太后自缢而死、袁世凯妻妾自杀等假新闻屡见报端，皆黎授意而为。1912年湖北通讯社负责人冉剑虹被拘后判处终身监禁，后改判2年。冉素来主张“以运动革命非报纸不为功”，因为声援“鄂垣之事”被黎元洪派人捉拿，《申报》闻此为冉剑虹鸣不平，称“欲加之罪，何患无辞！何海鸣可以就地正法，则冉剑虹之监禁，自在黎氏之意想中。然而黎元洪之自为计，诚得矣。其如天下人未必尽属聋瞽”[④]。即便如此，军阀在地方施行新闻法制时，仍须考虑社会观感不能尽做独断专行。1921年林白水撰《靳内阁的纪纲原来这样》一文揭露津浦路租车购车弊案，事涉大总统段祺瑞的“把兄弟”交通总长许世英贪渎。在他看来，政府虽然枉法行事对新闻事业多有打压，但新闻监督的强大舆论压力却也有些作用，“以合肥（段祺瑞）那样蛮干的家伙，也不能不有三分尊重舆论，因此也就暗暗地劝他（许世英）辞职。你想吧，那时候的合肥，简直跟项城差不多远，他以总理之尊，却不能保护一个把弟兄，可见当时北京城还有些纪纲”[⑤]。

---

① 黄远庸：《远生遗著（卷一）》，上海书店1990年版，第133页。

② 黄远庸：《远生遗著（卷一）》，上海书店1990年版，第132页。

③ 付红安：《“报界奇才”黄远生的新闻职业轨迹》，《青年记者》，2014年第14期，第88页。

④《日报公会致黎副总统电·为民立报访员被拘事》，《申报》，1912年8月15日，第7版。

⑤ 林白水：《靳内阁的纪纲原来这样》，《新社会报》，1921年12月13日。

五四运动爆发后，身在南北军阀混战前线的吴佩孚不时在报章发表《驱鳄鱼文》《讨武曌檄》等文，强调丧失国权之害及工人运动形势之严峻，其用意无非批驳北京政府为自己积攒政治资本，以言论自由之名，行破坏舆论之实。[①]陈独秀在《“反国民革命者”的民权呼声》一文中，揭露军阀打着言论自由口号破坏言论自由，“民权是我们应该主张的，摧残言论是我们应该反对的，可是我们却不赞成反革命者可以拿民权与言论自由做护身盾牌。研究系[②]一班人对于民权与言论自由的观念，完全和我们相反。反动的北京《晨报》被毁时，他们大叫民权与言论自由被损害了；到了奉直蹂躏北京报界，他们却一声不响，还仍旧附和奉军反赤；最近孙传芳封闭上海国民通迅社逮捕记者，他们是不响一声，同时对于国民政府禁售反对革命的报纸，则大呼民权与言论自由；照他们这样的态度彷徘民权与言论自由，仅仅只有给反革命运动做盾牌的单纯意义，似乎不甚妥当吧”[③]!

当然，某些时候军阀对报刊、报人的态度，也会表现得比较开明。林语堂在《中国新闻舆论史》中回忆，“我总是充满感激和欣赏地记起段祺瑞的慷慨和大度，他允许其他作者和我本人在北京的报纸上用不礼貌的言辞对其进行抨击。正是被国民党充分利用的舆论力量使1926年和1927年的国民革命成为可能”[④]。在赖光临看来，“黎元洪有‘菩萨之目’，直系的冯国璋、曹锟这些人，也都不敢为着言论或新闻，而得罪一些报馆或通讯社，纵令有些报纸的言论和新闻显然都已触犯刑法上的诽谤罪，但黎、冯、曹那些人，却也总不肯提起诉讼”[⑤]。

“新闻自由”进入20世纪后内涵异常丰富，它坚持反对封建专制、争取言论自由的原则，落实政治参与、监督政府的公民权利，广泛宣扬天赋人权、

---

① 张鸣:《张鸣说民国:军阀余荫和五四传统》,中国工人出版社2013年版,第68页。

② 研究系指1916年8月国会重开后形成的以原进步党人为主体的政治派别,其政团名称为宪法研究会。

③《“反国民革命者”的民权呼声》,《向导周报》,1926年10月12日。

④ 林语堂:《中国新闻舆论史》,中国人民大学出版社2008年版,第117页。

⑤ 赖光临:《七十年中国报业史》,台湾“中央日报社”1981年版,第54页。

自由平等思想，俨然成为解决社会问题的灵丹妙药。事实上，不仅是在中国，在全世界，新闻自由都还处在争议阶段，前述三种基于新闻法制的新闻自由观的博弈，也都从未成为共识。即使是在宣称法治和民主的西方国家，特别是美国，所谓绝对的“新闻自由”也仅仅停留在纸面上。美国自由主义杰出代表托马斯·杰斐逊曾表示，“人是可以受真理和理性支配的。我们的第一个目标是给人们打开所有通向真理的道路。迄今为止，找到的最好的办法就是新闻自由”①。但是，19世纪末20世纪初开始，西方新闻业自由出现报业托拉斯，垄断报团控制着大多数报刊的经济命脉，报纸沦为报团股东赚钱的工具，观点自由市场名不副实，甚至报刊为逐利大兴“黄色新闻”之风，自由主义新闻法制思潮走入低潮。直到1947年，美国哈钦斯委员会还发表了调查报告《一个自由而负责的新闻界》，对新闻界鼓吹绝对新闻自由，肆无忌惮僭越新闻法制表示担忧，要求新闻界坚守业界良知与责任，可这种忽视社会政治、经济和文化环境因素仅单纯诉诸报界道德自律的呼吁，真正能对新闻自由有多大助益是存疑的。

诚如列宁对当时德国资产阶级新闻自由的批判：“德意志‘民主’（资产阶级民主共和国）的‘集会和出版自由’就是撒谎，就是骗人，实际上这是富人收买和贿赂报刊的自由，是富人用资产阶级报纸谎言这样的劣等烧酒来麻醉人民的自由，是富人保持自己的地主宅第和最好的建筑等等的‘所有权’的自由”②。可见，“资产阶级出版自由的欺骗性和虚伪性是显而易见的、众所周知的事实，但是资产阶级却偏要把它说成是全民的自由，似乎无产者、被压迫者、被剥削者也能与资产阶级一样不受限制地享有这一权利”③。

综合来看，北洋政府时期的新闻自由在实践层面有多种形态，有受政治斗争的绑架者，有专制军阀强权的压制者，有报界大胆的抗争者，还有帝国

① [美]西伯特、彼得森、施拉姆：《传媒的四种理论》，戴鑫译，中国人民大学出版社2008年版，第39页。

② 全国人大常委会办公厅研究室、中国社会科学院法学研究所：《马克思恩格斯列宁斯大林论法》，法律出版社1986年版，第181页。

③ 邵培仁：《媒介舆论学：通向和谐社会的舆论传播研究》，中国传媒大学出版社2009年版，第86页。

主义势力滥施的干预者。西方国家所谓新闻自由传统并非绝对的、至高无上的公民权利形态，而仅仅只是一套学理价值高于实践价值、表面光鲜亮丽的理论模型。它是一个复杂的集合体，由改良派、维新派、革命派等通过多次政治斗争而得来，吸收了欧美日所有有利于政治斗争的言论出版自由口号。但是，在政治势力盘根错节的清末民初，任何一方期望通过对新闻事业的有效管理和约束，来达到统一舆论的目的都是徒劳的。新闻自由是一种对公的私权利，绝非一种遭受权力挟持而对公的私权利，绝对新闻自由的傲慢态度实质与专制无异，这是民国新制度、新观念包裹下专制主义旧灵魂的历史悲哀，也是新闻自由在民初迅速被边缘化的重要原因。毋庸置疑，出版自由有自由和限制两重属性，正如民国南京政府内政部发言人对《出版法》的见解，“法律之为物，乃人民与政府共同遵由之规范，约束人民正所以约束政府。人民如能于法律范围内发挥其出版之自由，政府自亦不能予以法外之干涉。故最民主的出版自由，实建立于法治基础之上”[①]。遗憾的是，此时期新闻法制建设遭到新闻业界长期抵制，另一个重要的原因就是其没有恰当处置新闻法制的理念，特别是应对新闻自由理念的消极举动，导致其长期陷入要不要保护新闻自由、怎么保护新闻自由的新闻法制理念确立的迷途。

第二节　北洋政府时期新闻法制的总体评价

民初北洋政府新闻法制的总特点表现为，新闻专制与新闻自由并行发展，法律文本与司法实践两相背离，理论进步与理念倒退两相抵牾。目前，学界将民初17年新闻法制进程大致归纳为三个特点：（1）形式上采用自由新闻体制；（2）带有半殖民地半封建色彩；（3）滥用军法，惟军阀意志是从。前两点更有学者进一步浓缩为“自由之名，统制之实”[②]，或“字面上民主自由和

①《内政部发言人释明出版法》,《申报》,1948年7月18日,第1版。

② 黄瑚:《中国近代新闻法制史论》,复旦大学出版社1999年版,第4页。

实质上封建专制手段共用”[①]。在笔者看来，北洋政府时期的新闻法制拥有更多面向。

一、北洋政府时期新闻法制的特点

第一，新闻法制近代化与本土化取得同步发展。

混乱与分裂的政局势必导致混乱与分裂的新闻法制。南京临时政府确认人民享有言论、出版、刊行自由的宪法自由，但袁世凯政府在执政当天即废黜这项自由权利，随后颁布《报纸条例》《出版法》《新闻电报章程》等钳制新闻业发展的新闻法规。民初大量新闻立法都是在袁世凯时期完成的，即便如此袁的继任者并未闲着，黎元洪表面开明地废止《报纸条例》但在其后又大肆施行新闻检查；段祺瑞政府则变换思路，不再大搞新闻立法而是通过训令、饬令、函等形式对新闻业横加干预。地方军阀势力此消彼长，“执新闻业之牛耳”的军阀无疑可以掌控舆论、为己造势，于是地方性新闻检查法规、报纸条例层出不穷。即便这些法规普遍存在立法程序、法律条文规范性等方面的瑕疵，但它们却是军阀新闻专制的利器。与此同时，“国中之国”租界的新闻法制建设也快速发展，承袭鸦片战争之后所有不平等条约关于新闻业相关或不相关条款，以享有治外法权之名在邮递、新闻检查、报刊创办与注销、新闻电报、通讯社等多方面对中国新闻传播大环境构成外部破坏。

斗争与改变往往是相辅相成的，只要有新闻业对军阀专制的持续斗争及对新闻自由的持续呼吁，国家新闻法制总会有所改变。晚清时期帝国主义国家利用清政府迫切收回领事裁判权心理，要求清政府改良法制，因此新闻法制都是被动改变的。民初时期则不同，因为言论、出版和刊行自由得到宪法确认，报刊报人对新闻自由思想都有普遍的认识，因此大量新闻法律法规的立、改、废都是政府自觉主导的结果。

从“清末新政”全面引介西方新闻法律制度，到南京临时政府对新闻自

① 倪延年:《论北洋军阀政府时期的报刊立法活动及主要特点》,《南京师大学报(社会科学版)》,2004年第3期,第98页。

由宪法权利的确认，再到军阀执政从中央到地方大量制定新闻法律法规，近代中国新闻法制走过了法律移植到法律本土化的发展径路。当然，中华法理念抑或中华法文化的影响力也在持续作用，《大清报律》《报纸条例》《出版法》等单行法规及军阀政府临时性政令仍未跳脱封建国家权力新闻专制的囹圄，文本层面充斥着大量现代法形式、封建法内容的条款。再者，北洋政府时期中国新闻法制体系建设对西方的文本依赖程度已经有所降低，以往照单全收式的新闻立法现象不复存在，新闻法规本土化特色渐显。带有军阀执政色彩的新闻业临时政令、训令或饬令，严苛的新闻内容检查与邮寄权控制，以及人情人治因素的干预等现象的出现，都可称之为“袭封建专制之故志”，同理自1926年始国民党以革命为名大搞“军政”并通过系列党治手段打压异己报刊，同样可以说是军阀执政或千年封建言论专制之遗害。

第二，列强对新闻法制有破坏与进步两重作用。

租界新闻政策并非民国政府新闻法制体系安定力量，虽然它们常常为“洋旗报”打掩护，但是它们对中国新闻法制实际上是抱持着混淆与破坏目的，甚至导演出1903年“苏报案”这样的外国人在中国设会审公廨审理中国政府的可笑闹剧。当帝国主义势力的自身利益在受到新民主主义革命大潮冲击时，“他们千方百计地限制革命报纸的发展，与中国统治者的合作也较以前大大增加，中国的刑律，也成为工部局钳制新闻的借口”①。五四运动前后，中国大量觉醒的知识分子主张将斗争的矛头指向军阀背后的帝国主义势力，为此租界工部局也就开始枉顾其一贯标榜的言论出版自由积极推行《印刷附律》，即使与北京政府交涉未获准许，仍然我行我素在租界搜检对其有抵制意味的报刊。他们强调的所谓民主国家的“新闻自由”，仅仅是对自身的自由，而对他人依然是专制，显然是两套标准。鲁仁在《向导周报》撰文认为，“帝国主义的列强政府，命令自己的代表竭力做宣传的工作，以破坏中国民族运动的一切组织。凡有稍能鼓起舆论来为民众力争反帝国主义要求的阁体，无

① 薛飞:《旧中国的租界与报纸》,《新闻与传播研究》,1999年第4期,第72页。

不受他们的诬蔑破坏”[1]。

列强势力介入中国政治在北洋政府时期尤为明显，各地军阀势力幕后都有列强身影，他们对新闻法制建设的影响不可谓不大。自1840年列强势力侵入中国，中国内忧外患后开始“师夷长技”，到“清末新政”中国政府大量、广泛学习西方先进法律制度，再到1912年皇帝废除了，民主共和国成立了，国会议院建立了，但中国落后面貌依然未见改观，在“巴黎和会”上依然受辱。虽然列强引入先进理念、国人前赴后继投身革命事业将封建专制政府推翻，国家法制系统在新的民主共和国大换血，但千年言论专制政策的制度遗害并未彻底拔除，军阀纷起之后言论恐怖政策在各地陆续上演，甚至还出现地方“联省自治”闹剧，足见列强打压给中国带来的不是进步和文明，而是政局混乱、法制不彰和社会分裂。再就进步一面而言，中国报刊近代化之路首由列强传教士的在华外报发起，洋务派与顽固派、维新派与守旧派、革命派与保皇派在报刊上的几次论争也都与西方政治思潮传播有关，列强在华报刊可谓中国社会近代化最重要力量之一。再者，列强政治势力的直接介入与治外法权庇护下的租界，对中国新闻法制发展同样兼具破坏与进步双重属性，收留报人、庇护报刊、普及新闻法制、抨击当局劣政等是为进步，联手清政府、地方军阀打压报刊及迫害报人是为破坏。

北洋政府时期的新闻法制有军阀及帝国主义势力新闻统制的一面，自然也就有广大进步知识分子群体和人民群众积极抗争的一面。“《暂行报律》事件”，虽经失败，但它向社会明确宣誓了“新闻自由”是宪法权利；废除《报纸条例》《出版法》的斗争只是短暂取得成功，但它让人们意识到民主共和绝不能只是空谈，言论、出版、著作和刊行自由必须成为其中之意；租界华人反抗《印刷附律》的斗争取得形式上的成功，它表明中国人在自己的土地上应该拥有理所当然说话的权利，帝国主义裹挟封建势力取得的治外法权，本质上是应该彻底推翻的强盗权力。军阀有专制独裁的一面，也有开明善政的

① 鲁仁:《帝国主义的报纸外交家基督教徒与中国之民族解放运动》,《向导周报》,1925年8月18日。

一面，其阶级本质注定他们为维护自身统治会对新闻业滥加干预，但也不能将其彻底否定，毕竟“黎元洪有‘菩萨之目’，直系的冯国璋、曹锟这些人，也都不敢为着言论或新闻，而得罪一些报馆或通讯社，纵令有些报纸的言论和新闻显然都已触犯刑法上的诽谤罪，但黎、冯、曹那些人，却也总不肯提起诉讼”①。需要特别注意的是，袁世凯、黎元洪、段祺瑞等在掌控北京政府初期都承认社会期盼的公正、民主的新闻业法律法规，都曾颁行过基本符合社会公众期待的新闻政策，都曾对当时社会大众认为不适宜的新闻法规进行过拨乱反正，并且他们这些作为都是基于自身意愿或执政权对社会大众的承诺。这表明民国北洋政府时期民主观念已经深植人心，新闻法制方面的部分积极改革举措是对主流民意的回应。

第三，新闻业伦理道德存在纸面上高、行动上低的问题。

新闻自由理念在北洋政府时期已为新闻业者、法律界和新闻学界广泛认同，都有各自不同的论述，无非限制与保护的限度问题。1912年南京临时政府试水绝对新闻自由，但此后相当长时间的军阀政权实行的都是相对新闻自由；梁启超、孙中山、章士钊等早期都主张绝对新闻自由，但却陆续出现论述转向；从业者黄远生、史量才、张季鸾等人早期都为新闻自由极力奔走，但受政治迫害、经济压力、阶层意识等因素影响后，要么声明个人独立、脱离政论，要么选择纯商业化路线对政客多有附势，要么不能抛却“文人论政”持续游走呼号。诚如梁启超在《报馆有益于国事》中言，“军事敌情，记载不实，仅凭市虎之口，罔惩夕鸡之嫌，甚乃揣摩众情，臆造诡说，海外已成劫烬，纸上犹登捷书，荧惑听闻，贻误大局”②。新闻自由绝非完全自由，应该有所限制，但是新闻自由也绝非实行严厉新闻专制政策的借口。政党干预、军阀打压、经济困顿、报人群体对新闻内容理解各异等因素致使新闻自由成为一个表面亮丽实则包藏祸心的口号。“自由，天下许多罪恶皆假汝之名而成”，于是此时期黄色小报出现历史新高，新闻检查、限邮政策风潮日盛，政

① 赖光临：《七十年中国报业史》，台湾“中央日报社”1981年版，第54页。

② 蒋含平：《中国新闻传播史文选》，合肥工业大学出版社2016年版，第43页。

党、军阀津贴之报刊不计其数，种种劣迹不胜枚举。

在中华民国南京临时政府建立之时，新闻业对新闻自由普遍充满想象，在“《暂行报律》事件”上，甚至出现绝对新闻自由观和相对新闻自由观的正面交锋。但是，此后伴随国家混乱政局和相继颁行的新闻法律法规，新闻法制理论建设却出现停滞甚至倒退。这一时期很多社会精英的新闻法制观点常有前后不一、自相矛盾之处，缺乏稳定论述。这在袁世凯执政前后表现得尤为突出，孙中山从认同绝对新闻自由到提出相对新闻自由观点，为国民党党报理论发展提供理论支持；黄远生从上书袁世凯“整齐一切论调”，将反对报刊编辑成“侦探材料”，到反对袁世凯政府的新闻专制；[①]梁启超从建议袁世凯“暗中为舆论之主”“表面自居舆论之仆”到高举反袁大旗。[②]1912年10月梁启超在北京报界欢迎会发表《鄙人对于言论界之过去及将来》转换政见，“鄙人曾主张君主立宪，在今共和政体之下不应有发言权。即欲有言亦当先自引咎，以求恕于畴昔之革命党，甚或捏造谰言，谓其不慊于共和，希图破坏者，即侪辈中亦有疑于平昔所主张，与今日时势不相应，舍己从人，近于贬节，因嗫嚅而不敢尽言者，吾以为此皆詟词也”[③]。凡此种种新闻法制相关的论述都充满着政治考量，前后不一，甚至自相矛盾。其次，新闻业发展举步维艰鲜有理论成果。为维护自身统治，北京政权、地方军阀、南方革命派、盘踞租界的帝国主义势力都将主张新闻自由的报刊报人视为敌人，都不会真心实意地倾听社会公评，于是钳制新闻自由的新闻检查法规大量出现，新闻自由主张在此种境况下声音微弱，新闻业生存都堪忧自然很难提出高瞻远瞩、客观理性的新闻法制论述。最后，新闻法制囿于政局动荡难以形成稳固体系。从新闻业与国家制度关系视角看北洋政府时期的新闻法制，是“集权主义”与“自由主义理论”两种传播制度理论交迭冲突期，新闻法制理论建设延续

① 中国第二历史档案馆编：《中华民国史档案资料汇编（第三辑文化）》，江苏古籍出版社1991年版，第493页。

② 丁文江、赵丰田：《梁启超年谱长编》，上海人民出版社1983年版，第401页。

③ 梁启超：《鄙人对于言论界之过去及将来（1912年10月22日）》，《梁启超文集》，北京燕山出版社1997年版，第584页。

"立宪与共和"之争，势必形成观点庞杂的新闻法制观点。

第四，面临公民权利主导、国家权力主导两种新闻法治发展模式的选择困难。

就新闻法治发展模式言，西方有公民权利主导、国家权力主导两种，前者强调"法的统治"，后者强调政党或政府治理，而北洋政府时期正是在这两种新闻法治模式之间出现的选择困难症。古代中国是国家权力至上，封建君主至上，宗族家长至上，对公民个人权利的保护与体认并不深刻。鸦片战争后列强步步紧逼，清王朝统治摇摇欲坠，逼不得已仿行宪政，但是"新闻法于内不能平民众之愤怒呼声，于外不能御列强之大肆侵略，名有实无"[①]。《大清报律》《钦定报律》《报章应守章程》等清政府依托国家权力主导的新闻法制成果，不但没有取得新闻界、言论界的支持，反倒成为革命派推翻清政府钳制言论自由的借口。资产阶级革命派主导的辛亥革命，以及之后多次反军阀战争，制订的各种"报纸检查条例"依然是国家权力主导模式，亦没有赢得社会各界的正面评价。穿插其间，陆续有公民权利主导的新闻法治声音，诸如全国性、地方性新闻同业团体主导的反《暂行报律》《报纸条例》《出版法》等新闻法规斗争，以及各界华人持续的反《印刷附律》斗争等，都透露出新闻业界希望落实民主思想、推行公民主导新闻法治的强烈意愿。传统新闻专制制度并不是风风火火的革命所能一夕改观的，各地军阀挟封建专制制度之余威实行各种言论专制政策，国民党1912年及1928年两次完全掌握政权都大量承袭前政府新闻政策，都是封建新闻专制的回光返照。

第五，中国传统新闻法制的强大制度惯性对新闻法制建设有着深刻影响。

1912年孙中山领导成立的南京临时政府在短短几个月时间旋即陨落，如昙花一现，此后的中华民国进入长达16年的风雨飘摇。直系、皖系、桂系、奉系等各地军阀势力陆续坐大，在中央出现"立宪与共和"之争的后遗症，在地方出现"民主与专制"两相竞逐，掌握中央权力的军阀和掌握地方军政

① 马跃峰:《近现代中国新闻法治研究(1906—1937)》,博士学位论文,中国社会科学院研究生院,2006年,第119页。

的都督相继上演“你方唱罢我登场”的政治闹剧，致使整个国家政局长期处于分裂与混乱境地。“袁世凯及其继任者们打着‘共和政府’的名号，拨着‘封建专制’的算盘，唱着‘民主自由’的高调，干着镇压人民的罪恶勾当”①。护国战争、护法战争、直奉战争、北伐战争、五四运动等各种军事斗争和政治事件不断刷新着人们对国家权力真正走向民主自由的想象，也一次又一次地对企图专制治国和与帝国主义势力相勾结的军阀势力形成冲击。特别是以争取人民言论、思想自由的五四运动为开端，广大民主派知识分子已经深刻意识到要想真正实现民主共和，就必须彻底摆脱被旧官僚、军阀、政客玩弄的旧制度，彻底从思想上摆脱数千年封建专制的文化思想牢笼。同时，我们还需要看到北洋政府时期国家权力严重的私权化直接导致新闻法制虚化严重，根本得不到落实，新闻法律法规因缺乏执行力大有被地方军阀架空之势，“报刊律法在更多的时候只有一个召之即来挥之即去的堂皇招牌，远不如法律之外的途径来得更加实惠有效，破坏力和杀伤力更大”②。

二、北洋政府时期新闻法制的意义与局限

法律史学者朱勇指出，“中国历史上，从古代到近现代，部分逆历史潮流而动的反动政权或滞后于历史发展的落后政权。无论是用现世的观点，还是用历史的眼光，对于这些政权的评价从整体上都是应该否定的。但是，即便是在这样的政权统治时期，也不排除一些法律上的创新、进步。一艘行驶方向错误的轮船，也可能在轮船内部管理、水手内部分工等方面创立合理的机制。在昏君、暴君统治之下，不排除具有理性色彩的法律制度的产生”③。循此种观点考察北洋政府时期的新闻法制建设，以及在我们批判军阀独裁、舆论混乱的新闻传播境况前提下，同样需要正视其存在局限的历史意义。

第一，建成了服务于封建军阀政权的新闻法律体系。

---

① 倪延年:《论北洋军阀政府时期的报刊立法活动及主要特点》,《南京师大学报(社科)》,2004年第3期,第101页。

② 卢国华:《民初到五四前后报刊律法状况及其影响》,《山东社会科学》,2006年第3期,第73页。

③ 谢振民:《中华民国立法史(上册)》,中国政法大学出版社2000年版,第2页。

无论何种属性的国家政权，其政治、经济、文化制度都是为统治阶级利益服务的，都是统治阶级意图的法律呈现。北洋政府时期封建军阀主政，袁世凯及其继任的皖系、直系、奉系军阀在阶级属性上无本质区别，他们利用新闻法制钳制新闻事业，镇压进步新闻传播活动的行为方式也基本相同。在“中华民国”的旗帜庇护下，在“民主共和”的口号虚掩之下，黎元洪、段祺瑞、阎锡山、曹锟、张作霖等继任者动用国家行政机关权力，在中央、地方大量颁行新闻业相关法律法规，总体形成为军阀统治服务的新闻法律体系，为军阀统治提供了相应的制度保障。

第二，客观促进了各种思想文化的发展。

北洋军阀政府在宪法层面延续南京临时政府宪法条款，尊重和保护人民享有的言论、出版、刊行自由，客观上为新闻传播事业的蓬勃发展提供了宪法保障。在西方民主、自由平等、天赋人权等宪政思想影响下，中国先进知识分子及新闻业者形成绝对自由、相对自由、个人独立等新闻自由、言论自由相关理论论述。各地军阀分治、言论政策不一、报刊报人跨区域流动频繁等多重因素，使得民国时期成为近现代思想较为活跃的一段时期。特别是军阀报刊尊孔复古宣传、马克思主义的传播、西方政党及商业报刊理念的传播、租界区域近代司法审判制度的推行等影响新闻传播发展新情况的出现，进一步活跃了各种思想文化的传播。

第三，对南京国民政府及新中国新闻法制有重要影响。

北洋政府覆灭之后，代表大地主大资产阶级利益的南京国民政府走上历史舞台，作为旧军阀财产利益的直接继承人，南京国民政府大量袭用军阀统治时期的新闻法制。诸如《出版法》《检查电报办法》《重要都市新闻检查办法》《危害民国紧急治罪法》《新闻记者法》等法律法规，有的仅对法律条款做简要修改，有的沿袭北洋军阀新闻专制之故志严苛对待新闻传播活动。新闻检查制度、新闻传播“党化”体系、内容禁载制度等部分也为中国共产党早期革命政权及新中国所承继。

北洋政府时期新闻法制或受历史因素影响，或因当时政局所迫，当然存在历史局限性，对此不能避而不谈。兹从新闻法规自身完备程度、新闻业者权利保障程度和新闻法制施行效果三方面，分析新闻法制发展的局限所在。

一是新闻法制体系内部混乱繁杂。北洋政府政局分裂带来的直接后果就是“弱中央，强地方”，中央政府政策并不能全部及于地方，地方军阀从自身利益出发订立的法规在施行时严重挤占中央法律法规施行空间。袁世凯政府后各地军阀相继袭用袁世凯“新闻检查”“报纸条例”规定，这些地方法规完全不遵循国家法规规定的必要立法程序，给中央立法的权威构成极大破坏。在中央政府，军阀势力“你方唱罢我登场”，每任大总统、总理都有不同新闻政策，导致看似完备的新闻法制体系实质成为一团乱麻。此种结构混乱的最佳佐证，即许多报刊报人涉法案件司法审判机关依据业经废止的法律法规处置，更有甚者摆出前清报律制裁民国报刊报人。

二是新闻业权利与义务不对等。细致检视北洋政府时期新闻法律具体条文，总体呈现权利性条款含糊，义务性条款详尽具体且限制重重。在《报纸条例》《出版法》《新闻电报章程》等法律法规中，规定新闻业者拥有出版、印刷、发行权利的条款只有少量几则，而有大量的呈查、备案、登记、交保、检阅、送审、禁载等义务性条款，这些条款又与其他处罚性条款勾连，导致新闻业者“摇手触禁”。

三是新闻法制施行效果不彰。正是由于新闻法制体系本身的繁杂混乱，以及新闻法律法规条文本身的专制属性，北洋政府时期新闻法制整体的施行效果并不理想。在司法实践中，军阀政府肆意援引法律法规处罚报刊报人，“妨害治安”“扰乱军心”成为当时最典型的“口袋罪”，前者所谓“治安”之事皆可由军阀肆意杜撰，后者“扰乱军心”无非是军阀绕开司法审判机关直接施行“军法处置”的借口。县知事兼理司法、军队（军阀及北伐军）直接负责检阅报刊、外国列强租界内外享有特权、人情人治干预司法审判等因素，更导致北洋军阀时期新闻法制的施行结果长期遭遇社会诟病。

结　语

无论历史如何评断北洋政府时期的新闻法制，新闻法律法规在客观上都有保护新闻自由的作用，至少它重申了宪法所载的言论出版自由权利，加速了中国新闻法制建设近代化进程。甚至可以说，北洋政府时期新闻法制建设产生的法律体系、内容和实施方法，部分直接被现代中国新闻法制所吸收，本文论述之新闻法制内容延续前政府的“制度惯性”，新闻法律法规制定、修订的“因事成制”路径依赖，以及西方新闻法制理念，特别是新闻自由理念与中国传统新闻法制文化的“资相循诱”等，都在具体面向上呈现出一个基本事实：北洋政府时期新闻法制建设的制度成果，是现代中国新闻法制的重要源头。

北洋政府时期西方新闻法制观念进一步传播，对新闻业发展影响最明显者有二：一是新闻自由理念为社会各界广泛体认，成为新闻言论界争取社会话语权的大纛宏帆；二是成功引导新闻业建立起自身对新闻职业价值的体认，形成全国性报业报人团体、新闻通讯社以及畅行各地的报刊销售通路，在技术上、组织上及理念上全面走向近代化。此时期，西方新闻自由理念与中国传统“文人论证”的道义、情怀的交融与沟通，为中国新闻法制的未来走向提供了指引。当时报人引经据典谈文人情怀，四书五经之经典论述皆为素材，西方新闻学者言说新闻真实、新闻价值、报业管理等新闻学知识，两者在内里找共通，中国传统文化竟成为中西新闻学者交流的引子。但是，理念层面的交汇与革新终是敌不过政治强权，当然这其中还包含制度掣肘、经济困顿及同仁不敏等多重因素，最终中国封建言论专制的强大制度惯性，配合革命政党屡挫屡败之后毅然选择党报体系及党治新闻观，使得新闻业自20年代末逐步融入国民党军政、训政、宪政制度建设脉络，与政党建设、政党政治开始扎实捆绑。即便如此，笔者仍确信新闻法制研究的一个基本价值判断，即如民初新闻学家邵飘萍所言，“新闻法制的建立不是要囚系这种自由，而是必须保护和尊重这种自由”①。

沿用绪论部分提出研究问题时，林语堂关于“赛马”与“骑士”的比喻，值得肯定的是“骑在马背上的不再是当年的孩子，而那匹赛马也变老了，明白了如何引路，而且要自由地为马背上骑士的最大利益作出判断②。新时期新闻法制建设已然提上日程，全面依法治国，建设法治国家步伐日新月异。新闻法制建设既要改革思想，更要实事求是。梳理民国北洋政府时期新闻法制建设的得失两端，回瞰改革开放以来我国在新闻传播学领域取得的巨大成就，中国特色社会主义发展道路及实践经验对新闻法制建设同样适用，即新闻法制建设必须走中国道路，构建中国体系，形成中国特色。如今我国新闻法律法规体系已基本完备，《新闻法》在业界、学界多有提及，但是我国新闻法规政出多门、多头治理格局已然形成，马克思主义新闻学及新闻理论研究扎实推进，社会主义新闻事业蓬勃发展，从接续与传承中国特色社会主义新闻事业已有经验，以及殷鉴民初新闻法制建设的得失两方面来看，我们应该自信坚持自身发展道路，适当引用西方新闻传播思想为我所用。

中国新闻法制受中国传统新闻法制与近现代西方新闻法制双重影响，“传统”发展为“现代”，“现代”中蕴含“传统”，两者共同缔造了现代中国特色的新闻法制体系。新闻法制体系整体建构于中国特色社会主义政治制度基础上，秉持宪法原则、社会效益第一原则和依法保护公民言论出版自由原则，由法律、法规、司法解释等组成，渗透在宪法、法律、行政法规、地方性法规及规章之中，并没有单行《新闻法》。作为上层建筑重要组成部分，拥有浓厚的社会主义色彩，新闻传播活动必须在党和政府领导下进行。新闻法制受

① 邵飘萍：《新闻学总论》，京报馆1925年版，第162页。

② 林语堂：《中国新闻舆论史》，中国人民大学出版社2008年版，第117页。

新闻职业道德及党的新闻政策影响较多，既有严格的法律、政策他律，又有严肃的行业自律。基于上述当前中国新闻法制总体特点，新时期新闻法制建设必须接续“传统”面向“现代”。

长期以来，我国新闻法制研究存在“追赶型立法”价值取向，大量引用西方国家已有的新闻业单行法作为判定中国能否达成新闻法治的标准。作为现代法治建设的“追赶型国家”，我国通过“进口替代”思路完善新闻法制无可厚非，同时也是必经阶段，但站在中华民族伟大复兴的新历史起点上，我们更多的则是要“接续传统”与“开放式创新”。

因此，未来新闻立法无论是新订专门法，还是延续目前新闻法制总体格局，都必须坚持如下重点：（1）重视中华传统文化及精神文明成果对新闻法制建设的补充作用。中华传统文化中的优秀部分，是中华民族文化发展进步的源头，新闻法制建设无论如何发展，根总是不能刨除的。（2）开放性地吸纳各种新闻法制建设优秀成果为我所用。我中华版图下辖两岸四地，有大陆法亦有欧美法，有资本主义亦有社会主义，制度包容性当然及于新闻法制。各种新闻法制理念、体系和内容各有优缺，故我们对各种新闻法制具体内容皆持开放心态，只要于国家、人民有益，我们皆可有所损益的发展之。（3）党的领导及依法治国是新闻法制建设的底线。新历史条件下党对新闻事业的领导已经逐步走出科层式体制、机制，转变为扁平化舆论引导机制，新闻业与国家、政府的关系已然转变为良性互动关系，新闻商品化、媒体市场化、网络资本化加速推进，新闻业只要在法制框架下合规运行自然无受法律干预之虞虑。（4）必须符合新时代法治中国建设的新目标、新要求。“法治中国”作为“法治”共性与“中国”国情的结合产物，必须依靠“科学立法、严格执法、公正司法、全民守法”十六字方针具体推行，达成“法治国家、法治政府、法治社会一体建设”目标。新闻法制作为“法治中国”建设具体组成部分，当然要把握新要求、明确新目标。

附　录　《申报》所载报案情况表（1912—1928）

年份	案件	性质	地区	违法类型	具体违法情形	被告	原告	法律依据	法律后果
1912	误登林述庆部下溃散案	民事	上海	基本权利	更正权	《申报》	林述庆	无	无
1912	粤报界登“新军逃散”案	行政	广东	基本权利	更正权	《国事报》等九家报刊	广东都督府警察部	无	无
1912	李澄宇案	行政	湖南	基本权利	评论权	《岳阳日报》李澄宇	岳州筹饷分局	无	拘留
1912	违登“电车条议”案	行政	上海	基本权利	隐匿权	《申报》	上海市政厅	无	无
1912	左学谦贿卖差缺案	民事	湖南	基本权利	真实性抗辩	《湘汉新闻》	左学谦	《湖南报纸暂行条例》损坏个人名誉罪	登报更正
1912	陈听香案	刑事	广东	关涉军队	“摇惑众军，扰乱大局”	《佗城独立报》陈听香	广东都督府陆军法务局	《军律》第十条造谣惑众扰乱军心罪	枪毙
1912	戴天仇案	刑事	上海	妨害秩序罪		《民权报》戴天仇	公共租界工部局	《新刑律》第二百二十七条妨害秩序罪	“减五等处断，罚洋三十元”
1912	《国民公报》被毁案	民事/刑事	北京	破坏共和		北京同盟会七家报馆人员	《国民公报》	无	无

续表

年份	案件	性质	地区	违法类型	具体违法情形	被告	原告	法律依据	法律后果
1912	《大江报》案	行政	湖北	无政府主义	“迭登无政府主义论说”	《大江报》	湖北警察厅	无	查封报馆，通缉主笔何海鸣、凌大同
1912	冉剑虹案	刑事	上海	关涉军队	摇惑军心	《民立报》冉剑虹	上海都督黎元洪	无	终身监禁，后改判两年
1912	《民意报》案	行政	天津	言论激烈/治外法权	叩难袁世凯，“泄漏军事秘密”	《民意报》	法租界工部局	无	迁出租界
1912	福州《名言报》案	刑事	福建	煽惑罪/妨害名誉罪		《名言报》	福建警务司	《暂行刑律》第三百二十一条煽惑罪，第三百六十条为妨害名誉罪	停刊
1912	《东欧日报》案	民事	浙江	基本权利	更正权	《东欧日报》周予由	温州政治研究所	无	赔偿报馆损失
1912	《民国西报》案	民事	上海	集体名誉权	诽谤	《民国西报》马素	老沙逊等烟商	无	停止侵权
1913	《总商会新报》案	行政	广东	个人名誉权	诽谤	《总商会新报》	广东警察厅	无	停刊

续表

年份	案件	性质	地区	违法类型	具体违法情形	被告	原告	法律依据	法律后果
1913	《警务丛报》案	行政	上海	诋毁少数民族		《警务丛报》	上海商埠巡警厅	无	责令收回刊物
1913	唐群英案	民事	湖南	毁坏财物		唐群英	《长沙日报》	无	判令赔偿损失
1913	《新醒报》案	行政	广东	扰乱治安	“倒乱事实”“淆乱观听”“有意诋毁”	《新醒报》	广东警察厅	无	停刊
1913	李晴海案	民事	天津	名誉权	诽谤	《大同报》王监华	李晴海	《钦定报律》第十一条损害他人名誉罪	罚金二百元
1913	《国华报》案	行政	广东	传播谣言	“登载李烈钧事”	《国华报》	广东警察厅	无	停版两星期
1913	《粤声报》案	行政	广东	基本权利	转载“武汉游客谈”	《粤声报》	广东警察厅	无	停刊
1913	《超然报》案	行政	北京	关涉军队	诋毁军人名誉	《超然报》	北京警察厅	无	停刊
1914	《大自由报》案	行政	北京	基本权利	转载“创办兵器厂借款问题”	《大自由报》	北京警察厅	无	无

续表

年份	案件	性质	地区	违法类型	具体违法情形	被告	原告	法律依据	法律后果
1914	《新社会报》案	民事/行政	北京	个人名誉权/破坏共和	“诽谤污蔑个人名誉且挑拨汉满感情，破坏共和”	《新社会报》	北京警察厅	无	停刊
1914	《顺天日报》案	行政	北京	新闻检查	“日本兵多名强行抗拒”检查	《顺天日报》	北京警察厅	无	无
1914	《北京日报》案	行政	北京	基本权利/关涉军队	真实性抗辩/妨害军事秘密	《北京日报》	北京陆军部	《新刑律》第一百三十四条妨害军事秘密罪	登载更正
1914	“岭华大公两报被逮”	行政	广东	关涉军队	“诋毁军人名誉，与事实迥然不符”	《岭华日报》《大公报》	广东警察厅	无	停刊
1914	登载“潮梅兵变”被罚	行政	广东	基本权利/扰乱治安	更正权	《竟业日报》《大东报》《公言报》	汕头警察厅	《中华民国约法》第五条第一款人民人身自由权	共罚金一百元，复刊，释放报人

续表

年份	案件	性质	地区	违法类型	具体违法情形	被告	原告	法律依据	法律后果
1914	《大自由报》案	行政	北京	传播谣言/关涉军队	军事秘密	《大自由报》	军部宪兵营	《报纸条例》第十条第四款违登外交军事秘密	停版并科编辑人、发行人五等有期徒刑，后复刊免处罚。
1914	《天傭日报》案	刑事	江西	煽动曲庇刑事被告人	“煽动罪”	《天傭日报》	南昌地方检察厅	《报纸条例》第十条第七款煽动曲庇犯罪人	编辑人有期徒刑两个月，缓刑三年，停刊十天
1914	《时敏报》案	行政	广东	未明示/治外法权	“日本领事干涉”“未奉到正式文件”	《时敏报》	广东警察厅	无	复刊
1914	《亚细亚报》案	刑事	北京	关涉军队	军事秘密	《亚细亚报》	北京地检厅	《报纸条例》第十条第四款违登外交军事秘密	无
1915	刘喜奎案	民事	北京	个人名誉权	诽谤	《戏剧新闻》	女伶刘喜奎	无	撤诉
1915	李治案	刑事	上海	叛国罪（英国）/治外法权	“激动华人发生扰乱秩序之行为”	《公论西报》英国人李治	英国皇家律师	无	无罪释放
1916	《新中国报》案	刑事	北京	传播谣言	新闻《披露某国之阴谋》	《新中国报》总经理何斐	北京警察厅	无	拟判五等有期徒刑

续表

年份	案件	性质	地区	违法类型	具体违法情形	被告	原告	法律依据	法律后果
1917	郭同诉《公言报》案	刑事	北京	个人名誉权	诽谤	郭同	《公言报》编辑汪有龄等	刑事罪名不成立	不予起诉
1917	《公言报》漏洩机务案	刑事	北京	“漏洩机务”	登载向美借款合同全文	《公言报》	北京地检厅	《刑律》第一百三十三条漏洩机务罪	编辑王德如有期徒刑四个月，发行人黄希文有期徒刑三个月
1917	《国风报》案	刑事	北京	个人名誉权/基本权利	更正权/侮辱	《国风报》	北京地检厅	《刑律》第一百五十五条“侮辱官员罪”及第三百六十条“妨害名誉罪”。	经理裴梓青、发行彭翼臣无故被地检厅拘禁三日并科罚金
1917	陈友仁案	行政	北京	未明示/治外法权	登载《中日秘密条约内容之一》	《京报》(英文部)陈友仁	北京地检厅	无	无罪释放
1918	《启商报》案	行政	北京	妨碍时机		《启商报》	北京警察厅	《戒严法》第十四条“妨害时机”	查封报馆
1918	陈耿夫案	刑事	广东	未明示	“关于财政更动之新闻”	《民主报》陈耿夫	广东警察厅	《广东暂行报纸条例》	枪毙报人陈耿夫，查封报馆

续表

年份	案件	性质	地区	违法类型	具体违法情形	被告	原告	法律依据	法律后果
1918	《民强报》等北京八家报刊停刊案	行政	北京	妨碍时机/关涉军队	“故意造谣泄露秘密”	《民强报》等北京八家报刊	北京警备司令部	《戒严法》第十四条“妨害时机”	无罪释放
1918	《南越报》《新中国报》案	行政	广东	关涉军队	“造谣挑拨，摇惑军心”	广东《南越报》《新中国报》	广东警察厅	无	两报被查封
1919	《益世报》案	刑事	北京	妨碍时机/关涉军队	“扰乱治安罪”“侮辱官吏罪”“煽惑罪”	《益世报》潘智远等	北京地检厅	《戒严法》第十四条“妨害时机”	主笔一年有期徒刑、编辑及发行两月拘役
1919	《民国日报》被控案	刑事	上海	扰乱治安	“扰乱治安”“报馆不应抗违堂谕”	《民国日报》	上海公共租界工部局刑事科	无	停版两天并交保嗣后不再登载此种论调
1919	《京报》案	刑事	北京	妨害治安		《京报》	北京地检厅	《出版法》第十一条第二款“妨害治安”	停刊
1919	《民国日报》侮辱总统及官员案	刑事	上海	名誉权/治外法权	侮辱大总统及在职官员	《民国日报》	北京政府		叶楚仓、邵仲辉两被告各罚洋一百元

续表

年份	案件	性质	地区	违法类型	具体违法情形	被告	原告	法律依据	法律后果
1919	《国民公报》案	刑事	北京	妨害治安/内乱罪		《国民公报》主编孙几伊	北京地检厅	违反《出版法》第十一条“妨害治安”	主编孙几伊被判处徒刑五个月
1920	《苏报》案	刑事	江苏	未明示		《苏报》主笔朱梁任	江苏警察厅	无	判处监禁三个月
1922	《新社会报》案	行政	北京	违法登载		《新社会报》	北京警察厅	《出版法》第十一条第二款	停刊三个月
1922	《厦声报》案	刑事	福建	妨害公务/治外法权		《厦声报》	福建思明地检察厅	无	杨愚谷等有期徒刑一年六个月，褫夺公权六年
1923	《京津晚报》案	刑事	北京	侮辱官员罪，妨害正当集会罪	“新闻中有犯刑律”	《京津晚报》	北京警察厅	刑律第一百五十五条“侮辱官员罪”，第二百二十二条“妨害正当集会罪”	地检厅不予起诉
1923	《大公报》案	行政	湖南	未明示		湖南《大公报》	湖南西区警察署	临时约法，宪法抗辩	被迫停刊五十三天

续表

年份	案件	性质	地区	违法类型	具体违法情形	被告	原告	法律依据	法律后果
1924	“时申商”三报被控案	行政	上海	个人名誉权	妨害信用罪	“时申商”三报	工部局刑事科	大理院五年上字三十二号判例。刑律三百五十九条	免责或罚洋
1925	《民报》案	刑事	北京	未明示	“登载不确实之消息”	《民报》陈友仁	军阀张作霖	无	监禁四个月
1926	《民国日报》案	行政	上海	侮辱官员罪/治外法权	“登载侮辱官长文字”	《民国日报》	上海公共租界工部局		封禁二十二天
1926	成舍我案	刑事	北京	未明示		《世界日报》成舍我	军阀张宗昌	无	拘留四天后无罪释放
1926	《杭州报》案	刑事	浙江	扰乱治安	“故意造谣”，扰乱两省治安	《杭州报》	军阀孙传芳	无	有期徒刑十四年六个月，后获保释
1926	《报报》案	民事	天津	诋毁少数民族	“登载回教徒不吃猪肉之原因”	《报报》	天津回教联合会	无	短暂停刊
1927	《新世界报》案	刑事	上海	诱惑奸非罪	“所载温柔乡记一篇”	上海《新世界报》	上海公共租界工部局刑事科	触犯刑律二百九十二条“诱惑奸非罪”	释放报人，注销控案

续表

年份	案件	性质	地区	违法类型	具体违法情形	被告	原告	法律依据	法律后果
1928	《晨报》案	行政	香港	新闻检查/治外法权	“登载排斥日货记事”	香港《晨报》	香港租界当局	无	违反检阅规则，处编辑人及印刷人罚金二十五元或拘留一星期。提倡排斥日货，处印刷人罚金二百五十元或拘留一星期，处发行人罚金五百元或拘留一个月，并判令两被告登载向日本人道歉的声明

后 记

2017年夏天某日，我坐在家中阳台书桌前阅读有关“苏报案”的文献，一个疑问浮现脑海：研究一个百年以前的新闻法制案件，真的能找到那么多史料吗？带着这样的疑问，我开始检索“苏报案”的相关资料。确实，在数据库资源越来越丰富的今天，只要肯动手，莫说百年前的报纸、档案能被搜索到，几百年前的文献资料也都有不少实现了数字化。

循着查阅“苏报案”史料的方法，我找到许多当时报刊的影印本，也产生了研究近代新闻法制建设的想法。此后两年半，我逐步将选题提炼为北洋政府时期的新闻法制，遂翻阅、整理了《申报》（1912—1928年）所有关于新闻法制相关的新闻报道，这些资料后来就成为我这项研究的重要史料。博士论文开题期间，我将选题和思路报告给我的导师齐辉教授，他勉励我要把资料做实，要把文字语言提炼到位，要做出实实在在的成果。此后，导师多次给予我细致指导，这个选题最终成为我的博士论文，并顺利通过了博士学位论文答辩。

现在回想起这段经历，我由衷感谢我的导师，是他的信任和鼓励让我完成了这项学术目标。这项研究并无多少出新出奇出彩的地方，只是一名博士生按照他的设想，完成了学术生涯中的一项任务。今时今日，作为作者我想将它出版出来，一方面对之加以修改、完善，让感兴趣的同仁能了解到法学径路下北洋政府新闻法制的制度设计、运行和实施情况，为此时期新闻法制研究增添新的方向；另一个方面也是对自己的研究工作做个总结，虽然它可能问题重重，不免为方家贻笑。

付红安

2023年9月6日